教育践悟录

何秀超 著

人民出版社

目 录 contents

第二篇　基础教育督导

第三篇　职业教育创新

第四篇　高等教育发展

第五篇　高校党建探索

第六篇　其他

自　序

百年大计，教育为本。党的十八大以来，以习近平同志为核心的党中央高度重视教育事业，坚持把教育作为国之大计、党之大计，作出加快教育现代化、建设教育强国的重大决策，推动新时代教育事业发展取得历史性成就、发生格局性变化。党的二十大报告突出强调要实施科教兴国战略，强化现代化建设人才支撑，为教育强国建设指明了前进方向，提供了根本遵循。教育事业的持续发展，既是全面建设社会主义现代化国家的基础性和战略性支撑，更为中华民族伟大复兴征程汇聚起磅礴力量。

作为教育事业蓬勃发展的亲历者、见证者和教育改革创新的践行者、推动者，近年来，我经历了从教育管理实践者到教育事业督导者，再到"双一流"高校管理者的转变，工作内容涵盖了基础教育、职业教育、高等教育、教育督导等领域。在认真学习领会和贯彻落实习近平总书记关于教育的重要论述以及党的教育方针政策的同时，我也在不断思考、探索和实践，并将所思所感所悟真实地记录下来，形成了学术和理论研究方面的一些成果。人民出版社将其中部分成果结集出版，于我个人而言是一件幸事。本书共收录了60篇文稿，共20余万字。这些文稿主要包括高校党建和思想政治教育、教育督导和教育改革探索 3 大部分，涉及 5 个篇章。

本书所收录的文稿全部完成于新世纪，大多数发表于党的十八大以后。沧海横流显砥柱，万山磅礴看主峰。这十余年来，教育事业发展沿着习近平总书记指明的方向奋楫扬帆，以党的全面领导为底色的中国特色社会主义教育制度体系主体框架基本确立，高校党建和思想政治教育翻开新的篇章。坚持人民至上，厚植为民情怀。这十余年来，党和政府从顶层设计上谋划办好人民满意的教育，推进教育公平的同时，推动教育发展模式向高质量、重内涵的发展模式转变。在这一过程中，教育督导以"督政、督学、评估监测"为有力武器，构筑了新时代教育质量保障体系。百舸争流千帆竞，勇立潮头敢为先。这十余年来，教育领域综合改革深入推进，一些长期制约教育事业发展的体制机制障碍得到破解，基层改革创新经验不断涌现，持续激发教育发展活力，释放教育发展潜力。凝心聚力创伟业，踔厉奋发新征程。这十余年来，教育系统坚持跳出教育看教育、立足全局看教育、放眼长远看教育，推动教育事业改革和高质量发展更好地服务中国式现代化建设大局，谱写了教育改革发展的新篇章。

本书既有贯彻落实党的方针政策的思考，也包含了我在基层教育发展和教育改革中的探索。滴水见太阳，作为一名教育实践者，期盼我的思考和实践能够成为新时代国家教育事业发展的注脚。

一直以来，我对文字怀有一种敬畏之心，它们既是历史的记录，也是时代的见证。希望读者能从这些文字中，体悟到一名教育从业者的初心，去感受我国教育事业发展的脉搏。最后，感谢曾经帮助和支持过我的同事和朋友，感谢为这部文稿出版付出辛勤劳动的出版社领导和编辑同志。衷心希望通过此书的出版能与更多人分享我的思考，期待与大家相互启发，共同提高！

第一篇

教育督导改革

进入 21 世纪以来，我国教育督导制度不断创新发展，保驾护航作用更加突出。2012 年，国务院颁布实施《教育督导条例》，成立专门议事协调机构，从法规制度和体制机制上奠定了更好的工作基础。在此基础上，教育管办评分离改革、监测评估机制建设、责任督学挂牌督导、督导信息化、教育重大突发事件专项督导、政府履行教育职责评价等改革举措不断出台。作为新时期诸多教育督导改革的组织者、亲历者，本篇是作者对教育督导改革的一些感悟思考，也是创新探索的一段心路历程。

督导为教育改革发展护航 *

——党的十八大以来我国教育改革发展述评·教育督导

教育督导是《中华人民共和国教育法》确定的一项基本教育制度，是现代教育管理体系的重要组成部分。通过实施教育督导保障和促进教育事业发展，是国际上教育发达国家普遍采用的通行做法，教育督导的质量和水平已经成为衡量一个国家或地区教育管理水平高低的重要标志。

党的十八大以来，在党中央、国务院的关怀和指导下，教育督导昂首阔步深入推进改革发展，在机构建设、法制建设、督导评估队伍建设等方面取得了明显进展，为教育督导充分发挥护航教育事业发展的作用奠定了制度基础。

教育督导以习近平新时代中国特色社会主义思想为指引，以"督政、督学、评估监测"为有力武器，以各项重点工作为突破口，有力地保障了教育优先，推进了教育均衡，促进了教育公平，提升了教育质量，保障了教育安全，在教育事业改革发展的进程中发挥了不可替代的重要作用。

---

* 原文刊载于《中国教育报》2018 年 9 月 11 日。

一、推进教育"放管服"改革，教育"管办评"分离不断深入

党的十八大以来，简政放权、放管结合、优化服务的改革，成为全面深化改革的"先手棋"和转变政府职能的"当头炮"。

在教育领域深入推进"放管服"改革，关键是要推进教育"管办评"分离，既要向地方政府和学校放权，将工作重心集中到加强宏观管理和科学规划上，把更多的本该属于地方政府的办学和管学权限下放给地方政府，赋予学校更多的办学自主权；还要在简政放权的同时，强化教育监管和科学评价，切实开展对地方政府和学校执行国家教育法律法规和落实国家重大教育方针政策的督导，开展对教育教学质量的评价。

国家恢复教育督导制度至今，特别是党的十八大以来，教育督导改革发展取得明显进展。机构建设方面，基本建成国家、省、市、县四级机构，基本形成上下贯通的教育督导体制。法规制度建设方面，基本形成比较完善的教育督导评估监测制度体系。队伍建设方面，基本建成一支包括专职督导工作人员、专兼职督学、评估专家在内的督导工作队伍。教育督导改革发展的探索和成效，丰富了教育领域综合改革的理论内涵，深化了教育"管办评"分离的实践创新。

二、促进中央和国家重大教育方针政策有效落实，确保教育事业优先发展

党中央、国务院一贯高度重视优先发展教育事业。党的十九大提出"建设教育强国是中华民族伟大复兴的基础工程，必须把教育事业放在优先位置，加快教育现代化，办好人民满意的教育"。

教育督导的首要任务，就是督促和指导地方政府把教育发展放在经济和社会发展的突出位置抓好抓实，在指导思想上落实教育优先的战略地位，在领导上安排得力的分管领导抓教育，严格贯彻落实好优先发展教育事业的战略

部署。

2017年，国务院办公厅印发《对省级人民政府履行教育职责的评价办法》，明确了省级政府统筹教育职责的内涵，以制度的形式规定对省级政府教育履职情况进行督导评价和问责，实现了国家教育宏观管理制度改革的又一次重大创新，为督促政府切实履行教育职责、优先发展教育事业提供了重要手段和实现路径。

2018年，国务院教育督导委员会、教育部组织实施了新中国首次对省级人民政府履行教育职责的评价，推动了地方政府教育职责的层层落实，畅通了国家教育法律法规政策执行的反馈渠道，有力保障了国家教育大政方针的贯彻落实和教育事业优先发展的地位。

三、提升人民群众教育获得感，促进教育更加公平

教育公平是教育政策的基本价值导向，是社会公平的基础。教育督导着力督促指导地方政府及有关部门科学统筹教育发展规划，切实保障每个孩子接受公平优质教育的权利，努力确保每个孩子教育起点公平、过程公平和结果公平。

2012年，国务院印发《关于深入推进义务教育均衡发展的意见》，对推进义务教育基本均衡和优质均衡发展作出全面部署。

2013年，国务院教育督导委员会、教育部启动全国义务教育基本均衡发展督导评估，5年来组织专家3558人次，实地督导检查县级单位2384个，实地复查县级单位152个，实地检查义务教育阶段学校2.2万所。推动全国2379个县级单位实现义务教育基本均衡发展，约占全国总数的81%。2017年，教育部印发《县域义务教育优质均衡发展督导评估办法》，义务教育优质均衡发展督导评估工作全面部署启动。对义务教育均衡发展进行督导评估，为各地推进义务教育均衡发展提供了统一标准和抓手，极大地调动了省、市、县三级

政府加快义务教育均衡发展的积极性，推进义务教育向更公平更优质的目标迈进。

四、加强科学评价和指导，助力教育质量不断提升

经过不断的努力，我国已经基本建成覆盖各级各类教育的教育督导评估制度，聚焦学校办学行为和教育教学质量，深入开展督导评价，推动教育质量不断提升。

学前教育方面，相继建立学前教育督导评估制度和幼儿园办园行为督导评估制度，全面开展对幼儿园办园条件、安全卫生、保育教育、教职工队伍、内部管理等多个方面的督导评估，保障幼儿身心健康、快乐成长。

义务教育方面，自2015年开始实施国家义务教育质量监测，分析诊断了我国教育教学中存在的问题和薄弱环节，为政府的科学决策和教育教学改进提供了重要依据。同时，建立了中小学校责任督学挂牌督导制度，按1人负责5所左右学校的标准，为全国每所中小学校配备责任督学，目前已基本实现全国中小学校全覆盖。

职业教育方面，先后建立了中等职业学校办学能力评估制度和高等职业学校适应社会需求能力督导评估制度，并完成了第一轮评估工作，有力助推职业学校提升办学能力，教学标准更加适应产业需求，人才培养质量更加符合社会需要。

高等教育方面，建立完善了本科教学工作合格评估制度、普通高等学校本科教学工作审核评估制度和博士硕士学位论文抽检制度，探索开展研究生专业评估，全方位推动高等教育内涵发展。

五、不断加大督查督办力度，全力保障教育安全

教育安全工作是全社会安全工作的重要组成部分，直接关系到学生能否安

全、健康地成长，关系到千千万万个家庭的幸福安宁和社会稳定，关系到民族的未来和希望。

近年来，教育督导以开学条件保障和学校安全工作为重点，每年组织实施春、秋季开学工作专项督导，形成常态化。校园安全和校车安全专项督导已经成为长期常态工作，多部门综合治理中小学生欺凌已经形成合力，教育突发事件督导问责机制进一步完善。每年针对中央关心、人民关切、社会关注的热点难点问题，组织超过几百人次的国家教育督导专家、几十个专项督导组，实地督导检查县级以上单位几百个、各级各类学校几百所，印发督办通知几十份，充分督促指导解决热点难点问题，推动各地校园校车安全事故持续减少，中小学生欺凌问题有效防治，师生生命财产安全和教育教学得到充分保障。

走进新时代，开创教育督导新局面 *

深入学习贯彻党的十九大精神，是全党全社会的一项重大任务。对于教育督导工作来说，就是要用十九大精神统一思想行动，凝聚奋进力量，把握发展形势，明确工作目标，切实武装头脑、创新思路、指导实践，推动教育督导事业开创新局面、发挥新作为。

一、立足新形势，教育督导任重道远

党的十九大站在全局和战略高度，明确指出建设教育强国是中华民族伟大复兴的基础工程，必须把教育事业放在优先位置，加快教育现代化，办好人民满意的教育；强调要全面贯彻党的教育方针，落实立德树人根本任务，发展素质教育，推进教育公平；要求推动城乡义务教育一体化发展，高度重视农村义务教育。并对全面发展各级各类教育，提高教育教学质量作出部署，明确要求努力让每个孩子都能享有公平而有质量的教育。教育督导工作要围绕十九大关于教育的决策部署开展工作，确保党的教育方针政策落地生根，落实到基层，

---

* 原文刊载于《中国教育报》2017 年 12 月 5 日，《平安校园》2018 年第 1 期。

落实到学校，落实到师生，让人民群众不断增强教育的获得感、满意度。

二、面对新任务，教育督导大有可为

现代教育管理，"决策、执行、监督"三个环节环环相扣，相互促进。教育督导通过"督政、督学、评估监测"三位一体的工作，应该在促进实现十九大确定的教育目标任务中大有所为，作出新贡献。

（一）促教育优先。一方面，要建立健全地方政府履行教育职责督导制度，开展对地方政府统筹规划、政策引导、经费保障、监督管理和提供公共教育服务等履行教育职责情况的综合督导。另一方面，要建立健全对地方教育行政部门督导制度，根据教育规划纲要、"十三五"规划及年度工作要点，由上级教育督导部门对下级教育行政部门完成教育改革发展任务情况进行督导。多措并举，确保教育优先发展。

（二）促教育公平。一方面，要针对老百姓关注的教育热点难点问题，通过"日常督导、专项督导、综合督导"等方式，有效开展督导，督促地方政府和学校妥善应对和解决。另一方面，要组织开展义务教育均衡发展督导、全面推进薄弱校改造、在集中连片特殊困难地区实施农村义务教育学生营养改善计划、加快中西部各级各类教育全面发展等，推进城乡教育资源统筹配置，切实缩小区域差距、城乡差距、群体差距、校际差距和不同学段教育发展差距，让人民群众享受到公平的教育机会。

（三）促教育质量。一方面，要建立贯通大中小幼的教育质量监测评估制度，建立健全各级各类教育质量监测指标体系，使质量监测从义务教育逐步覆盖到各级各类教育。另一方面，要积极开展对各级各类学校教育教学质量、办学条件、规范办学行为和实施素质教育等方面的督导评估，促进学校提高办学水平，保障学生全面健康成长成才。

（四）促教育安全。一方面，要针对校车安全、食品安全等开展专项督导，通过多部门联合定期开展春秋季开学检查的综合督导、责任督学挂牌日常督导等多种方式，强化校园安全督导检查。另一方面，要针对校园欺凌等热点难点问题，研究制定加强校园欺凌综合治理的方案，在全国范围开展专项治理。通过多种措施，努力使校园成为青少年学生成长最阳光、最安全的地方。

三、打开新局面，教育督导创新发展

贯彻落实十九大精神，在新时代下进一步发挥教育督导作用，解决好教育发展不平衡不充分的问题，满足人民群众对教育日益增长的需求，需要推进教育督导工作创新发展，展现新气象。

（一）完善体制机制，保障教育督导依法依规。继续完善教育督导法规制度体系，细化完善针对各级各类教育的督导规章制度，使各方面教育督导工作都有规可依、有章可循。积极推动各地尽快制定完善地方教育督导法规，形成地方法规和部门规章相互补充、相互支持的督导法规体系。

（二）提升督学能力，推动督导队伍精干专业。进一步推动落实《督学管理暂行办法》，把真正热爱教育督导、具备督导专业素养、能督善导的人充实到督学队伍中。加强督学培训，完善督学培训教材和内容体系建设，精选培训内容，创新培训形式，扩大培训规模，提高督学队伍水平。改善督学待遇，着力打通督学晋升职级或职称通道，进一步增强督学的职业自豪感和吸引力。建设评估专家库，有规划地聘请各类高水平专家人才，确保基础教育、职业教育、高等教育等领域全覆盖，充分发挥专家作用，提高教育督导工作专业性、科学性和有效性。

（三）创新方式方法，实现教育督导科学高效。抓住大数据、"互联网+"等信息技术飞速发展机遇，在督导工作信息采集、运用、安全风险防控等各方面作出系统设计，尽快建成互联互通的集成门户、管理、办公、信息共享、移动应用、智能分析等功能的一体化督导信息管理平台。

（四）强化结果运用，确保教育督导落地有声。加大督导报告公开力度，主动接受社会各方监督，确保教育督导报告事实清楚、依据充分、结论可靠。推动建立督导限期整改制度，充分运用约谈、整改复查等举措，进一步找准问题，落实责任。严格落实责任追究，坚持问题导向，把好督导评估关口，对明显违反教育政策、法规，并且整改不力的单位及个人，按照规定严格问责，强化教育督导权威，提升教育督导实效。

为办好人民满意的教育保驾护航 [*]

　　党的十八大强调要努力办好人民满意的教育，并进一步提出了推动教育事业科学发展的目标、任务和措施。做好新形势下教育督导工作，要按照教育部党组总体部署，紧紧围绕党的十八大对教育提出的总任务和总要求，密切结合贯彻落实教育规划纲要和《教育督导条例》（以下简称《条例》），进一步健全教育督导管理制度体系和各级各类教育督导评估与质量监测指标体系、办法，不断加强教育督导队伍建设，科学有效开展教育督导评估和教育质量监测，努力为办好人民满意的教育保驾护航。当前和今后一段时期，要重点做好以下工作。

一、学习宣传贯彻《条例》，推动教育督导制度改革

　　《条例》是新中国第一部专门的教育督导法规。落实《条例》，是做好教育督导工作的前提和基础。当前教育督导工作的重中之重，就是做好《条例》的学习宣传贯彻工作。

---

　　[*]　原文刊载于《中国教育报》2012年12月20日第1版。

一是落实规定，推动教育督导体制改革。继续学习宣传国务院教育督导委员会成立暨第九届国家督学聘任工作会议精神，解读《条例》内容，研究贯彻落实《条例》的具体措施，推动各地深化教育督导体制机制改革，制定完善各级各类教育督导评估指标体系和办法，制定完善督导评估标准。指导各地结合实际，研究制定本地教育督导法规规章，对各地贯彻落实《条例》情况进行督导检查。

二是规范管理，提高教育督导工作专业化水平。研究制定国务院教育督导委员会及办公室的工作规则规章制度，确保委员会日常工作有效运转。制定《国家督学管理办法》《教育督导工作规程》《督学培训大纲》等，用制度规范国家督学的行为，明确国家督学的职责与义务，推动督导工作的规范发展，提高督导工作专业化水平。

三是组织培训，加强教育督导队伍建设。组织各省（区、市）教育厅分管负责人和督导部门负责人参加的学习贯彻《条例》研讨班，就学习贯彻国务院教育督导委员会成立暨第九届国家督学聘任工作会议精神和《条例》进行交流研讨，分析教育改革发展新形势新任务，加深对教育督导有关政策的理解，推动教育督导工作提高水平。结合工作特征与实际需求，创新形式，加大力度做好国家督学培训、地方督学培训与地方教育部门负责同志的逐级逐层培训。要求各省级督导部门与相应教育部门紧密配合，科学筹划，组织好地方培训工作，提高教育督导队伍整体水平。

二、开展义务教育发展基本均衡县评估认定，推动义务教育均衡发展

教育规划纲要将均衡发展作为义务教育发展的战略性任务，提出到2020年"基本实现区域内均衡发展"的目标。当前，促进公平、提高质量是义务教育发展的两大核心任务。做好义务教育督导评估，推进义务教育均衡发展也成为新时期教育工作的重点。

一是开展县域义务教育均衡发展评估认定。率先在县域内实现城乡教育均衡发展，逐步在更大范围内推进，是推动义务教育均衡发展的重要部署。按照《县域义务教育均衡发展督导评估暂行办法》，根据有关省（区、市）上报县域义务教育均衡发展材料的情况进行实地检查、调研，确定召开县域义务教育均衡发展评估认定现场会地点，启动义务教育发展基本均衡县的认定工作。于2012年底，开展县域义务教育均衡发展评估认定工作。

二是开展省级义务教育均衡发展督导评估工作。要加强对省级政府统筹义务教育均衡发展工作的考核，在开展县域义务教育均衡发展督导评估工作的基础上，研究制定《省级义务教育均衡发展工作考核评估暂行办法》。通过开展省级义务教育均衡发展工作考核评估，发布国家教育督导报告，推动义务教育均衡发展。

三、继续开展地方政府履行教育职责评价，推动教育优先发展

开展对地方政府教育工作的督导评价，是促进地方政府实施科教兴国战略、落实教育优先发展战略地位、依法履行教育管理职责的一项重要举措，对于推动教育改革与发展具有重要意义。

一是研究制定评价标准与办法。根据十八大报告及国务院教育督导委员会成立大会上中央领导同志最新讲话精神和国务院出台的相关文件要求，在开展对县级政府教育督导工作的基础上，研究制定《地方政府履行教育职责评价暂行办法》，开展地方政府履行教育职责评价，发布国家教育督导报告。

二是开展教育强市、强县的评比工作。在县域义务教育发展基本均衡认定达标的基础上，以各专项督导的评价办法与结果及本区域内各级各类教育协调发展的情况为参考，部署组织开展教育强市、强县的评比活动，促进地方政府切实履行教育职责，落实教育优先发展战略地位。

四、高效开展教育督导评估与质量监测工作，推进教育优质发展

要健全教育督导体系，完善定期督导、专项督导和随机督查三项督导形式，定期对各级各类教育工作进行专项督导和综合督导。坚持督政与督学并重、监督与指导并重，统筹规划，科学论证，试点先行，分步实施，有序推进，努力开创教育督导工作新局面。

一是开展各级各类学校教育督导评估工作。按照《条例》和学前教育、基础教育、职业教育、高等教育等一揽子教育督导评估办法，针对教育热点、难点和重点问题，科学整合工作内容，合理安排工作程序，分类实施，高效组织开展综合督导和专项督导评估工作，促进各级各类教育的科学发展，推动全面实施素质教育，并发布国家教育督导报告。

二是开展中小学校素质教育督导评估工作。根据《中小学校素质教育督导评估办法》，有序推进学校素质教育督导评估工作，研究制定实施素质教育工作先进校评选办法，开展素质教育示范校的认定工作。

三是探索督学责任区建设长效机制。按照《教育部关于加强督学责任区建设的意见》精神，引导各地切实加强督学责任区建设，建立健全督学责任区管理体系与工作机制，加强对中小学校工作监督与指导，规范办学行为。切实加强对督学责任区工作的领导，为责任区督学开展工作提供保障，形成督学责任区建设长效机制，促进和保障教育事业科学发展。

四是做好教育质量监测工作。按照《条例》精神，推动教育评价模式改革，探索促进各级各类教育科学发展的质量评价体系。发挥监测的预测和预警作用，深入研究人才成长规律、教育管理规律和教育评价规律，为改进教育教学、完善政策措施提供更加及时、科学、准确的依据。认真总结前几年试点监测和2012年在全国开展质量监测工作的经验，进一步扩大义务教育阶段学生数学、科学学科学习质量监测的规模，进一步完善监测指标体系和监测工具，

研究制定质量监测标准与评价办法，发布义务教育阶段学生质量监测报告，为在全国推行各级各类教育质量监测奠定基础。

五、进一步完善监督问责机制，充分发挥教育督导作用

建立完善的监督问责机制，是有效发挥教育督导作用，提高教育督导实效，树立教育督导权威的主要保障。要按照教育规划纲要和《条例》要求，用督导问责推动转变教育部门职能，推进管、办、评相分离教育行政管理体制的建立，提高教育政策执行力。

我们将进一步建立健全教育督导报告制度、公示制度、约谈制度、奖惩制度、限期整改制度、复查制度，主动回应社会关注的教育问题，强化对督导报告的解读和使用，充分发挥教育督导作用，有效地行使督政职能，提高督导工作权威性和实效性，增进教育部门和地方政府之间工作沟通，帮助相关地区在肯定成绩的基础上找准问题，并提出整改建议和措施，保障办好人民满意的教育。

深化教育督导改革转变教育管理方式 *

党的十八届三中全会通过的《中共中央关于全面深化改革若干重大问题的决定》明确了"深化教育领域综合改革"的攻坚方向和重点举措，提出"深入推进管办评分离""强化国家教育督导"，这是教育督导第一次出现在中共中央全会的《决定》中，为深化教育督导改革指明了方向，是新时期加强教育督导工作的重要指南。下面，我就深化教育督导改革谈一谈自己的体会，供大家参考。

一、充分认识深化教育督导改革势在必行

教育督导是教育管理的重要组成部分，是一项基本教育制度，世界一些教育发达国家，无一不将教育督导作为重要抓手，保障和推动本国教育的改革与发展。改革开放以来，我国教育督导在保障"两基"历史任务全面完成、推动国家重大教育政策项目落实、促进学校教育教学水平提高、督促教育热点难点问题解决、科学服务教育决策等方面，发挥了不可替代的作用，作出了重要

---

* 原文刊载于《北京教育（普教版）》2014 年第 7 期。

贡献。

教育规划纲要颁布后，各地结合实际积极开展教育督导体制机制改革，为深化教育督导改革积累了丰富经验。2012年，国务院颁布实施《教育督导条例》，成立国务院教育督导委员会，从法律法规、体制机制两个方面，对推进教育督导改革与发展做出了战略部署。《教育督导条例》对教育督导制度进行了系统设计，使教育督导有法可依。国务院教育督导委员会是新中国历史上最高层级的教育督导机构，为建立权威、独立、有效的教育督导体制开创了新的局面。

当前，教育改革发展面临前所未有的机遇和挑战。促进教育公平、提高教育质量、办好人民满意的教育，对深化教育督导改革、发挥教育督导作用提出了新的更高要求。深化教育领域综合改革，加快推进教育治理体系和治理能力现代化建设，亟须我们深入推进管办评分离，转变教育管理方式，深化教育督导改革。

1. 深化教育督导改革是转变教育管理职能的重要抓手

教育决策和教育督导是教育管理的"两个轮子"，转变教育管理方式，实现管办评分离，需要"两个轮子"平行运转。为此，既要简政放权，完善教育决策职能和健全公共教育服务体系；也要强化督导，加强对地方政府和学校执行教育决策的监督与指导，并在政府的主导下，培育一批专业评价机构和社会组织，充分发挥它们在评估监测中的作用，努力强化政府的标准制定、政策指导、监督检查、评估监测、信息服务职能。要通过有效的监督、检查、评估、指导，进一步贯彻落实党的十八届三中全会要求，形成决策权、执行权、监督权既相互制约又相互协调的行政运行机制，确保教育事业科学发展。

2. 深化教育督导改革是落实《教育督导条例》的必然要求

《教育督导条例》提高了教育督导的法律层级，丰富了教育督导的内涵，扩大了教育督导的范围，规范了教育督导的类型和程序，为推动教育督导改革提供了法律依据。落实《教育督导条例》，需要我们进一步深化教育督导改革，建立健全各级各类教育督导制度，健全督导机构，加强督学队伍建设，强化督导问责，充分发挥好督导的监督、指导、评估、评价和监测功能。

3.深化教育督导改革是解决教育热点、难点问题的迫切需要

当前，教育发展中的困难和问题依旧突出，学前教育入园难、义务教育阶段择校、中小学生课业负担过重、学校乱收费、素质教育难以推进、职业教育基础能力差、高等教育学术行为不端等，反映出教育发展还不能完全适应社会的期待和人民群众的要求。虽然国家制定了相关的法律法规和政策规范，但执行中缺乏落实，违规违纪行为缺乏监管。督促各级政府落实教育优先发展，切实推进素质教育和规范办学行为，提高教育教学质量，需要我们充分发挥教育督导的作用，在做好事前规划引导的同时，建立健全教育督导报告、复查和奖惩制度，落实好事后监管和督促。

二、明确深化教育督导改革的总体思路和工作目标

深化教育督导改革，需要统一思想，明确思路。我们要认真贯彻党的十八大和十八届二中、三中全会精神，落实教育规划纲要和《教育督导条例》，按照决策、执行、监督既相互制约又相互支持的原则和强化国家教育督导、深入推进管办评分离的要求，立足我国实际，借鉴国际经验，建立督促地方政府依法履行教育职责的督政机制、指导各级各类学校规范办学提高教育质量的督学体制、科学评价教育教学质量的评估监测体系，形成督政、督学、评估监测三位一体的教育督导体系，为促进教育事业科学发展、办好人民满意的教育提供制度保障。

围绕这一思路，我们的工作目标主要分为三个方面：一是督政，要建立地方政府履行教育职责督导评价机制，严格落实问责制度，引导地方政府优先发展教育事业，提高基本公共教育服务能力和水平。二是督学，要完善督学队伍

管理，实行督学责任制，监督指导各级各类学校规范办学行为，全面提高教育质量。三是评估监测，要建立教育督导部门归口管理、专业机构提供服务、社会组织多方参与的专业化教育质量评估监测体系，对各级各类教育进行科学、系统、权威的评估监测，为改进教育教学、管理、决策提供依据和支撑。

三、准确把握深化教育督导改革的主要任务和工作重点

1.加强督政工作，促进教育公平

督促地方政府切实履行教育职责，是为教育事业改革发展提供保障的有效办法。目前的督政工作还存在着一些不足，主要包括：工作内容基本限于对各级政府履行发展义务教育职责的督导，对政府履行发展其他各级各类教育职责、统筹规划、教育投入等方面的督导尚未有效开展；没有建立综合评价体系，临时性、政策性检查多，制度性、常态化监督少；督导问责机制尚未建立，削弱了督导的实际效果。

我们将以建立地方政府履行教育职责督导评价机制，严格落实问责制度，引导地方政府优先发展教育事业，提高基本公共教育服务能力和水平，大力促进教育公平为目标，在督政方面重点做好以下工作：一是建立地方政府履行教育职责评价制度，提高督政工作的针对性和有效性。研究制定对地方政府履行教育职责的评价办法，开展对地方政府统筹规划、政策引导、监督管理和提供公共教育服务等履行教育职责情况的综合评价。二是建立专项督导制度。就一些普遍性问题和教育重点工作，如改善贫困地区办学条件，加强师资队伍建设，支持民办教育发展，以及学校安全工作等开展专项督导。落实《教育重大突发事件专项督导暂行办法》，做好教育重大突发事件专项督导工作，督促各地各校切实履行职责，积极应对并妥善处理教育重大突发事件，保障师生生命财产安全和教育教学工作正常开展。三是继续做好义务教育均衡发展督导评估工作。按照《县域义务教育均衡发展督导评估暂行办法》要求，继续对申请义

务教育发展基本均衡县的地区进行国家督导评估认定。研究制定省级义务教育均衡发展工作考核评估办法，在此基础上开展省级义务教育均衡发展工作考核评估，发布省级义务教育均衡发展督导评估报告，推动省级政府统筹本省义务教育均衡发展工作。四是建立严格的问责机制，提高督导的权威性。完善教育督导报告发布制度，规范流程，丰富载体，提高实效，强化结果使用。建立健全公示、公告、约谈、奖惩、限期整改和复查制度，明确督导结果是资源配置、干部任免和表彰奖励等的重要依据，加大整改复查和监督问责力度。

2.加强督学工作，规范办学行为

督学的根本任务在于督导学校依法依规办学。目前，我们已经建立了督学责任区制度和中小学校督学挂牌督导制度，并针对教育热点、难点问题开展了教育专项督导检查。督学工作还存在一些薄弱环节，主要包括：督学队伍力量弱，专职化、专业性不强；督学工作不规范，很多地方还普遍存在着对学校多头检查现象，学校对此意见很大；督学效果不明显，没有真正发挥督学及时了解情况、发现问题、加强指导、限期整改的作用。

下一步，我们将以完善督学队伍管理和督学责任制，定期发布督学报告，监督指导各级各类学校规范办学行为，全面推进素质教育为目标，在督学方面重点做好以下工作：一是开展对各级各类学校教育教学质量、办学条件、规范办学行为和实施素质教育的综合性督导评估工作。出台中小学校素质教育评价办法，对全国中小学校实施素质教育工作进行指导，开展中小学校素质教育专项督导工作，开展素质教育特色示范校认定工作。继续开展职业教育综合性督导评估工作，对职业教育基础能力建设、校企合作、对口就业、学生资助发放落实情况进行评估评价。研究制定高等教育督导评估办法和指标体系，开展高等教育督导评估工作。二是做好中小学责任督学挂牌督导工作。进一步建立完善督学责任区制度，加大对学校督导评估的工作力度。三是做好教育专项督导检查工作。针对社会各界普遍关注的教育热点、难点问题开展教育专项督导检查，公布督导检查结果。四是建立督学报告发布制度。统筹开展各级各类学校专项督导，由县、市、省和国家按年度发布督学报告，把各级各类学校规范办学的情况，向社会公布，接受公众监督评价。

3. 开展评估监测，提高教育质量

科学的监测评价是提高教育质量，开展督学、督政工作的前提。目前，我国尚未建立覆盖各级各类教育系统的教育质量监测评价体系，评估职责与管理职责捆在一起，自己评自己，引起了社会的质疑；监测资源分散、各自为战，没有归口管理、科学规划、统筹设计；缺乏科学评价各级各类教育质量的指标体系、科学方法、工具手段；教育质量监测报告发布机制尚未建立；对政府履行教育职责的监测还未有效开展。

针对上述问题，我们将以建立由教育督导部门归口管理、专业机构提供服务、社会力量广泛参与的国家教育质量评估监测体系，以第三方的身份对各级各类教育进行科学、系统、权威的评估监测，为改进教育教学和管理、决策提供依据和支撑为目标，在评估监测方面重点做好以下工作：一是研究制定教育质量监测发展规划，统筹规划教育质量监测工作，建立健全各级各类教育质量监测指标体系，研究完善基础教育质量监测标准和工具。二是开展各级各类教育质量监测工作，及时发现教育教学中存在的问题，为督学、督政提供基础，为教育决策提供支撑，扭转社会和政府有关部门单独以考试成绩评价学校和学生的倾向。开展全国义务教育阶段学生学习质量监测、县域义务教育均衡发展常规监测、地方政府发展教育事业情况监测以及学前教育、高中阶段教育质量监测，加强对高等学校、职业学校依法办学、人才培养、学科建设、学位授予、教育质量以及资源配置的监测。三是建立规范的教育质量监测报告发布制度，定期或不定期发布监测报告，向全社会公布监测结果，接受公众监督。四是培育和扶持一批专业评价机构，引导社会力量参与质量评价。五是加强教育质量监测国际交流，积极参与国际组织的教育质量监测项目。借鉴先进经验，促进监测工具、平台和资源共享。

四、着力加强深化教育督导改革的体制机制建设

1.加强组织领导，保障督导经费

各级政府要继续贯彻落实《教育督导条例》，高度重视教育督导改革工作，将其列入重要议事日程，及时解决困扰改革的体制、机制等重大问题。按照《深化教育督导改革转变教育管理方式的意见》要求，结合本地实际，研究具体实施方案，统筹推进。要把教育督导经费列入财政预算，为深化教育督导改革、全面加强督导工作提供保障。

2.健全督导机构，整合监测资源

截至目前，天津、安徽、贵州、江西、西藏、湖北、青海、陕西、广东、宁夏、云南、江苏、四川、山东、海南、黑龙江、辽宁17个省（区、市）相继成立了人民政府教育督导委员会，还没有成立的省（区、市）要合理划分教育行政部门内设机构的职责，整合力量，尽快组建各级人民政府教育督导委员会及办公室，按照对各级各类教育实施督政、督学、评估监测三大职能开展工作。在国家层面，我们将整合教育质量监测评估资源，统筹开展全国教育质量评估监测工作，同时引导和委托社会机构参与评估监测工作。各地教育部门要整合具有教育评估监测职能的机构，实现教育督导部门的归口管理，为系统开展各级各类教育质量评估监测奠定组织基础。

3.完善法规条例，加强队伍建设

要完善《教育督导条例》配套制度，各地要继续结合实际制定本地教育督导法规规章。要研究制定教育督导评估监测工作归口管理办法，科学规划、统筹安排督导评估评价事项，归口综合督导检查工作。要完善督学选拔、聘任、管理、培训办法，研究制定视导员管理办法和工作规程，建立学校视导员制度。探索建立督学管理信息平台，加大培训工作力度，组织编写督学培训

教材，指导地方做好责任督学培训和视导员培训工作。要建立完善国家、省、市、县四级专兼职督学队伍，指导各地结合实际配齐专职督学，聘任一定比例的兼职督学，探索建立督学资格制度和职级制度。

党的十八届三中全会对深化教育督导改革提出了新的要求，深化教育督导改革、强化教育督导工作面临新的形势和任务。我们要认真贯彻十八届三中全会精神，落实教育规划纲要、《教育督导条例》的有关要求，立足我国实际，借鉴国际经验，进一步完善督政、督学、监测三位一体的教育督导体系，为促进教育事业科学发展、办好人民满意的教育保驾护航。

创新教育督导　筑梦提高质量 *

党的十八届五中全会提出"完善教育督导，加强社会监督"，为教育督导改革发展指明了方向。我们要以"创新、协调、绿色、开放、共享"五大发展理念为引领，以"提高教育质量"为主线，进一步完善督政、督学、评估监测"三位一体"的教育督导体系，充分发挥社会组织在教育评估监测中的作用，推动教育督导事业再上新台阶。

一要用新理念引领教育督导改革发展。坚持以创新发展为引领，着力加强教育督导机制创新，推动督导手段方式创新。坚持以协调发展为引领，推动督政、督学、评估监测工作协调发展。坚持以绿色发展为引领，倡导绿色督导、节约督导。坚持以开放发展为引领，拓展督导外延。加强国际交流合作，拓宽教育督导视野。坚持以共享发展为引领，通过充分发挥教育督导作用，督促地方政府推进教育改革发展，努力促进教育公平，提高教育质量。

二要把提高教育质量作为教育督导着力点。首先，要强力推动教育公平。建立完善地方政府履行教育职责督导评估制度，要继续做好义务教育发展基本

---

*　原文刊载于《中国教育报》2015 年 12 月 10 日第 3 版。

均衡县（市、区）国家督导评估认定和全面改善贫困地区义务教育薄弱学校基本办学条件工作，加强农村义务教育学生营养改善计划监管。要强化校园安全和校车安全管理，开展教育重大突发事件专项督导。针对乡村教师支持计划的实施、职业教育投入等开展专项督导，推动教育重大政策落实。其次，要大力规范办学行为。要继续做好中小学校责任督学挂牌督导工作。建立完善中小学校管理评价制度，推动学校提高办学水平。要针对教育热点难点问题开展专项督导和各级各类学校督导。要做好博士硕士学位论文抽检工作，加大学位论文作假行为查处力度。最后，要有效开展评估监测。把开展教育质量监测作为提高教育质量的重要手段。要建立并落实中小学校素质教育督导评估制度。开展职业院校办学能力及办学水平评估。选择具有代表性、方向性、基础性的国家支柱产业领域相关专业，逐步开展职业院校专业评估。要做好本科院校合格评估、审核评估和专业评估，开展本科教学质量监测。

三要以工作机制创新提高教育督导的科学性。要完善机制，强化管理，加大培训，优化结构，努力建设一支高素质的专兼职督学队伍，提升督学专业化水平。要完善督导结果运用机制，加大结果公开力度，强化媒体监督和社会监督。要以问题为导向，推动复查工作常态化，促进整改落实。加大约谈问责力度，提高督导权威性。要创新督导方式和手段。灵活运用地方自查、互查、双随机抽查等方式开展督导。充分利用现代信息技术手段，实现网络督导和实地督导相结合，提高督导实效。

严守党规党纪　依法依规开展教育督导*

　　《中国共产党廉洁自律准则》和《中国共产党纪律处分条例》是全面落实党的十八大和十八届三中、四中、五中全会精神，深入贯彻习近平总书记系列重要讲话精神，加强党内法规制度建设的重要成果；是党中央在新形势下加强纪律建设，全面从严治党的治本之策。学习贯彻《准则》和《条例》，依法依规开展工作，才能确保教育督导不踩线、不逾规，充分发挥为教育事业保驾护航的作用。

　　一、强化组织领导，保障学习《准则》和《条例》认识到位。我办高度重视《准则》和《条例》的学习贯彻工作，列入重要议事日程，形成"办主要领导亲自抓，分管领导具体抓，各处室负责人抓落实"的领导与分工机制，要求党员干部将学习《准则》和《条例》，增强纪律意识、规矩意识和组织意识，切实把党的纪律立起来、严起来、执行起来，切实把党的纪律内化于心、外化于行。教育引导党员干部充分认识到《准则》重在立德，树立了党员干部道德和行动的高标准；《条例》重在立规，划出了不可触碰的"底线"。同时，教育

---

　　* 原文刊载于《中国教育报》2016 年 1 月 28 日。

引导党员干部充分认识《准则》和《条例》对党中央开创全面从严治党新境界、协调推进"四个全面"战略布局的重大意义。

二、依法依规实施教育督导，保障贯彻《准则》和《条例》执行到位。教育督导各项工作涉及的部门和学校多，参与的督学和专家多，我办将贯彻《准则》和《条例》以及中央"八项规定"，认真履行权责，将党规党纪始终贯穿于教育督导全过程。一是进一步加强制度建设。教育督导紧紧围绕党的十八届三中、四中、五中全会关于推进教育督导的重大部署，以《准则》为标准，以《条例》为戒尺，将出台一系列办法和规程，切实做到教育督导有规可依、有规必依。二是进一步加强督导队伍建设和管理。在督导工作中做好督学的遴选、聘任和培训工作，引导督导人员遵守《准则》，自觉在政治纪律、组织纪律、廉洁纪律、群众纪律等方面高标准严要求；对于不守纪律、不讲规矩的行为，严格按照新修订的《条例》执行，进一步强化约谈问责机制，突出纪在法前、纪严于法。三是进一步加强资金使用监管。会同有关部门进一步完善管人、管钱、管事的制度体系，加大对内控制度执行的检查力度，加强事中事后督导检查，筑牢反腐倡廉防线。

三、建立长效机制，保障学习贯彻《准则》和《条例》常抓不懈。一是进一步丰富学习形式和方法，扩大覆盖面，增强影响力。二是进一步梳理教育督导各项工作违反党规党纪的风险点，继续完善相关规定，使廉洁督导制度化。三是进一步加强监督，通过召开民主生活会、组织生活会、专题研讨会等，加强干部述职述廉、诫勉谈话、提醒谈话，做到防微杜渐、警钟长鸣。

落实六中全会精神　打造"六严"教育督导[*]

党的十八届六中全会对新时期全面从严治党作出重大部署，是党中央着眼于"四个全面"战略布局作出的战略决策、整体设计，为营造风清气正的政治生态，全面推进经济社会发展提供了强大的制度保障。教育督导战线肩负保证党的教育方针、教育法律法规、政策举措贯彻落实的重要职责，深入贯彻落实六中全会精神，打造"六严"教育督导，是教育督导战线一项十分紧迫的任务。

一要树立严正的教育督导工作理念。要自觉地把教育督导工作放到全面建设中国特色社会主义事业大局中，明确使命，高点定位。牢固树立政治意识、大局意识、核心意识、看齐意识，自觉维护党中央集中统一领导权威，在思想上政治上行动上同党中央保持高度一致，向党的理论和路线方针政策看齐，向党和国家决策部署看齐，为教育事业发展保驾护航。要一切以人民为中心，坚持全心全意为人民服务的宗旨，把实现好、维护好、发展好最广大人民群众的教育利益作为教育督导工作的根本追求。

二要打造严谨的教育督导工作队伍。六中全会提出，"办好中国的事情，

———————
＊　原文刊载于《中国教育报》2016 年 12 月 7 日。

关键在党，关键在党要管党、从严治党"，这也为教育督导队伍建设指明了道路。"打铁还得自身硬"，教育督导工作的成败一定程度上取决于是否有一支政治合格、业务过硬的督导工作队伍。教育督导部门要全面加强督导战线党的建设，全面落实"一岗双责"、严格落实党的组织生活制度，把党员的先锋模范带头作用与督导工作的高标准、严要求有机结合。要引领广大督学和督导工作者不断加强政治学习、业务学习，为顺利完成教育督导使命打下坚实的基础。

三要建立严密的教育督导制度体系。随着《教育督导条例》及一系列教育督导规章、制度的颁布实施，教育督导制度体系已初步形成。但应看到，教育督导要充分发挥对教育权力的监督、对教育发展的指导作用，对制度的需求依然非常迫切，教育督导机构、队伍、标准、程序、结果运用等各方面制度尚须进一步完善和细化，教育督导制度体系建设是一项长期的系统化工程。

四要锻造严实的教育督导工作品质。从严治党，既要全面规范党内政治生活，加强党内监督，更要把从严治党的思想和要求体现在每一项工作中。对教育督导工作来讲，从严从实督导就是贯彻落实从严治党的最好行动。实事求是是我们党的优良传统，也是做好一切工作的指南。教育督导工作一定要坚持目标导向和问题导向，紧紧围绕教育改革发展的重大决策部署，瞄准需要解决的难点热点问题，认真制定督导计划，精心研制督导工具，扎实做好监督检查、评估监测、反馈、整改、报告、结果运用等各个环节的工作，以求真务实的作风，赢得教育督导工作实效。

五要建立严格的教育督导问责机制。六中全会提出，"完善权力运行制约和监督机制，形成有权必有责、用权必担责、滥权必追责的制度安排"。教育督导制度就是一种对教育权力监督的制度安排，应该把权责统一的思想落实到督导结果与运用中去。我们要深刻把握六中全会精神，把落实进行到底，把好最后一关，严格落实责任，奖罚分明，综合运用多种问责方式，以问责促整改，确保党和国家的教育方针、政策落地生根。

　　六要恪守严明的教育督导工作纪律。教育督导部门作为教育监督、指导部门，严明的纪律是做好工作的不二法宝。几年来，我们结合贯彻落实中央"八项规定"、群众路线教育实践活动、"三严三实"教育活动、"两学一做"教育活动等系列活动，不断强化教育督导人员纪律意识，先后出台了《教育督导人员十不准》《教育督导检查地方接待十不准》，有效规范了教育督导工作纪律，树立了教育督导系统良好形象。但也应看到，教育督导工作点多面广，兼职人员多，管理相对分散，纪律建设的任务相对繁重，我们将认真总结经验，继续完善制度，切实把党纪挺在前面，打好教育督导清正廉洁的底色。

为教育事业科学发展保驾护航 *

全国教育工作会议是党中央、国务院召开的一次具有里程碑意义的重要会议。胡锦涛、温家宝在会上发表的重要讲话，对我国教育改革发展的形势、任务进行了深刻阐述和全面部署，为教育改革发展指明了方向。教育规划纲要提出了教育及教育督导工作的新规划新任务新要求，是今后一个时期指导我国教育及教育督导工作的纲领性文件。结合教育督导工作实际，认真学习领会、深刻把握和贯彻落实好全国教育工作会议和教育规划纲要精神，对于进一步做好教育督导工作，促进教育事业科学发展具有重要而深远的意义。

一、以高度的责任感和使命感，深刻把握教育督导工作的主要任务

全国教育工作会议和教育规划纲要不仅对整个教育工作作出了科学规划和全面部署，而且对教育督导工作提出了新的任务和要求。完善督导制度，促进和保障教育事业提高质量、科学发展的思想体现在中央领导同志的重要讲话中，贯穿在教育规划纲要的内容和思想体系中。

＊　原文刊载于《中国教育报》2010 年 9 月 2 日第 1 版。

一是勾勒了教育督导制度建设的蓝图。教育规划纲要对教育督导制度建设提出了明确要求，不仅包括制定教育督导条例，从国家层面健全教育督导的法律法规和制度体系，而且还包括各地加强教育督导制度建设；不仅包括探索建立相对独立的教育督导机构，独立行使职能，而且还包括健全督学制度，建设专职督导队伍；不仅包括建立国家义务教育质量基本标准和监测制度，而且还包括整合国家教育质量监测评估机构及资源，完善监测评估体系，定期发布监测评估报告等。这些对于完善督导制度、理顺工作机制，形成教育决策、执行、监督既相互独立又相互协调的关系，更好地落实依法治教，具有十分重要的意义。

二是明确了教育督导的工作任务。教育规划纲要对加强义务教育督导检查，开展学前教育和高中阶段教育督导检查；强化对政府落实教育法律法规和政策情况的督导检查；建立科学的教育质量评价体系；支持和督促市（地）、县级政府履行职责，发展管理好当地各类教育等作了强调，这是新时期教育督导的主要任务和工作重心。

三是提出了教育督导的工作原则和要求。坚持督政与督学并重、监督与指导并重，既是新时期教育督导工作的基本原则，也是基本工作要求。

全国教育工作会议和教育规划纲要，明确了教育督导制度建设的方向和要求，提出了教育督导的主要任务、工作重点和工作要求，勾画了教育督导事业未来改革发展的蓝图，为教育督导工作提供了新的发展机遇和空间。

二、以改革创新的思路及举措，努力开创教育督导工作的新局面

贯彻落实全国教育工作会议和教育规划纲要精神，要以保障教育改革与发展为中心，以完善督导法律法规为基础，以理顺督导工作体制和创新工作机制为重点，以建立一支专业化的督学队伍为关键，坚持督政与督学并重、监督与指导并重，统筹规划，科学论证，试点先行，分步实施，有序推进，努力开创教育督导工作新局面。重点做好以下六项工作：

一是配合有关部门尽快出台教育督导条例。制定贯彻教育督导条例的配套文件，建立健全教育督导制度体系。

二是积极探索建立相对独立的教育督导机构，独立行使督导职能。指导有关省市认真做好教育督导体制机制改革试点工作。深入总结各地教育督导机构设置和履行职能的有效做法。继续加强教育督导的国际合作交流及国外督导经验的借鉴。

三是健全国家督学制度，建设专职督导队伍。做好国家督学换届工作，建立一支专业化高素质督导队伍。积极开展督学资格审核和准入制度的研究和试点，建立健全督学选拔任用制度，做好专职督学配备工作。不断提高督学培训的水平，提高督学的政治素质和专业水平。积极总结推广各地经验做法，逐步建立督学责任区制度。

四是加强义务教育督导检查，开展学前教育和高中阶段教育等督导检查，强化对政府落实教育法律法规和政策情况等督导检查。继续做好"两基"督导检查验收，从整体上推动义务教育改革发展。建立义务教育均衡发展督导评估制度，全面推动义务教育均衡发展。建立中小学校督导评估制度，推动中小学规范办学、内涵发展。完善对县督导评估制度，开展全国教育工作先进县的评估认定工作。开展中等职业教育、学前教育和普通高中教育等督导评估。制定地方政府履行教育职责的评价办法。完善专项督导检查制度，促进教育热点问题解决。开展对政府和学校实施素质教育情况的督导评估。

五是开展教育质量监测与评估。配合有关部门整合教育部有关监测、评估机构和资源，建立国家教育质量监测评估机构。制定基础教育质量监测标准和制度，逐步建立国家基础教育质量监测评估体系并形成覆盖全国的基础教育质量监测系统。

六是建立督导检查结果公告制度和限期整改制度，建立教育问责制度。完善发布国家教育督导报告制度。建立教育督导评估的层级问责制度，形成有效监督和责任追究机制。建立教育督导工作奖惩制度。

三、以今年下半年的重点工作为突破口，卓有成效地开好头起好步

一是深入开展调研。围绕贯彻落实全国教育工作会议和教育规划纲要精神，落实深化教育体制改革中整合国家教育质量监测评估机构及资源，完善监测评估体系，加强教育督导、探索有效履行督导职能的体制机制，研究制定地方政府履行教育职责的评价办法等开展调研。

二是制定相关文件。制定深化教育体制改革工作中重点工作的实施方案和办法。配合有关部门出台教育督导条例。印发教育部关于开展义务教育均衡发展督导评估的办法和指标体系、关于进一步加强中小学督导评估工作的指导意见。研究制定中等职业学校督导评估办法。发布国家教育督导报告。

三是做好有关工作。做好学习宣传贯彻教育督导条例和第八届国家督学换届筹备工作。做好对云南省"两基"国检工作。开展对5个国家职业教育改革发展实验区专项督导检查。协调教育部基础教育质量监测中心修订或完善义务教育阶段部分学科质量监测标准和工具。

督学责任区试点的样本意义 *

  督学工作是教育督导工作的重要组成部分。在英国、法国、荷兰、德国、美国等发达国家，督学是教育督导的主要任务。督学的主要工作是对学校进行监督、指导和评价，包括学校管理、办学条件、教学质量等。在英国，学校督导制度从 1839 年第一次任命学校督学到现在，历经 160 多年的发展和完善，积累了丰富的经验。英国整个学校督导的计划与实施以《学校督导手册》作为指南，实施过程透明化。在法国，教育督导机构主要分中央、学区和省三级。学区一级的教育督导机构设在大学区总长公署内的大学区督学处，分为地区教学督学、学区督学和参谋顾问人员三种情况。地区督学在教育督导工作中发挥举足轻重的作用。再如美国，学区督导在学区的运行与管理中起着重要作用，是各学区提高教学质量、改进课程设置、推进学校改革、促进学区发展的关键人士。

  与欧美国家相比，我国的督学工作起步较晚，但一些地区已结合地方实际，开展了各具特色且行之有效的督学工作。目前，全国已有 20 余个省、市、

---

* 原文刊载于《中国教育报》2011 年 10 月 9 日第 3 版。

区建立了督学责任区制度，取得了一些成功经验，为全面开展这项工作打下了坚实的基础。山东潍坊强化对基层学校的随访式、经常性督导，构建起了"政府主导、社会参与、随访督查、责任追究"的责任区督学工作长效机制，保证了学校依法规范办学。陕西韩城通过建立督学责任区制度，实现了对辖区内基层政府和各级各类学校实施常态化、全方位的督导和监控，确保依法施教，规范办学行为，也为我们提供了很好的样板。江苏省按照市域监督和异地监督的原则，在全省建立 5 个督学责任区。同时，全省 13 个地级市、106 个县（市、区）中，已有常州、南通、无锡、盐城、淮安 5 个地级市及 40% 的县(市、区)实行了督学责任区制度。湖南省到 2009 年年底，全省 14 个市州和 120 多个县市区共建立督学责任区 764 个，拥有责任区督学 3644 名，安排专项工作经费 1026 万元。从 2010 年开始，在全省范围内全面实施督学责任区制度。督学责任区工作覆盖了全省所有中小学校（包括中等职业学校）和幼儿园。

《国家中长期教育改革和发展规划纲要（2010—2020 年)》明确指出，进一步健全教育督导制度，建设专职督导队伍。教育部在 2011 年的工作要点中提出，建立健全推动教育规划纲要贯彻落实的教育督查机构和体制机制；推广建立督学责任区经验。积极贯彻落实规划纲要和教育部 2011 年工作要点，认真开展督学责任区建设工作，是新时期教育督导工作的重点之一。

在此背景下，湖南省创新教育督导管理机制，加大力度，完善教育督导机构建设，为在全国推行督学责任区制度提供了样本。湖南的督学工作不仅停留在构建督学制度上，还把着力点转向更新督学理念、改进督学方法、提升督学素质，目的就在于保障督学责任区制度的科学实施。全面推行发展性督导评价理念，坚持立足于每一所学校发展的历史传承和现实需要，确定发展的优势、特色和阶段性目标，循序渐进，持续发展；同时研究制定一整套学校督导评价的操作程序和规范，使之科学化、专业化，改变长期以来学校督导行政化操作模式，具有明显的探索意义。此外，大规模培训专职和兼职督学人员，颁发督学资格证书，这对于提升督学队伍素质和教育督导工作专业水平具有关键性作用。

为了进一步推进督学责任区建设，切实促进各地加强督学工作，我们还将在以后的工作中，重点抓好以下两个环节。一是建设专业化督学队伍。要抓好专兼职督学队伍的选聘、培训和使用，建立严格的督学选聘制度，包括岗位资格证书制度、公开招聘制度、职级制度等，努力提高督学的整体素质和专业水平。二是有效发挥责任区督学的监督和指导作用。首先，要合理设置责任区。要根据本辖区内学校的种类、布局、数量划定责任区，指派与学校种类、布局、数量等相匹配的督学对责任区实施经常性督导。其次，要明确责任区督学的职责和权利，负责哪个区域，负责区域内哪些学校，负责就哪些事项进行督导，如何进行督导，如何使用督导结果等。复次，要努力提高督导服务的水平。要通过督政或督学，准确找出政府、部门和学校在落实发展教育责任、实施教育教学等方面取得的成绩与存在的问题，进行科学指导，督促改进提高。最后，还要及时总结交流责任区督导的规律，积极探索新形势下做好责任区督导工作的新思路、新举措、新方法和新手段，不断提高督导的专业化水平，增强科学性、前瞻性和权威性。

强化督导　时不我待 *

教育督导，是中国创新教育体制的突破口，是中国教育行政管理改革的重大举措。

中小学生课业负担过重、素质教育推进困难、学校办学活力不足、城乡和区域教育发展不平衡、教育投入不足……这一系列问题，已成为我国教育事业改革发展的难点和人民群众关注的热点。一个重要原因，就是缺乏信息反馈灵敏的教育质量监控体系，缺乏强有力的监督体系和问责机制。如何督促地方各级政府将教育摆在优先发展战略地位，切实推进素质教育和义务教育均衡发展，如何督促学校规范办学行为、提高教育教学质量，教育督导如何承担更多的监督保障责任，发挥更大的推动促进作用，这些都是教育发展中必须抓紧解决的重要课题，更是回应社会关切的有力措施。

教育督导古而有之，察往而知来。西周时就有"天子视学"，随后视学制度沿袭发展，又扩至"王亲视学""学官视学"，至宋代建立了教育视学制度。元代设提督学校官，明清时任命各省提学官（清称提督学政、学政），民国时

---

* 原文刊载于《人民日报》2012 年 7 月 6 日第 18 版。

（1926年后）改称视学人员为"督学"。

新中国成立以来，我国教育督导制度虽经削弱停滞、恢复重建的曲折历程，但教育督导工作努力适应我国从人口大国向人力资源大国转变的时代要求，有力推动了教育的大变革、大发展、大跨越。建立了国家、省、市、县四级教育督导机构，全国形成了一支4万多人的专兼职督导队伍，初步形成了督政、督学和监测相结合的教育督导体系。可以说，哪里有教育改革发展需要，哪里就有教育督导；哪里有要解决的教育重点、难点、热点问题，哪里就有教育督导；哪里有人民群众的呼声，哪里就有教育督导。

"他山之石，可以攻玉。"英国政府自1839年首次任命皇家督学，已形成了相对稳定、比较成熟的中央和地方两级教育督导制度，督导范围涵盖各级各类教育，涉及学校管理、课程、教学生活、师资培训等各方面。美国教育督导范围广泛且注意从教育问题的研究中发现一般教育规律和原则，以指导教育督导工作和教育活动。俄罗斯教育督导机构独立设置，亦涉及各级各类教育。法国、荷兰、西班牙等国家无一不是通过完善督导制度来保障教育事业发展。纵观世界各国教育督导的成功实践，改革和完善教育督导制度已成为加强教育管理的重要方式，他们在督导制度建设方面普遍具有教育督导机构相对独立、督导范围涉及各级各类教育、督学队伍专业化水平较高等特点。

在全面建设小康社会的进程中，我国教育督导的机构设置、队伍建设和督导方式，确实还不能完全适应教育改革发展的历史要求和神圣使命。教育督导机构实质上隶属于教育行政机关，"自己监督自己，既当运动员又当裁判员"，难以独立行使督导职能；教育督导的问责与整改制度尚未形成长效机制，被督导对象对督导评估结果重视程度不够，没有把督导结果作为决策和推动工作的重要依据，教育督导权威性不够；教育督导力量单薄，督学队伍专业化水平不高，心有余而力不足。这些问题和差距的存在，呼唤更加完善的教育督导制度，时不待我。

　　"路漫漫其修远兮"，知差距而求创新，知不足而求完善。教育督导是中国创新教育体制的突破口，是中国教育行政管理改革的重大举措。提高教育质量、促进教育公平、办好人民满意的教育，任重道远。在我国从人力资源大国走向人力资源强国、从"有学上"到"上好学"的重大历史转变过程中，建立一个强有力的、制度性的教育监督保障体系，比以往任何时候都更为迫切。"会当凌绝顶，一览众山小"，要以贯彻落实《教育规划纲要》和即将出台的《教育督导条例》为契机，从深入贯彻党的十七大精神和深入学习实践科学发展观的高度，从落实《教育法》相关规定出发，把教育督导作为教育基本制度进一步加强全局性建设，把教育督导作为实施素质教育的重要导向进一步发挥作用，把教育督导作为教育改革发展的重要保障进一步加大力度。

加强经常性督导　为教育改革发展保驾护航 *

国务院教育督导委员会办公室于去年印发了《中小学校责任督学挂牌督导办法》。根据《办法》，全国 30 多万所中小学 2013 年底应配置挂牌责任督学，对学校的招生、管理、课程设置、师德建设以及学生减负等问题进行经常性督导。

为什么要实行责任督学挂牌督导？责任督学究竟管什么？在教育督导制度中有何作用？对教育发展有何意义？今后如何实施好这一办法？对此，我想谈一点自己的认识。

一、实行责任督学挂牌督导的背景和意义

实行挂牌督导是转变政府管理职能、加强对学校监督指导的重要举措，也是加强学校与社会联系、办人民满意教育的有效方式，有利于延伸教育督导的触角，及时发现和解决学校改革发展中出现的问题，推动学校端正办学思想，规范办学行为，实施素质教育，提高教育质量，实现内涵发展。

---

* 原文刊载于《教育督导与执法》2014 年第 1 期。

制定《办法》主要有如下背景：

一是《教育督导条例》（以下简称《条例》）的必然要求。国务院颁布施行的《条例》明确规定县级人民政府督导机构要建立督学责任区制度，指派督学对学校教育教学工作实施经常性督导。同年，教育部印发了《教育部关于加强督学责任区建设的意见》（以下简称《意见》），进一步明确了建立督学责任区的设立原则、职能及责任督学的任务和工作要求。为贯彻落实《条例》有关规定及《意见》的精神，需要对责任督学经常性督导工作作出进一步规定，确保这项工作规范有效开展。

二是落实党的群众路线教育实践活动的基本要求。党的群众路线教育实践活动明确要求，要继续坚持理论基础联系实际、密切联系群众、求真务实等优良作风，改变过去所说的"调查研究隔层纸、政策执行隔座山"的现状。在中小学校实行责任督学挂牌督导制度，把对学校的监督、指导落实在工作的第一线，贴近了与学校、与教师、与学生、与家长等的联系，是教育督导工作贯彻落实党的群众路线教育实践活动基本要求的具体体现。

三是加快转变教育管理职能的必然要求。转变政府职能，深化教育管理体制改革，切实履行统筹规划、政策引导、监督管理和提供公共教育服务的职责，必须建立健全决策权、执行权、监督权既相互制约又相互协调的运行机制，在简政放权的同时切实强化督导。《办法》的施行，有利于加强对学校落实国家教育方针政策，组织实施教育教学行为过程和结果的监督、检查和指导，提高对学校督导的针对性和有效性。

四是加强对学校监督和指导的现实需要。我国基础教育面大量广，发展不平衡，学校之间差异较大。同时，学校管理不规范，未按国家规定开足开齐课程；课堂教学重知识传授和学科成绩，忽视学生的身心健康和能力培养；安全卫生隐患等问题依然不同程度的存在。突发事件时有发生，择校和学生课业负担过重等热点难点问题长期得不到解决。要解决好这些问题，亟须加强对学校进行经常性的监督、检查和指导。在中小学校实施责任督学挂牌督导制度，责任督学依照《教育督导条例》和《办法》对学校实施常态化、公开化监督指导，有利于规范学校办学行为，坚持依法办学，切实解决教育热点难点问题，提高教育质量。事实上，世界上教育督导制度较完善国家，如英国、法国也一直实行责任督学制度，通过经常性或随访督导规范学校的办学，促进教师发展，提高教育教学质量。推进经常性督导是教育督导发达国家的普遍做法。我国各地也基本建立了各具特色的责任督学经常性督导制度。目前，全国有一半以上的县（市、区）建立了中小学校责任督学制度。湖南、重庆和山东潍坊已经在本地全面实行了中小学校责任督学挂牌督导。同时，各地在实践中创造了许多行之有效的经验和做法，及时总结和提升各地的成功经验和做法，使之形成科学、规范的制度，才能更好地指导各地有效开展工作。

二、关于责任督学的选聘、基本职责和任务

《中小学校责任督学挂牌督导办法》对中小学校挂牌督导的性质、责任督学的选聘配备、职责任务、工作要求、培训与考核以及工作条件保障和督导结果运用等方面作了具体规定。

挂牌督导是指县（市、区）人民政府教育督导部门为区域内每一所中小学校设置责任督学，对学校进行经常性督导。根据区域内中小学校布局和在校生规模等情况，按1人负责5所左右学校的标准配备责任督学，兼顾小学、初中和高中各个学段（含直属学校）。县级教育督导部门应按统一规格制作标牌，标明责任督学的姓名、照片、联系方式和督导事项，在校门显著位置予以公布。

《办法》明确了责任督学的基本职责和任务。责任督学有五项基本职责：对学校依法依规办学进行监督；对学校管理和教育教学进行指导；受理、核实相关举报和投诉；发现问题并督促学校整改；向教育督导部门报告情况，并向

政府有关部门提出意见。同时规定，责任督学有权对学校管理、招生收费、课程开设、教育教学、教师师德、学生学习和课业负担及学校安全卫生、校风、教风、学风等情况进行督导。

《办法》明确了责任督学的工作要求。责任督学对每所学校实施经常性督导每月不得少于1次。进校督导应出示督学证。进行经常性督导可采取随机听课、查阅资料、列席会议、座谈走访、问卷调查、校园巡视等方式。督导结束后，要填写督导记录，将督导结果当场向学校反馈，并及时向教育督导部门提交报告。发现危及师生安全的重大隐患，责任督学应及时督促学校和相关部门处理。对各种突发事件或重大事故，责任督学应第一时间赶赴现场，及时了解并上报有关情况。同时要求，责任督学要依法督导，客观公正，廉洁自律。实行回避制度和定期交流制度。

《教育督导条例》第七条规定了督学应具备的6个条件包括政治素质、政策水平、道德品行、基本学历、业务能力、身体条件等主要方面。《办法》规定责任督学也应符合这些基本条件，并由教育督导部门聘任，颁发督学证。责任督学主要从在职和退休的校长、教师、教研人员和行政人员中遴选，专兼结合。《办法》还规定教育督导部门要对责任督学履行职责、开展工作和完成任务情况进行考核。并对责任督学考核结果做出了续聘和奖惩规定。

三、各方共同努力，让责任督学挂牌督导制度发挥出应有的作用

党的十八届三中全会提出：推行责任督学挂牌督导制度是实现这一目标的具体实践，希望社会各方共同努力，让责任督学挂牌督导制度发挥出应有的作用。

希望各级政府及教育行政部门要为责任督学提供必要的工作条件和专项经费，要组织责任督学开展督学培训，提高督学的能力和水平。教育督导部门要定期听取责任督学工作汇报，重视督导结果和责任督学建议，将其作为对学校

综合评价、主要负责人考评问责的重要依据。在学校评优评先、干部任免、教师考核方面，要充分听取责任督学的意见。

与此同时，各级学校要自觉接受责任督学的监督和指导，按要求提供情况，并进行整改。对不按要求接受督导和整改的，要予以通报批评并责令改正。

国务院教育督导委员会办公室最近一段时期将重点关注此制度，及时了解各地实施情况，并适时对各地实行挂牌督导工作进行检查。

我国教育督导的改革与发展 *

一、我国教育督导制度的历史沿革

我国教育督导的历史，可以追溯到周代的天子视学制度。早在西周时期，宫廷里就有为贵族举办的"官学"，周王定期去"官学"检查工作，称为"视学"。隋朝在中央政府首设"国子监"，把天子"视学"扩大到学官"督学"，着重视察学校的德行道义，这是中国乃至世界上最早独立设置的教育行政和监督机关。唐代形成了相对较为完备的教育行政系统，除天子"视学"制度外，相关教育管理部门也对教育行使监察和训导职能。此后，历朝历代的教育监督机构均有不同程度的发展。完整的教育督导制度是在清朝末年建立起来的，晚清政府实行教育改革，废科举、办新学，建立了系统的教育视导制度，并设立视学官。1909 年，晚清政府颁布《视学官章程》，成为我国近代教育史上第一个关于教育视导的法规性文件。辛亥革命后，民国政府颁布《视学规程》，建立了中央、省、县三级教育督导制度，并逐步朝着规范化和系统化发展。新中国成

*　原文刊载于《中国教育科学》2014 年第 4 期。

立后，教育部内设一厅五司，其中一个司就是视导司，各省教育厅也设立视导员。20 世纪 50 年代后期，我国教育督导制度建设被逐渐削弱，"文化大革命"期间，教育督导制度建设全面停滞。直至改革开放后，教育督导制度才伴随着教育事业的改革发展得以恢复重建和完善。

（一）教育督导制度恢复的探索时期（1977—1983 年）

党的十一届三中全会以来，教育战线拨乱反正，教育督导制度得以恢复和建立。1977 年，邓小平同志在与教育部负责人谈话时指出："要健全教育部的机构。要找一些四十岁左右的人，天天到学校里去跑。搞四十人，至少搞二十人专门下去跑。要像下连队当兵一样，下去当'学生'，到班里听听课，了解情况，监督计划、政策等的执行，然后回来报告。这样才能使情况反映得快，问题解决得快。可以先跑重点大学，跑重点中学、小学。这些就是具体措施，不能只讲空话。"这实际上提出了恢复我国教育督导机构和教育督导制度的设想。为贯彻落实邓小平同志的指示，1978 年初，在王震副总理的建议和推荐下，王季清、苏灵扬、姚文、杨滨四位老同志来到教育部任巡视员，并在中学司设视导室，由教育部部长直接领导。1983 年 7 月，在全国普通教育工作会议上，教育部提出《建立普通教育督导制度的意见》，要求县以上教育行政部门都设立教育督导机构，在试点基础上逐步实行。教育部原部长何东昌明确指出"县以上教育行政部门都要设立督导机构"，并提出省（区、市）和地（市）、县的主任督学，应相当于同级厅、局长级干部，受同级和上级教育行政部门双重领导，督学要有一定权力，负责对中小学教育进行检查、督促和指导。

（二）教育督导制度的全面恢复时期（1984—1992 年）

1984 年 8 月，经国务院批准，教育部增设视导室，聘请了第一批视导员，负责巡视、检查和指导帮助全国各地的普教工作。教育部视导室起草了《中小学和学龄前教育视导工作暂行章程》，对教育视导的性质、范围、内容以及视导员应具备的条件等作了规定。这些都为以后建立教育督导制度奠定了基础。

1985 年 6 月，教育部任命 12 位教育部视导员。1986 年 4 月，《中华人民共和国义务教育法》颁布实施，规定了地方各级政府认真贯彻执行义务教育法，加强教育执法监督。1986 年 10 月，国务院批准将"教育部视导室"改名为"国家教委督导司"，成立独立司局，编制 23 人，这标志着我国教育督导制度的正式恢复和重新建立。从此，全国各省（区、市）陆续恢复设立教育督导机构，并从各地实际出发，开展了一系列教育督导的实践和探索。1988 年，国家教委、人事部颁布《关于建立教育督导机构问题的通知》，要求"各县以上人民政府应在其教育行政部门内建立教育督导机构或配置专门教育督导人员"。据此，地方开始了全面恢复建立教育督导机构和制度的工作。为推动教育督导制度化，确保教育督导工作有章可循，1991 年 4 月，国家教委发布《教育督导暂行规定》，这是我国恢复教育督导制度以来第一个规章性文件，明确教育督导的任务是对下级政府的教育工作、教育行政部门和学校的工作进行监督、检查、评估和指导，保证国家有关的方针、政策、法规的贯彻执行和教育目标的实现；教育督导的范围主要是中小学教育、幼儿教育及其他有关工作，同时可根据本级政府或同级教育行政部门的委托，对其他教育工作进行督导。这是我国教育督导发展史上第一次规定对下级政府的教育工作进行督导，即"督政"。1992 年 3 月，国家教委发布《中华人民共和国义务教育法实施细则》，规定："县级以上各级人民政府应当建立对实施义务教育的工作进行监督、业务指导、检查的制度。"从此，具有中国特色的义务教育督导评估制度正式确立。

（三）教育督导制度恢复后的健全与完善时期（1993—2009 年）

20 世纪 90 年代以来，在教育改革发展实践中，教育督导理论研究逐步加强，职责进一步明确，功能不断完善。一方面，教育法律法规对教育督导制度作出了明确规定和要求。1995 年 3 月，第八届全国人大第三次会议审议通过的《中华人民共和国教育法》第二十四条规定："国家实行教育督导制度和学校及其他教育机构教育评估制度"，将教育督导制度列为国家基本教育制度，奠定了教育督导不可撼动的法律地位。另一方面，教育督导机构逐步建立健全。1993 年，国务院实行机构改革，中央编制委员会批准建立国家教委教育督导团，考虑到这是一个虚设的组织协调机构，便下设国家教委教育督导团办公室。1998 年 7 月，国务院批准教育部独立设置教育督导团办公室，成为教育部 18 个职能司之一，主要职责是"承办教育督导团的日常工作，组织国家督学对全国中等及中等以下教育的督导评估和验收，并宏观指导各地的教育督导工作"。2000 年，经国务院批准，中央编委在文件批复中将"国家教委教育督导团"更名为"国家教育督导团"，明确其主要职责是"研究制定教育督导与评估的方针、政策、规章制度和指标体系；对地方人民政府贯彻执行国家有关教育方针政策的情况进行监督、检查、指导、评估，保障素质教育的实施和教育目标的实现"。相应的，国家教育督导团办公室作为其日常办事、服务机构，负责国家教育督导团的日常运转。此后，全国大多数地方陆续将原来教育行政部门的督导机构更名为政府教育督导机构，并赋予其更大的督政职能。

进入 21 世纪以来，党和国家领导人十分重视改革完善教育督导制度。胡锦涛在新世纪第一次全国教育工作会议上讲话指出："要全面推进依法治教和依法治校，坚持用规范管理维护教育公平，探索教育行政执法体制机制改革，完善督导制度和监督问责机制。"2006 年 8 月，温家宝在国务院听取教育专家意见时特别指出："很重要的一个问题，就是教育部门的职能转变的问题，要建立督导和监测制度"。2006 年新修订的《中华人民共和国义务教育法》规定，人民政府教育督导机构对义务教育工作执行法律法规情况、教育教学质量以及义务教育均衡发展状况等进行督导，督导报告向社会公布。教育督导制度从法律上得到进一步完善。

（四）教育督导制度不断强化与发展时期（2010 年至今）

随着新世纪进入新的一个十年，我国教育事业的改革发展不断深入，教育督导制度也在新的更高的要求下得到强化和发展。2010 年 7 月，《国家中长期教育改革和发展规划纲要（2010—2020年）》颁布，其中第八条规定，要"建立国家义务教育质量基本标准和监测制度"。第四十七条规定，要"整合国家教育质量监测评估机构及资源，完善监测评估体系，定期发布监测评估报告。加强教育监督检查，完善教育问责机制"。第六十五条规定，要"完善督导制度和监督问责机制。制定教育督导条例，进一步健全教育督导制度。探索建立相对独立的教育督导机构，独立行使督导职能。健全国家督学制度，建设专职督导队伍。坚持督政与督学并重、监督与指导并重。加强义务教育督导检查，开展学前教育和高中阶段教育督导检查。强化对政府落实教育法律法规和政策情况的督导检查。建立督导检查结果公告制度和限期整改制度"，对发展和完善教育督导制度作出了新的全面的规划。2012年8月，国务院成立国务院教育督导委员会，9月，国务院颁布《教育督导条例》，从体制机制、法律法规两方面，对推进教育督导改革与发展作出了战略部署。国务院教育督导委员会是新中国历史上最高层级的教育督导机构，为建立权威、独立、有效的教育督导体制开创了新局面。《教育督导条例》是新中国第一部专门的教育督导法规，提高了教育督导的法律层级，标志着教育督导事业进入法制化轨道。2013年11月，党的十八届三中全会通过的《中共中央关于全面深化改革若干重大问题的决定》（以下简称《决定》）中，明确提出"强化国家教育督导"，这是教育督导第一次出现在中共中央全会的决定中，对深化教育督导改革、发挥教育督导作用具有重要意义。2014年，教育部贯彻落实十八届三中全会决定，印发《深化教育督导改革转变教育管理方式的意见》，对强化国家教育督导，深入推进管办评分离，全面加强督政、督学和评估监测工作作出部署安排；印发2014年工作要点，将"强化国家教育督导"作为重点工作之一加以部署和实施。目前，作为教育督导委员会的日常办事机构，国务院教育督导委员会办公室正在充实力量，很快将在规模、职能、编制等方面发生大的变化，我国教育督导制度将在发展中更加完善。

二、教育督导事业取得突破性进展

改革开放以来，伴随着教育督导制度的不断完善，我国的教育督导工作取得了巨大进展。教育督导在保障"两基"历史任务全面完成、推动国家重大教育政策项目落实、促进学校教育教学水平提高、督促教育热点难点问题解决、科学服务教育决策等方面，发挥了不可替代的作用。特别是 2010 年教育规划纲要颁布实施以来，教育督导工作进入新的历史发展时期，为办好人民满意的教育，推进教育科学发展作出了重要贡献。

（一）教育督导法律法规与评价标准逐渐完善

2012 年 9 月，国务院颁布《教育督导条例》，对教育督导制度进行了系统设计，使开展各级各类教育督导有法可依。近年来，教育部围绕完善教育督导制度、整合教育质量监测资源、开展省级义务教育工作考核评价、建立地方政府履行教育职责评价制度等四个国家层面的重大项目开展研究。印发《深化教育督导改革转变教育管理方式的意见》《国务院教育督导委员会工作规则》，对加强教育督导改革、强化教育督导工作、完善教育督导工作机制作出部署安排。制定《县域义务教育均衡发展督导评估暂行办法》《学前教育督导评估暂行办法》《关于进一步加强中小学校督导评估工作的意见》《中等职业教育督导评估办法》《关于加强督学责任区建设的意见》《中小学校素质教育督导评估办法（试行）》《中国教育报告·督导评估监测发布规程》《中小学校责任督学挂牌督导办法》《中小学校责任督学挂牌督导规程》《中小学校责任督学工作守则》《教育重大突发事件专项督导暂行办法》等一系列文件，对督导评估的原则、内容、程序、组织实施、工作方式及结果运用等作出规定，使各项督导评估工作有章可循。目前，国务院教育督导委员会按照《教育督导条例》的要求，正在研究制定高中教育、职业教育、高等教育的督导评估办法。近 2/3 的省（区、市）正在修订地方教育督导法规或把制定本地教育督导条例列入了立法规划。

（二）教育督导机构力量逐渐加强

《教育规划纲要》颁布以来，国家教育体制改革领导小组积极推进教育督导体制机制改革，开展项目研究并进行地方试点，各地结合实际大胆探索，形成了不少富有特色的成功模式。在总结地方经验的基础上，2012 年 8 月 26 日，国务院教育督导委员会成立，由时任国务委员的刘延东担任主任，教育部部长袁贵仁、国务院副秘书长江小涓担任副主任，发展改革委、教育部、科技部、公安部、监察部、财政部、人社部、住建部、卫生部、审计署的相关领导任委员。国务院教育督导委员会的主要职责是：研究制定国家教育督导的方针政策；审议教育督导的总体规划和重大事项；指导全国教育督导工作；聘任国家督学；发布国家教育督导报告。国务院教育督导委员会设办公室，负责国务院教育督导委员会日常事务，执行国务院教育督导委员会决议，研究制定国家教育督导规章制度和标准；拟订并组织实施全国教育督导年度工作计划，组织开展对各级各类教育的督政、督学和监测评估工作。由此，教育督导机构提升到国家层面。目前，国务院教育督导委员会主任由国务院副总理刘延东担任。层级如此之高，这在国际上也是少有的。教育督导机构高级别、高配置，大大提高了督导的权威性，加上横向涉及多个职能部门，纵向包括中央、省、市、县四级，为形成教育督导合力、独立行使教育督导职能奠定了体制基础。

不仅国家层面如此，各地也结合实际积极实践，在探索建立相对独立的教育督导机构方面取得实质性进展。截至目前，天津、安徽、贵州、江西、西藏、湖北、青海、山西、广东、宁夏、云南、江苏、四川、河北、山东、海南、黑龙江、吉林、辽宁、浙江等 20 个省（区、市）相继成立了人民政府教育督导委员会，很多市、县也成立了地方人民政府教育督导委员会，各级教育督导机构的力量得到进一步加强。

（三）教育督导队伍逐渐发展壮大

经过多年努力，教育督导战线逐渐形成了一支专兼职相结合的督学队伍，督导人员由重建初期的百余人发展到目前的约 8.6 万人，其中专职督导人员 3 万多人。2012 年，国务院教育督导委员会新聘任第九届国家督学 160 名，特约教育督导员 11 名，数量较上届增加了近一倍，结构也更加合理。这些国家督学来源广泛，代表性强，有很高的专业水平和非常丰富的实践经验，成为教育督导的中坚力量。地方各级督导机构根据职责和工作需要，吸收了各具专长、经验丰富的教育工作者或管理人员作为专兼职督学，提高了对各项教育工作的监督能力；吸收了人大代表、政协委员中民主党派或无党派人士担任特约督学，提高了督导工作的代表性。一些地方还聘请了社会人士担任人民督导员，提高了督导工作的社会参与度。2013 年 9 月，在总结提炼湖南、重庆和山东潍坊等地中小学校责任督学挂牌督导成功经验的基础上，国务院教育督导委员会办公室出台《中小学校责任督学挂牌督导办法》，建立了中小学校责任督学挂牌督导制度。要求县级教育督导部门根据区域内中小学校布局和在校生规模等，按 1 人负责 5 所左右学校的标准配备责任督学，对学校实施经常性督导。明确督学职责，统一制作标牌，将责任督学的姓名、照片、联系方式和督导事项等在校门显著位置予以公布，方便师生、家长联系，督促责任督学认真履职，接受社会监督。还配套印发《中小学校责任督学挂牌督导规程》，指导责任督学开展督导工作，印发《中小学校责任督学工作守则》，对责任督学的工作态度、工作方法、工作纪律和职业素养等提出明确要求。截至目前，全国中小学校基本完成了责任督学挂牌工作。责任督学队伍迅速扩大，对监督指导中小学校规范学校办学行为，提高学校教育质量，促进学校内涵发展，解决教育热点难点问题产生了积极意义，责任督学也被媒体形象地比喻为教育"片儿警"。在加强队伍建设的同时，督学培训制度和管理制度也逐步完善，国务院教育督导委员会办公室目前正在研究制定《督学管理办法》，从督学聘任、培训、职权、考核等方面作出规定。组织编写督学培训教材，强化责任督学培训。教育规划纲要颁布以来，国家层面就对全国 3000 余名各级督学进行了培训，提高督学的专业水平和履职能力。仅 2013 年，国务院教育督导委员会办公室就举办了 4 期教育督导干部培训班和 1 期全国中小学校责任督学骨干培训班，其中责任督学培训是历次培训规模最大、人数最多的一次，基本覆盖到每个地级市。2013 年，国务院教育督导委员会办公室印发《关于做好中小学校责任督学岗前培训的通知》，推动各地加强中小学校责任督学培训，提高责任督学工作能力和业务水平。

（四）教育督导工作为教育事业科学发展保驾护航

1. 保障"两基"历史任务全面完成

为确保"两基"目标如期实现，1993 年，国家建立了"两基"督导检查和评估验收制度，研究制定了评估验收的科学标准，实行分级督查、限期整改、责任追究机制，引导各级政府关注"两基"实施中的重点问题，探索建立了一整套程序完善的督导模式和验收制度。地方各级政府建立了目标管理责任制和责任追究制，层层签订责任书，把完成"两基"纳入政府任期目标，并以此作为评价政府工作、考核领导干部政绩的重要内容。2011 年，国家完成了对所有省（区、市）"两基"督导检查验收，2012 年，国务院召开全国"两基"总结表彰大会，宣告中国全面普及九年义务教育、青壮年文盲率下降到1.08%，并对全国"两基"先进地区、单位和个人进行了表彰。教育督导为实现"两基"目标作出重要贡献。

2. 推动义务教育均衡发展

2012 年，教育部印发《县域义务教育均衡发展督导评估暂行办法》，建立了义务教育均衡发展督导评估机制。该办法要求各地结合实际，制定具体实施办法和评估标准：首先是明确门槛，即县域内所辖义务教育学校全部达到省定基本办学标准，对发生重大安全责任事故和违纪违规行为的县实行一票否决。其次是限定差异系数，以生均教学及辅助用房面积、生均体育运动场馆面积、生均教学仪器设备值、每百名学生拥有计算机台数、生均图书册数、师生比、生均高于规定学历教师数、生均中级及以上专业技术职务教师数 8 项指标，计算小学、初中综合差异系数，规定小学不高于 0.65，初中不高于 0.55。最后是允许提高标准，各地在制定实施办法时，可在入学机会、保障机制、教师队伍、质量与管理 4 个方面 17 项指标的基础上适当增加指标。同时引入公众参与，通过问卷等方式调查公众对义务教育均衡发展的满意度，将其作为是否达标的重要参考，并将督导评估结果在网上公开。这一机制充分调动了各省（区、市）逐级开展义务教育均衡发展督导评估、各县（市、区）创建义务教育发展基本均衡县（市、区）的积极性，使义务教育均衡发展工作得以迅速推进。2013 年 5 月，教育部在江苏省张家港市召开全国县域义务教育均衡发展督导评估认定现场会，启动并部署国家级审核认定工作。按照"县级自评、地市复核、省级评估、国家认定"四级联动的督导工作模式，国务院教育督导委员会办公室在 2013 年组织国家督学和有关专家，对江苏、浙江、四川、河北、湖北、黑龙江、湖南、陕西、新疆、天津、山西、辽宁、重庆、西藏、青海、宁夏、安徽、山东、河南、广西、海南、福建等 22 个省申报的 325 个县（市、区）的材料进行审核，针对发现的部分地区校际间资源配置存在较大差距等问题，约谈了该地区教育部门负责人，限期整改。安排国家督学和专家 387 人次，组成国家督导检查组，带着问题对 293 个通过材料审核的申报县（市、区）进行实地检查，保证"县县到"。共检查学校 2139 所，召开人大代表、政协委员、校长、教师、家长座谈会 1147 次，发放问卷 14.2 万份。根据检查结果，向受检省政府反馈了书面意见总计 23 份，要求及时整改检查中发现的问题，报送整改方案和整改情况报告。最终有 293 个县（市、区）达到国家认定标准，有力推动了义务教育均衡发展，给学校、师生和人民群众带来了实惠，如 2012 年、2013 年督促地方追补义务教育经费 438 亿元，推动全国投入义务教育学校校舍、仪器设备、图书经费 3261 亿元（增幅达 46%），推动江苏、湖北、福建等省每年参与流动教师比例超过 10%，为进城务工人员随迁子女提供学位 337.12 万个，受到社会各界广泛好评。

3. 促进学校教育教学质量提高

《教育规划纲要》颁布实施以来，国家教育督导部门印发了《中小学校素质教育督导评估办法（试行）》等文件，开展了素质教育督导评估、学校办学水平督导评估等工作，初步建立起涵盖各级各类教育的督导评估制度体系，努力推动学校教育教学质量的提高。近年来，定期向全社会发布国家教育督导报告，对教育的热点难点问题提出专业建议、发出权威声音。发布多份《国家教育督导报告》，关注义务教育均衡发展、义务教育教师、中等职业教育等。这些国家教育督导报告的很多意见建议已经落实为教育政策，在社会上产生了很大反响。建立中小学校责任督学挂牌督导制度，大力加强中小学督导评估和督学责任区建设。目前，31 个省份及新疆生产建设兵团均已印发加强中小学督导评估和督学责任区建设文件，责任督学挂牌工作基本实现了全覆盖。各地通过中小学督导评估、督学责任区建设和责任督学挂牌督导，在监督指导学校强化内涵发展、依法依规办学、加强校园管理、提高教育教学质量等方面积累了宝贵经验，效果明显。

4. 督促解决教育热点难点问题

近年来，国家教育督导部门开展了落实教育规划纲要、校安工程、校园安全、减负、治理乱收费、规范办学行为、素质教育、师德建设、教育投入、办学条件等一系列专项督导。仅 2013 年，国务院教育督导委员会办公室就针对制约教育发展的重点问题和人民群众关心的热点问题开展了多次专项督导检查。包括：开展甘肃 7·22 定西地震受灾学校秋季开学复课情况专项督导，对督促地方政府切实履行职责，确保受灾学校 1.61 万名学生按时复课起到积极推动作用；开展北方地区中小学校冬季取暖专项督导，督促地方政府加大投入保障力度，提升取暖工作水平，保证广大师生温暖、安全过冬；开展教育财政投入的使用管理情况专项督导，督促地方政府加强财政教育投入的使用管理，提高使用效益，保证 2013 年财政教育支出预算能执行到位，并对各地 2014 年落实教育经费"三个增长"要求，确保教育财政预算支出增幅不下滑起到很好的监督作用；针对媒体报道的河南省台前县中小学校办学条件问题开展专项督导，督促当地政府立即妥善解决该校学生住宿条件差、存在安全隐患等问题，改善全县中小学校办学条件。2014 年以来，又陆续开展了春季开学工作、湖南省娄底市青山中学办学条件、农村义务教育学校基本办学条件、湖南湘潭幼儿园校车事故等专项督导。通过开展专项督导工作，逐步探索形成了"地方教育督导部门全面自查，针对发现的问题督促整改，报送整改报告，国家专项督导组重点抽查"的工作模式，使各地各校在接受检查后有整改有落实，督导工作在突出重点的同时实现全覆盖。此外，在媒体上发布督导报告，加大公开力度，使教育督导对教育政策的有效落实和教育热点难点问题的妥善解决起到了积极的监督、指导和推动作用。

5. 为教育决策提供参考依据

近年来，国家教育督导部门积极研究探索各级各类教育质量评价工具和监测标准，重点对义务教育质量进行了监测评价。特别是连续开展义务教育阶段学生主要学科学习质量状况及相关影响因素监测，形成监测报告，为解决基础教育领域热点问题、提高基础教育质量提供了决策参考和依据。2007 年 11 月，教育部依托北京师范大学设立教育部基础教育质量监测中心。中心成立后，围绕如何开展基础教育质量监测工作进行探索，逐步建立了符合我国国情特点的基础教育质量监测模式和机制。开展了义务教育阶段相关学科和领域的试点监测。包括：2007—2011 年，在全国部分省（区、市）先后组织开展了数学、语文、科学、英语、体质健康、心理健康等相关学科领域的试点监测工作，涉及 28 个省（区、市）和新疆生产建设兵团，270 多个县（市、区）、4700 多所学校，近 20 万名学生。2012—2013 年，在全国 31 个省（区、市）及新疆生产建设兵团开展了义务教育阶段学生数学、科学、阅读与写作学习质量及相关影响因素监测，涉及 350 多个县（市、区）、6700 多所学校，27 万余名学生。这些试点监测为在全国开展义务教育质量监测积累了经验。2013 年，组织召开科学院院士、国家教育咨询委员会委员、国家督学、学科专家、教材专家、中小学校校长、一线教师等相关人员参加的论证会，对语文、数学、科学等学科的监测指标体系和工具进行了全面论证。2014 年，又组织研究义务教育阶段德育、美育、体育与健康等学科领域质量监测标准，制定《国家义务教育质量监测方案》；研究建立全国义务教育均衡发展监测制度，准备对全国义务教育均衡发展情况进行监测。

各地也积极探索开展本地区义务教育质量监测评价工作。大多数省（区、市）受国家有关单位委托，对相关评估数据进行了收集；一些地区委托有关机构对本地义务教育质量状况进行了监测与评价；北京、上海等地则独立开展了本地义务教育质量监测评价工作。北京、上海、重庆、江苏、江西等省（区、市）还成立了独立的教育评估院或教育质量监测中心。

三、深化教育督导改革势在必行

当前，我国正处于从教育大国向教育强国、人力资源大国向人力资源强国迈进的历史新阶段，教育改革发展面临前所未有的机遇和挑战。促进教育公平、提高教育质量、办好人民满意的教育，对强化教育督导、发挥教育督导作用提出了新的更高要求；深化教育领域综合改革，加快推进教育治理体系和治理能力现代化建设，亟须我们转变教育管理方式，深入推进管办评分离。深化教育督导改革成为当前乃至今后很长一段时期教育督导事业发展的主题。

（一）深化教育督导改革是转变政府教育管理职能的重要抓手

教育督导是教育管理的重要组成部分，它和教育决策共同构成了教育管理的两个轮子。转变政府教育管理职能，改进教育管理方式，需要两个轮子平行运转。一方面既要切实履行教育统筹规划、制度设计和政策引导职责，另一方面也要加强监督、指导和服务。深化教育督导改革是加强教育监督、指导和服务的着力点和突破口，党的十八届三中全会通过的《决定》明确提出："深入推进管办评分离""强化国家教育督导，委托社会组织开展教育评估监测"。落实《决定》要求，就要简政放权，减少对地方和学校的直接干预，完善教育决策职能和健全公共教育服务体系。同时，加大对地方政府和学校执行教育决策的监督与指导，并在政府主导下，培育一批专业评价机构和社会组织，充分发挥它们在评估监测中的作用。要通过深化教育督导改革，理顺政府、学校和社会的关系，逐步建立决策权、执行权、监督权既相互制约又相互协调的行政运行机制，形成教育督导部门归口管理、专业机构提供服务、社会组织多方参与的新格局。

（二）深化教育督导改革是落实《教育督导条例》的必然要求

《教育督导条例》丰富了教育督导的内涵，扩大了教育督导的范围，规范了教育督导的类型和程序，为推动教育督导改革提供了法律依据。它的出台，让社会各界特别是教育督导战线对深化教育督导体制改革、加强教育督导工作充满期待。比如，进一步明确教育督导的法律地位，界定督导范围和程序；更加重视教育督导的独立性和公信力，改变教育部门"自己监督自己"的状况；更加重视教育督导队伍建设，改变专职督学少、兼职人员多的现象，提高督学的综合素质和专业水平；更加重视对督导结果的问责，发现问题及时整改和纠正，以维护督导的权威性和实效性。落实《教育督导条例》，亟须深化教育督导改革，进一步建立和完善各级各类教育督导制度，健全督导机构，加强督学队伍建设，强化督导问责，充分发挥好督导的监督、指导、评估、评价和监测功能。

（三）深化教育督导改革是解决教育热点难点问题的迫切需要

当前，教育发展中的困难和问题依旧突出，学前教育入园难、义务教育阶段择校、中小学生课业负担过重、学校乱收费、素质教育难以推进、职业教育基础能力差、高等教育学术行为不端、校园安防建设不到位等教育热点难点问题反映出，教育发展还不能完全适应社会的期待和人民群众的要求。虽然国家制定了相关的法律法规和政策规范，但执行缺乏落实，违规违纪行为缺乏监管，导致有令不行、有禁不止的现象时有发生。督促各级政府落实教育优先发展，切实推进素质教育和规范办学行为，提高教育教学质量，必须充分发挥教育督导的作用，在做好事前规划引导的同时，建立健全教育督导报告、复查和奖惩制度，落实好事后监管和督促。

（四）加强教育督导的薄弱环节对深化教育督导改革充满期待

经过多年的探索实践，我国逐步形成了综合督导与专项督导相结合的教育督导模式，建立了督政、督学和评估监测为主要内容的，具有中国特色的教育督导体系，教育督导在保障教育事业科学发展中作出了重要贡献，但也要看到，教育督导还存在一些薄弱环节，需要通过改革实现突破。

1. 督政方面

一是督促地方政府履行教育职责，基本限于对各级政府履行发展义务教育职责的督导，对政府履行发展其他各级各类教育职责的督导，对统筹规划、教育投入等方面的督导，开展得很少，内容不明确，重点不突出。二是尚未建立综合评价体系，采取临时性、政策性检查多，制度性、常态化监督少，缺乏有效的手段和稳定的机制。三是尚未建立有效的督导问责机制，对部分地方政府没有很好地履行教育职责缺乏有效制约，导致一些地方政府对督导评估结果不够重视，发现问题不能及时整改和纠正，削弱了督导的实际效果，影响了督导的权威性和实效性。

2. 督学方面

一是督学队伍力量弱，专职化、专业性不强，还难以适应"强化国家督导"的要求。大多数督学是兼职的，很多是离退休的，缺乏硬性的工作任务、必要的条件保障以及明确的考核标准。二是督学工作不规范，很多地方对学校多头检查的现象普遍存在，导致很多学校疲于应付，意见很大。三是督学效果不明显。根据督导条例，督学应当通过常规督导和专项督导，随时关注学校的办学行为，及时了解情况、发现问题，并加强指导、限期整改。对不及时改正的，要通报有关部门和当地政府，进行查处、追究责任。现在的督学工作，还没有真正发挥出这方面的作用。

3. 评估监测方面

一是我国尚未建立覆盖各级各类教育系统的教育质量监测评价体系，评估职责与管理职责捆在一起，业务部门和评价部门直接对口，存在自己评自己的问题，引起社会上的质疑。二是监测资源分散、各自为战，没有归口管理，对各级各类教育的质量监测缺乏科学规划、统筹设计。三是缺乏科学评价各级各类教育质量的指标体系、科学方法、工具手段，义务教育阶段开发了学生学业水平监测标准和工具，但还需进行深入研究论证，离国际先进水平（如PISA）还有很大距离，其他各级各类教育质量监测指标体系还是空白。四是教育质量监测报告发布机制有待建立，让科学监测的结果得到有效使用，更好地服务于教育督导和教育决策。五是对政府履行教育职责的监测还没有有效开展。

（五）国内外的探索实践为深化教育督导改革提供了参考借鉴

1. 我国各地在教育督导改革中积累了丰富经验

《教育规划纲要》颁布后，各地结合实际积极开展教育督导体制机制改革，取得了明显成效。首先，在创新管理机制方面，北京市在全国率先建立了对本级和下级政府督查的制度，组建了实体性正局级的教育督导机构，政府教育督导室与市教委平级。这种与教育行政部门既相互联系又相对独立的教育督导体制，为充分履行教育督导职能提供了领导与组织保障。其次，在强化教育督导管理体制方面，天津市组建了人民政府教育督导委员会，委员会主任由分管教育工作的副市长兼任，直接对市长负责，解决了不能监督同级相关部门、监督下级政府不力等问题。目前，全国已有十几个省份都由副省级领导出任教育督导委员会主任或兼任总督学，提高了教育督导部门的层次和规格。最后，在督促地方政府履职方面，广东省大力推行教育工作问责制度，对地级以上市、各县（市、区）党政正职和分管教育工作的副职领导进行考核，还建立了媒体公告制度和奖惩机制；陕西省以义务教育均衡发展和"双高普九"评估验收为载体，建立了对市县两级党政领导履行教育工作职责情况的督导考核制度，实行教育优先发展问责制。各地各具特色的实践为教育督导改革积累了丰富经验。

2. 加强教育督导是教育强国的通行做法

世界上一些教育发达国家，如法国、英国、美国、俄罗斯、澳大利亚、新西兰等，无一不将教育督导作为保障和推动本国教育改革与发展的重要抓手。一是通过国家立法确立教育督导的地位和权威。英国的《教育法案》，法国的《国民教育总督学特别章程》《国家教育行政总督学章程》，对督导的机构、职能、内容、程序、效力等作出专门规定。二是建立相对独立的教育督导机构，确保独立行使对教育工作的监督、评估职能。英国国家教育督导机构——国家教育标准局是独立于教育行政部门的机构，新西兰教育督导办公室也独立于教育部之外。虽然俄罗斯教育督导机构隶属于教育行政部门，但通过建立必要的法律、法规和机制，使督导机构能够独立行使职能。三是教育督导范围涵盖各级各类教育。目前，各国教育督导工作主要致力于对学校和教育质量进行督导评估，以促进学校的进步和教育质量的提高。如俄罗斯教育督导的范围是从小学一直到大学，英国教育督导标准局主要督导各级各类教育。四是选聘高水平人士担任督学。各国对督学的选拔聘用十分严格。美国建立了资格认定制度，对专业、学历、年龄和教学经验要求很高。法国主要从大学教师、中学高级教师、学校或其他教育机构负责人中选拔。荷兰主要考虑教育服务期限和领导经历，特别是教育专业知识、社会交往技能和权威。西班牙则必须在公务员队伍中选聘。五是重视对督导结果的运用，强调建立问责机制，大大提高了教育督导工作的权威性。各国强化教育督导的经验，为深化教育督导改革提供了丰富的参考和有益的借鉴。

四、深化教育督导改革的思路与任务

（一）准确把握深化教育督导改革的总体思路和工作目标

深化教育督导改革，全面加强教育督导工作，推进管办评分离需要统一思想，明确思路。要认真贯彻党的十八大和十八届二中、三中全会精神，落实《教育规划纲要》和《教育督导条例》，按照决策、执行、监督既相互制约又相互支持的原则和强化国家教育督导、深入推进管办评分离的要求，立足我国实际，借鉴国际经验，建立督促地方政府依法履行教育职责的督政机制、指导各级各类学校规范办学提高教育质量的督学体制、科学评价教育教学质量的评估监测体系，形成督政、督学、评估监测三位一体的教育督导体系，为促进教育事业科学发展、办好人民满意的教育提供制度保障。

在这一总体思路下，工作目标主要分为以下三个方面。一是督政。要建立地方政府履行教育职责督导评价机制，严格落实问责制度，引导地方政府优先发展教育事业，提高基本公共教育服务能力和水平。二是督学。要完善督学队伍管理，实行督学责任制，监督指导各级各类学校规范办学行为，全面提高教育质量。三是评估监测。要建立教育督导部门归口管理、专业机构提供服务、社会组织多方参与的专业化教育质量评估监测体系，对各级各类教育进行科学、系统、权威的评估监测，为改进教育教学、管理、决策提供依据和支撑。

（二）认真落实深化教育督导改革的主要任务

1.加强督政工作，促进教育公平

督促地方政府切实履行教育职责，是为教育事业改革发展提供保障的有效办法。下一步，要以建立地方政府履行教育职责督导评价机制，严格落实问责制度，引导地方政府优先发展教育事业，提高基本公共教育服务能力和水平，大力促进教育公平为目标，在督政方面重点做好以下工作。一是建立地方政府履行教育职责评价制度，提高督政工作的针对性和有效性。研究制定对地方政府履行教育职责的评价办法，开展对地方政府统筹规划、政策引导、监督管理和提供公共教育服务等履行教育职责情况的综合评价。二是建立专项督导制度。就一些普遍性问题和教育重点工作，如改善贫困地区办学条件，加强师资队伍建设，支持民办教育发展，以及学校安全工作等开展专项督导。落实《教育重大突发事件专项督导暂行办法》，做好教育重大突发事件专项督导工作，督促各地各校切实履行职责，积极应对并妥善处理教育重大突发事件，保障师生生命财产安全和教育教学工作正常开展。三是继续做好义务教育均衡发展督导评估工作。按照《县域义务教育均衡发展督导评估暂行办法》要求，继续对申请义务教育发展基本均衡县的地区进行国家督导评估认定。研究制定省级义务教育均衡发展工作考核评估办法，在此基础上开展省级义务教育均衡发展工作考核评估，发布省级义务教育均衡发展督导评估报告，推动省级政府统筹本省义务教育均衡发展工作。四是建立严格的问责机制，提高督导权威性。完善教育督导报告发布制度，制定《教育督导报告发布办法》，规范流程，丰富载体，提高实效，强化结果使用。建立健全公示、公告、约谈、奖惩、限期整改和复查制度，明确督导结果是资源配置、干部任免和表彰奖励等的重要依据。加大教育督导报告公开、限期整改、复查和监督问责力度。

2.加强督学工作，规范办学行为

督学的根本任务在于督导学校全面贯彻党的教育方针政策，依法依规办学，实施素质教育，提高教育质量。下一步，督学工作要进一步完善督学责任制，强化督学管理，监督指导各级各类学校规范办学行为，定期发布督学报告，全面推进素质教育。重点做好以下工作。一是开展对各级各类学校教育教学质量、办学条件、规范办学行为和实施素质教育的综合性督导评估工作。出台中小学校素质教育评价办法，对全国中小学校实施素质教育工作进行指导，开展中小学校素质教育专项督导工作，开展素质教育特色示范校认定工作。继续开展职业教育综合性督导评估工作，对职业教育基础能力建设、校企合作、对口就业、学生资助发放落实情况进行评估评价。研究制定高等教育督导评估办法和指标体系，开展高校审核评估、合格评估和专业学位质量评估工作。探索建立高校网上评估体系，开展自评自测、网上公布结果、接受社会监督、国家督导检查的督导评估试点。做好学位论文抽检、学位论文作假行为查处等工作。二是进一步完善督学责任区制度和中小学责任督学挂牌督导制度，做好中小学校责任督学挂牌督导工作，开展责任督学挂牌督导示范区建设，推广各地中小学校责任督学挂牌督导工作经验，加大对学校督导评估的工作力度，建立中小学督导长效机制。三是做好教育专项督导检查工作。针对社会各界普遍关注的教育热点难点问题开展教育专项督导检查，公布督导检查结果。四是建立督学报告发布制度。统筹开展各级各类学校专项督导，由县、市、省和国家按年度发布督学报告，把各级各类学校规范办学的情况，向社会公布，接受公众监督评价。

3. 开展评估监测，提高教育质量

科学的监测评价是发现教育问题的重要手段，是有效开展督政、督学工作的前提。下一步，评估监测要建立由教育督导部门归口管理、专业机构提供服务、社会力量广泛参与的国家教育质量评估监测体系，以第三方的身份对各级各类教育进行科学、系统、权威的评估监测，为改进教育教学和管理、决策提供依据和支撑。重点做好以下工作。一是研究制定教育质量监测发展规划，统筹规划教育质量监测工作，研究制定学前教育、职业教育和高等教育质量监测标准，建立健全各级各类教育质量监测指标体系。研究完善基础教育质量监测标准和工具。二是开展各级各类教育质量监测工作，及时发现教育教学中存在的问题，为督学督政提供基础，为教育决策提供支撑，扭转社会和政府有关部门单独以考试成绩评价学校和学生的倾向。根据各级各类教育的发展现状和实际需要，合理确定工作重点，适时、有序地开展工作。按照《国家义务教育质量监测方案》，做好全国义务教育质量监测工作，发布监测报告。开展县域义务教育均衡发展常规监测、地方政府发展教育事业情况监测以及学前教育、高中阶段教育质量监测。适时开展高等教育质量试点监测，鼓励高校根据监测指标体系开展自测，发布监测报告。三是建立规范的教育质量监测报告发布制度，定期不定期发布监测报告，向全社会公布监测结果，接受公众监督。四是研究制定社会组织参与教育评估监测工作管理办法，培育和扶持一批专业评价机构，引导社会力量参与质量评价。适时将委托社会组织开展教育监测评估纳入政府购买服务。鼓励行业协会、专业学会、基金会等社会组织参与教育评估监测。形成以政府为主，多方参与的专业化评估监测机制。五是加强教育质量监测国际交流，积极参与国际组织的教育质量监测项目。按自愿原则，组织国内有关省市参加 OECD 的 PISA 测试，借鉴先进经验，促进监测工具、平台和资源共享。

（三）着力加强深化教育督导改革的体制机制建设

1.加强组织领导，保障督导经费

各级政府要继续贯彻落实《教育督导条例》，高度重视教育督导改革工作，将其列入重要议事日程，及时解决困扰改革的体制机制等重大问题。按照《深化教育督导改革转变教育管理方式的意见》要求，结合本地实际，研究具体实施方案，统筹推进，务求实效。要把教育督导经费列入财政预算，为深化教育督导改革、全面加强督导工作提供保障。

2.健全督导机构，整合监测资源

没有成立地方人民政府教育督导委员会的，要合理划分教育行政部门内设机构的职责，整合力量，尽快组建各级人民政府教育督导委员会及办公室，按照对各级各类教育实施督政、督学、评估监测三大职能开展工作。国家层面将整合教育质量监测评估资源，统筹开展全国教育质量评估监测工作，同时引导和委托社会机构参与评估监测工作。各地教育部门要整合具有教育评估监测职能的机构，实现教育督导部门的归口管理，为系统开展各级各类教育质量评估监测奠定组织基础。

3.完善法规条例，加强队伍建设

各地要完善《教育督导条例》配套制度，继续结合实际制定本地教育督导法规规章。要研究制定教育督导评估监测工作归口管理办法，科学规划、统筹安排督导评估评价事项，归口综合督导检查工作。要完善督学选拔、聘任、管理、培训办法，研究制定视导员管理办法和工作规程，建立学校视导员制度。探索建立督学管理信息平台，加大培训工作力度，组织编写督学培训教材，指导地方做好责任督学培训和视导员培训工作。要建立完善国家、省、市、县四级专兼职督学队伍，指导各地结合实际配齐专职督学，聘任一定比例的兼职督学，探索建立督学资格制度和职级制度。

五、结语

教育兴国是历史使命，教育督导保障教育科学发展是时代必然。深入推进管办评分离，转变教育管理职能和方式，对深化教育督导改革提出了新的更高要求。新时期伴随着教育改革的深入发展，教育督导也面临着新的机遇与挑战。各级教育督导部门要以此为契机，认真贯彻十八届三中全会精神，落实《教育规划纲要》《教育督导条例》有关要求，立足我国实际，借鉴国际经验，努力探索教育督导的新思路、新办法，进一步完善督政、督学、评估监测三位一体的教育督导体系，为促进教育事业科学发展、办好人民满意的教育保驾护航。

大数据助力教育督导科学化 *

"收集数据，把数据融入易懂的形式中，让数据讲故事，并且把故事讲给别人听。"这描述的是当下一种时髦的职业，大数据工程师。

"大数据"，当下当仁不让的"热词"。随着移动互联网、物联网的蓬勃发展，大数据时代的信息风暴席卷各个行业领域，深刻影响着人们的思维、生活和工作方式。与传统数据相比，大数据具有数据体量巨大、数据类型繁多、处理速度快、数据可重复利用、价值回报高等特点，为我们看待世界提供了一种全新的方法，即各种决策和行为将日益基于数据分析做出，而不是像过去更多凭借经验做出。

大数据的运用，为教育改革和发展，尤其是教育督导的开展，提供了更为科学的依据。

通过运用大数据技术，对海量数据的快速收集与挖掘、及时研判与共享，积累过去、分析现在、预测未来，推动督导决策制定更加科学。通过运用大数据思维，从事件问题的个性中找到共性和关联，透过现象找到问题的症结，有

* 原文刊载于《人民日报》2015 年 7 月 16 日第 17 版。

针对性、有重点地开展督导，并通过教育督导各类共享平台、公开系统的建立，推动督导工作开展更加高效。通过运用大数据思维，创新教育督导方式，可改变督导手段单一、督导效率低下、对被督导对象造成不必要的负担等现状，推动督导手段更加丰富。通过教育督导结果公开的常态化，形成倒逼机制，使社会公众对各级政府履行教育职责、学校规范办学和提高教育质量等工作的监督有力有为，推动结果运用更加有效。

以开展义务教育均衡发展督导评估认定为例，通过运用大数据手段，我们对申报县（市、区）的各类报送数据进行对比分析，并运用统计学对学校生均教学及辅助用房面积、仪器设备、师生比等 8 项指标，科学计算出小学、初中综合差异系数。2014 年本科教学质量评估时，利用网络公开资源对大量数据进行搜集、整理和汇总，客观分析全国本科教学质量现状，为有针对性地开展评估工作奠定了基础。

应当注意的是，从大数据到实际应用，其间要经历一系列知识转换、科学分析。因此，如何利用大数据来服务教育督导，将大数据信息转化成工作成果，推进教育督导科学化，依然面临挑战。

充分利用大数据创新教育督导理念与制度，提高督导决策的前瞻性，增强督导机制的科学性是当务之急。大数据背景下，教育督导各项工作变得零散、即时、多元、高效，业务量巨大，如果无视现实情况而只是由决策者凭自己有限的理解、假想、推测"拍脑瓜"决策，或者还是依赖于传统的调研、座谈、听汇报等长周期且受限于行政程序的方式开展督导工作，效率与有效性将受到质疑。因此教育督导必须运用大数据创新工作理念、推动教育督导适应信息时代形势，进一步强化"用数据说话"的思维习惯和工作理念，提高教育督导的前瞻性。同时，要从制度框架方面推动督导大数据平台的建设，建立数据库资源的共享和开放利用机制，打破数字鸿沟、信息孤岛等壁垒，形成各级各类教育、各级教育督导部门都能共享的教育督导大数据中心。

　　充分利用大数据创新教育督导手段和督导结果使用，推动督导方式的现代化、强化督导问责的精准度，是重中之重。教育督导要大胆运用信息技术创新督导方式方法，推动督导手段多元化、现代化。应不断拓宽督导信息报送渠道，采集更多数量、更多形式、更多角度的督导信息。同时，应充分运用信息技术对各类教育督导报告的项目、结果进行整合分析，形成客观全面、更具说服力的教育督导结果大数据，准确判断各级政府在履行教育职责、各类学校在规范办学行为和提高教育质量方面存在的真实问题，实现有效问责，增强教育督导结果使用的权威性和准确性。

　　技术的变革，会让原本难以推动的事情变得简单易行，大数据的诞生正是如此。期待在大数据的助力下，未来的教育督导工作更现代、更科学！

充分利用大数据技术　提高教育督导科学化水平 *

随着移动互联网、物联网等新技术的蓬勃发展，大数据时代的信息风暴开始席卷各个行业领域，深刻影响着人们的思维、生活和工作方式。党的十八届三中全会以来，按照"深入推进管办评分离、强化国家教育督导"的要求，教育督导作为教育"管办评"中"评"的重要地位不断得到确认和巩固。当前，结合大数据背景下的新形势，和十八届四中全会"推进国家治理体系和治理能力现代化"的新任务，如何充分利用大数据技术提高教育督导科学化水平，推动建立科学规范的教育治理体系，形成高水平的教育治理能力，是我们面临的重要课题。

大数据给教育督导工作带来的机遇和挑战

1. 与传统数据相比，大数据有哪些优势

大数据是由数量巨大、结构复杂、类型众多数据构成的数据集合。大数据经过科学的数据分析后，能够具有更强的决策力、洞察发现力和流程优化能

---

*　原文刊载于《教育督导与执法》2015 年第 4 期。

力。大数据技术，简言之，就是从各种各样类型的数据中，快速获得有价值信息的能力，它是数据分析的前沿技术。与传统数据相比，大数据有几个特点：第一，数据体量巨大，为进一步的分析提供了充分的数据资料；第二，数据类型繁多，包含文字、视频、图片、地理位置信息等等；第三，处理速度快，可从各种类型的数据中快速获得高价值的信息，这也和传统的数据挖掘技术有着本质的不同；第四，数据可实现再利用和重复利用，以低成本或零成本对研究对象进行纵向历史比对和横向现实比对；第五，只要合理利用数据并对其进行正确的分析，将会带来很高的价值回报。现在，大数据技术不仅自身迅速衍生为新兴信息产业，还同云计算、物联网和智慧工程技术联动，渗透到政府决策和公共管理、各类经济实体运行、科学研究甚至于人们生活的方方面面，支撑起一个信息技术的新时代。除技术层面外，大数据更为我们看待世界提供了一种全新的方法，即各种决策和行为将日益基于数据分析做出，而不是像过去更多凭借经验和直觉做出。

2.大数据应用于教育研究与实践，带来了哪些变化

在教育领域，大数据概念也已经开始实质性地应用于教育政策研究与实践中。美国联邦政府教育部早在 2012 年 4 月 10 日就发布《通过教育数据挖掘和学习分析改进教与学：问题简介》，开始在教育数据挖掘和学习分析领域应用大数据。澳大利亚政府推出的"我的大学"项目，通过大规模实时在线数据，将那些与学生和家长评价相关的本科到研究生的课程和大学排名与政府政策挂钩。另外，我们熟知的 OECD 长期以来与各成员国在教育数据库上的工作也显示出现代教育政策受益于这些经科学研究处理过的大规模数据证据。这种数据观念已经超越传统的相对粗糙的统计数据，强调更精细化捕捉各个层面的变化数据，以及由数据展现的复杂相关与因果关系，在推动教育现代化方面发挥着日益重要的作用。

3.大数据应用于教育督导，将带来哪些变化

一是推动决策制定更加科学。相比于传统各项工作重在总结解释现有状况、缺乏准确有效预测的问题，教育督导可以通过运用大数据技术，对海量数据的快速收集与挖掘、及时研判与共享，积累过去、分析现在、预测未来，实现由数据到知识的转化、由知识到行动的跨越，从而成为支持教育科学决策和准确预判提供有力手段。

二是推动工作开展更加高效。大数据的一大重要价值在于它的"全"，空间维度上多角度、多层次信息的交叉复现，时间维度上各种相关联的信息的持续呈现。教育督导运用大数据思维，能够在纷繁复杂的突发事件、热点难点问题中抽丝剥茧，从事件问题的个性中找到共性和关联，透过现象找到问题的症结，有针对性、有重点地开展督导。同时，教育督导各类共享平台、公开系统的建立，可以打破壁垒，连接孤岛，实现各地各级教育督导信息共享、工作联动。

三是推动督导手段更加丰富。大数据时代改变了信息收集的数据来源方式，也改变了数据挖掘和知识发现的内容处理方式。充分运用大数据思维，对于创新教育督导方式，改变督导手段单一、督导效率低下、对被督导对象造成不必要的负担等现状，有着重要的启发意义。

四是推动结果运用更加有效。大数据公开形成倒逼机制，将使各责任主体的工作模式从以往的单纯结果导向向结果和过程导向同时并重转变。随着教育督导结果公开的常态化，社会公众对各级政府履行教育职责、学校规范办学和提高教育质量等工作的监督也将更有效。

4.推动教育督导科学化，大数据带来哪些挑战

一是教育督导数据资源还不够丰富。目前，教育督导已经实现面向各级各类教育开展督导评估监测职能，信息平台建设已经起步，但是教育督导信息资源还远不能满足大数据背景下的工作需要，形成教育督导大数据的基本条件还

达不到。

二是教育督导信息使用还不够充分。我们在开展义务教育均衡发展督导评估认定、义务教育质量监测等各项工作时，各级政府教育状况、学校基本办学条件、教师和学生的许多教育行为等数据都可能构成大数据，但是由于数据意识的欠缺，目前对这些数据基本上用过就废，未能妥善保存运用，也没能做进一步的挖掘分析，这是对信息资源的极大浪费。探索有效使用数据信息的方法，是教育督导运用大数据亟须解决的问题。

三是教育督导队伍运用信息化技术开展督导的水平还不够高。目前，全国有一大批专兼职督学活跃在教育教学工作第一线、掌握教育动态第一手资料，他们本应成为教育"大数据"的采集者、使用者和直接受益者。但是，由于部分教育督导部门对信息化工作的忽视、各类督学培训中相关教学内容的空白，这支队伍目前在采集和使用大数据上还有一定差距。

利用大数据开展教育督导工作的初步探索

1.将大数据应用于制度设计

我们利用大数据，为督导科学决策、加强制度建设提供了更加具有科学性和前瞻性的思维模式。例如教育规划纲要出台以来，我们制定了《县域义务教育均衡发展督导评估暂行办法》《关于进一步加强中小学校督导评估工作的意见》《中小学校素质教育督导评估办法（试行）》等，初步建立了教育督导评估指标体系。今年，我们建立起国家义务教育质量监测制度，出台了《国家义务教育质量监测方案》（以下简称《方案》）。《方案》的形成历时多年，在此期间我们组织开展了8次试点监测，其中5次为全国范围的大规模试测，监测样本包括全国31个省（自治区、直辖市）和新疆生产建设兵团、695个样本县（市、区）的46万余名学生、11万余名教师和校长，多次邀请各相关领域专家、学者、一线教师等召开座谈交流会、研讨论证会、征求意见会，不断修订完善监测工具、指标体系等，可以说《方案》本身就是大数据的产物。反之，我们制定《方案》的初衷，是为指导监测工作科学规范开展，掌握并运用义务教育质量的大数据，认识义务教育质量的真现状、找到阻碍义务教育发展的真问题、想出提高义务教育质量的真办法，从而推动政府由之前缺乏数据支撑的定性管理，变为"用数据说话"的定量管理，这也是对应用大数据技术的诠释。

2. 建立大数据平台下的评价指标体系

我们正积极探索建立基于教育督导大数据平台下的评价指标体系，以及时搜集、实时处理数据信息，为实现教育督导信息采集和海量数据的分析比对奠定了基础。如目前我们正在积极探索开发中小学校管理评价信息系统，今后将在全国普遍开展中小学校管理网上自评试点，组织学校针对校务管理、学生管理、课程教学管理、教师管理、教育资源管理、安全管理等内容进行网上自评，督学针对性地开展督导评估，探索建立学校自评、信息公开、督学督导评估的中小学校管理评价机制。

3. 运用大数据开展督导

运用大数据开展督导，使教育督导不再仅仅局限于传统的实地督导、调研评估，而使信息收集的数据来源方式更加多元化，利用系统数据和互联网等社交媒体中直接截取和筛选相关内容进行研究分析，达到督导评估的目的。例如我们开展义务教育均衡发展督导评估认定时，首先对申报县（市、区）的各类报送数据进行对比分析，并运用统计学对学校生均教学及辅助用房面积、教学场馆、仪器设备、师生比等8项指标科学计算出小学、初中综合差异系数，对差异系数达标的县（市、区）再进行实地督导。另外，在中小学校责任督学挂牌督导工作中，一些地方也积极开发信息系统、运用新型媒介，进行网上实时督导、交流和督学考核，充分体现了大数据时代开展教育督导的优越性，为进一步丰富教育督导手段提供了有益借鉴。

4.大数据支撑督导结果的客观性和权威性

我们充分重视督导结果公开，利用教育部门户网站及中央各大媒体及时公开督导结果，接受公众监督，督促政府有效问责和限期整改。2014年，我们共对外公布督导检查反馈意见、专项督导报告等近50份，要求各地提供整改报告60余份，这些报告都有详尽的数据信息支撑，客观准确地呈现了督导结果和整改对比情况，体现了督导结果的权威性。今年，我们又制定出台了《教育督导报告发布暂行办法》，建立了教育督导报告发布制度，其中明确规定"县级以上人民政府或者有关主管部门应将教育督导报告作为对被督导单位及其主要负责人进行考核、奖惩、问责的重要依据"，强调了教育督导报告的结果使用问题。

大数据背景下如何进一步提高教育督导科学化水平

1.充分利用大数据创新教育督导理念，提高督导决策的前瞻性

大数据背景下，教育督导各项工作变得零散、即时、多元、高效、业务量巨大，如果无视现实情况而只是由决策者凭自己有限的理解、假想、推测"拍脑瓜"决策，或者还是依赖于传统的调研、座谈、听汇报等长周期且受限于行政程序的方式进行开展督导工作，效率与有效性将受到质疑。因此教育督导必须运用大数据创新工作理念、推动教育督导适应信息时代形势，进一步强化"用数据说话"的思维习惯和工作理念，时刻关注教育督导工作的新情况、新动态，多渠道、多手段采集教育督导数据，培养分析数据的习惯，准确研判教育督导现状，增强对教育督导整体形势和发展趋势的把握能力，提高教育督导的前瞻性。

2.充分利用大数据创新教育督导制度，增强督导机制的科学性

要从制度框架方面推动督导大数据平台的建设，加快建设并整合中小学校素质教育督导评估网络信息平台，中小学管理评价系统，全面改善贫困地区义

务教育薄弱学校信息公开系统等各类教育督导信息平台和数据库建设，丰富教育督导信息数据资源，提高和优化数据资源质量。建立数据库资源的共享和开放利用机制，打破数字鸿沟、信息孤岛等壁垒，形成各级各类教育、各级教育督导部门都能实现共享利用的教育督导大数据中心。同时，要充分运用大数据技术，通过对各类信息平台和渠道的数据进行全面分析，科学评估现有教育督导制度体系的运行状况，为完善进一步推动教育督导机制科学化提供数据支撑和决策参考。

3. 充分利用大数据创新教育督导手段，推动督导方式的现代化

教育督导要大胆运用信息技术创新督导方式方法，推动督导手段多元化、现代化。要不断拓宽督导信息报送渠道，采集更多数量、更多形式、更多角度的督导信息。要不断提高运用数据分析进行督导评估监测的能力，深入开展综合化、网格化、信息化督导，切实提高督导效率，减轻督导成本。要鼓励各地各校加大自评自督力度，降低督导进校频率，减少督导学校正常教学秩序不必要的干扰。要把好各类督导信息的审核关，确保督导信息来源可靠、更新及时、真实可用。

4. 充分利用大数据创新教育督导结果使用，强化督导问责的精准度

要充分运用信息技术对各类教育督导报告的项目、结果进行整合分析，形成客观全面、更具说服力的教育督导结果大数据，准确判断各级政府在履行教育职责、各类学校在规范办学行为和提高教育质量方面存在的真实问题，实现有效问责，提出具有针对性的建议和整改措施，增强教育督导结果使用的权威性和准确性。要推动教育督导结果公开常态化，更加注重时效、抢占先机，加大对教育督导报告、各级各类教育评估监测报告等教育督导信息的发布力度，推动督导结果公开逐步实现从信息层面的公开到数据层面的公开，引导社会力量参与对数据的挖掘和使用，使教育督导信息发挥最大价值。

5.充分利用大数据创新教育督导管理，加快督学队伍的信息化建设

充分调动全国 8 万多名专兼职督学的积极性和创造性，提高督学队伍规范化、专业化、信息化水平，是推动教育督导科学化的关键。要着力提高督学队伍的信息化水平，将教育督导信息化纳入督学培训内容和督学考核指标，强化对于督学运用信息化技术开展教育督导的考核，提高督学队伍推动教育督导科学化的能力。要加快研究建立督学信息管理平台，形成包含全国所有督学的基本信息、工作实绩、考核评价、培训情况等方面信息的大数据库，利用大数据技术实现对督学队伍的科学分析和有效管理，助推督学队伍优化结构、科学规范高效开展督导工作。

强化教育督导　护航教育事业优先发展 *

教育督导是一项基本教育制度，是现代教育管理体系的重要组成部分，也是世界上其他国家普遍采用的一项基本教育监督制度，已经成为衡量一个国家或地区教育管理水平高低的重要标志。本文拟就教育督导的内涵、意义、重要作用、面临的形势以及推进教育督导的思考等方面内容，深入探讨中国特色教育督导制度的建设。

一、教育督导的内涵与意义

2012 年国务院颁布实施的《教育督导条例》是目前教育督导的专门法规，它以法律条文的形式，明确了教育督政的内涵。

在行政主体方面，教育督政的实施主体是各级教育督导机构。《教育督导条例》第一章第四条规定："国务院教育督导机构和县级以上地方人民政府负责教育督导的机构在本级人民政府领导下独立行使督导职能。"目前，我国 31 个省（自治区、直辖市）和新疆生产建设兵团均成立了省级人民政府教育督导

---

* 原文刊载于《中国高等教育》2018 年第 18 期。

委员会，全国大多数省份的省市县三级政府教育督导机构基本实现全覆盖，基本形成比较健全的国家、省、市、县四级教育督导体系，由各级教育督导机构承担实施教育督政的职责。

我国教育督导制度坚持督政和督学并重。《教育督导条例》第一章第二条规定，教育督导的内容包括"县级以上人民政府对下级人民政府落实教育法律、法规、规章和国家教育方针、政策的督导"以及"县级以上人民政府对本行政区域内的学校和其他教育机构教育教学工作的督导"。按照这一规定，教育督政的对象，主要以地方各级人民政府及其相关部门为主；教育督学的对象，主要以学校和其他教育机构为主。

改革开放以来，我国教育督导制度经过40年的发展，基本建成了"督政、督学、评估监测"三位一体的制度体系。督政引导地方政府优先发展教育事业，落实中央和国家重大教育方针政策，提高基本公共教育服务能力和水平；督学监督指导各级各类学校规范办学行为，加强教育教学管理，提高办学水平；评估监测针对各级各类教育开展，为改进教育教学、管理、决策提供依据和支撑，促进教育质量提升。

教育督导是落实党中央、国务院关于"转变政府职能，深化简政放权，创新监管方式，增强政府公信力和执行力，建设人民满意的服务型政府"等有关精神的必然要求。简政放权、放管结合、优化服务的改革，实质是政府的自我革命，要求重塑权责关系、再造管理模式、转变工作方式。教育"放管服"改革，关键是要推进教育"管办评"分离，既要向地方政府放权，把工作重点集中到加强宏观管理和科学规划、着力提供优质公共服务和优化教育发展环境上来，又要在简政放权的同时，强化教育监管和指导评价，切实开展对地方政府执行国家教育法律法规和落实国家重大教育方针政策的督导。教育督导作为教育领域的行政监督，是落实教育"放管服"改革的关键。特别是2018年国家启动实施的省级人民政府履行教育职责督导评价，是新中国成立以来教育督导最重大的标志性工作之一，有力推进了教育领域"管办评"分离和教育管理方式的转变。

教育督导是确保教育事业优先发展，促进党和国家重大教育方针政策有效落实的关键举措。党中央、国务院一贯高度重视优先发展教育事业，从1987年党的十三大提出"必须坚持把发展教育事业放在突出的战略位置"，到2017年党的十九大提出"优先发展教育事业""建设教育强国是中华民族伟大复兴的基础工程，必须把教育事业放在优先位置，加快教育现代化，办好人民满意的教育"，党对教育优先发展重要性的认识不断深化。按照我国"国务院和地方各级人民政府根据分级管理、分工负责的原则，领导和管理教育工作"的制度安排，各级政府是落实中央和国家的重大教育方针政策，优先发展教育的关键。因此，需要通过有力的教育督导，督促指导地方政府把教育发展放在经济和社会发展的突出位置抓好抓实，在指导思想上落实教育优先的战略地位，在领导上安排得力的分管领导抓教育，切实把教育工作的好坏作为考核干部、衡量领导班子政绩的重要内容。

教育督导是提升教育保障能力，促进教育公平，给人民群众带来实实在在教育获得感的需要。教育公平是教育政策的基本价值导向，是社会公平的基础。教育督导通过督促指导地方政府及其有关部门按照中央和国家有关教育政策方针，科学统筹本地教育发展规划，推动教育政策和投入向弱势群体倾斜，补齐教育短板，促进教育资源丰富和均衡，切实保障每个孩子接受公平优质教育的权利，努力确保每个孩子教育起点公平、过程公平和结果公平。

教育督导是推动教育发展水平持续提高，促进教育教学质量不断提升的重要手段。一方面，教育督导以政府为对象，督促指导地方政府落实教育投入、条件保障等。在中央财政有限的现实情况下，通过督促指导地方政府及其有关部门落实教育投入责任，确保教育投入按照《教育法》规定实现"两个逐步提高"和"三个增长"。同时，督促地方政府保障和提供必要的校园、校舍、内部设施、设备、校园周边良好环境等基本条件，保障各地教师基本权益并落实教师待遇。另一方面，教育督导以学校为对象，督促指导学校全面贯彻执行党的教育方针，全面实施素质教育，规范办学行为，加强学校管理，根据评估监测结果改进教育教学，不断提升教育质量。

二、教育督导的重要作用

国家恢复和发展教育督导制度至今，特别是党的十八大以来，教育督导在教育事业改革发展的进程中发挥了至关重要的作用，有力地保障了教育优先，促进了教育公平，提升了教育质量，保障了教育安全。

一是保障"两基"历史性任务顺利完成。为贯彻落实《国务院关于进一步加强农村教育工作的决定》，进一步推进西部大开发，实现西部地区基本普及九年义务教育、基本扫除青壮年文盲的目标，教育部制定《国家西部地区"两基"攻坚计划（2004—2007年）》，实施"两基"攻坚工作。"两基"攻坚计划，是从根本上解决西部地区农业、农村和农民问题的重大战略举措，是国家西部大开发战略的重要组成部分，对维护民族团结、边疆稳定和实现国家的长治久安具有重要意义。教育督导部门切实加强督导工作，对西部地区"两基"攻坚工作进行专项督导检查和评估指导，建立和完善"两基"巩固提高和复查工作制度，加强对各地实行"以县为主"农村义务教育管理体制和建立"一保二控三监管"机制的督查，为"两基"历史性任务的顺利完成发挥了重要的促进和保障作用。

二是建立省级人民政府履行教育职责评价机制。保障教育事业优先发展，督促地方政府切实落实教育职责是关键。2018年，国家全面启动开展了对省级人民政府履行教育职责评价工作，对全国31个省（自治区、直辖市）和新疆生产建设兵团进行了实地督查，完善了教育督政制度，标志着省市县各级政府教育履责评价制度的进一步完善，将有效指导各地落实好优先发展教育事业的责任，畅通国家教育法律法规政策执行的反馈渠道，保证国家教育大政方针的贯彻落实；有利于激发地方政府发展教育的工作动力，更充分地调动地方政府履行教育职责的积极性、主动性和创造性。

三是建立中西部教育发展评估监测机制。加快中西部教育发展，是党中央、国务院关于打赢脱贫攻坚战的一项重要任务，是推动改变教育区域发展不平衡状况的关键举措。自国务院办公厅印发《关于加快中西部教育发展的指导意见》以来，国家设立了工作领导小组，印发了分工方案和实施方案，加强统筹、分类指导、有序推进各项工作；同时，印发了督导评估监测办法，设计了涵盖各级各类教育发展情况的指标，建立了评估监测平台，委托第三方专业机构具体开展评估监测，将根据评估监测结果指导中西部地区加强教育投入，科学配置教育资源，优化教育结构，有力推进中西部教育加快发展。

四是推动高等教育内涵发展。内涵式发展是党和国家新时代高等教育发展政策的核心。要实现高等教育的内涵式发展，必然要求提升办学能力和教育质量，提高为社会培养优秀人才的能力。近年来，教育督导建立完善本科教学工作合格评估制度、普通高等学校本科教学工作审核评估制度和博士硕士学位论文抽检制度，探索开展研究生专业评估。目前已完成对 202 所新建本科院校的本科教学工作合格评估，完成对 69 所中央部门所属高校本科教学工作审核评估，部署各地完成对 628 所地方所属高校的本科教学工作审核评估，28 个省份已经完成专业评估试点工作，已抽检博士学位论文 26879 篇，部署各省级教育行政部门抽检硕士论文近 10 万篇。

五是提升职业教育服务社会发展能力。党的十九大报告提出"完善职业教育和培训体系，深化产教融合、校企合作"，这是对中国特色职业教育的新定位、新要求，也是习近平教育思想的重要内容。教育督导先后建立了中等职业学校办学能力评估制度和高等职业学校适应社会需求能力督导评估制度，并完成了第一轮评估工作，采集了全国近 6000 所中等职业学校和 1200 多所高等职业院校评估数据，形成了全国中等职业学校办学能力评估报告和全国高等职业院校适应社会需求能力评估报告，有力助推职业学校提升办学能力，教学标准更加适应产业需求，人才培养质量更加符合社会需要。

六是促进基础教育平衡、充分和有质量地发展。基础教育是终身教育的基础，是老百姓对平衡、充分和优质教育需求最强烈的教育阶段，教育督导在这方面做了大量工作。一是自 2013 年开展全国义务教育基本均衡县评估认定工作，截至 2018 年已实地督导检查县级单位 2384 个，实地检查义务教育阶段学校 2.2 万所，督促指导 2379 个县级单位通过国家认定，约占全国总数的 81%，有力促进了义务教育均衡发展。二是自 2013 年起实施"全面改善贫困地区义务教育薄弱学校基本办学条件"工作，迄今累计投入中央财政专项资金 1620 亿元，带动各地累计投入资金 3000 多亿元，全国新建、改扩建校舍 1.99 亿平方米，采购价值 966 亿元的设施设备，在保障基本教学条件、改善学校生活设施、办好必要的教学点、妥善解决县镇学校大班额问题、推进农村学校教育信息化、提高教师队伍素质等重点任务上取得了明显成效。三是自 2015 年开始实施国家义务教育质量监测，目前已完成第一周期数学、体育、语文、艺术、科学、德育等 6 个学科的国家义务教育质量监测，对全国 31 个省（自治区、直辖市）和新疆生产建设兵团 900 多个样本县区的 60 多万名学生、10 多万名教师和校长进行了监测，向社会发布了《中国义务教育质量监测报告》，分析诊断我国教育教学中存在的问题和薄弱环节，为政府的科学决策和教育教学改进提供了重要依据，有效解决了我国长期以来缺乏教育外部监督评价的问题。四是建立了中小学校责任督学挂牌督导制度，按 1 人负责 5 所左右学校的标准，为全国每所中小学校配备责任督学，针对招生、收费、课堂教学、校园环境等学校办学行为的 8 个方面主要内容进行常态督导，目前已基本实现全国中小学校全覆盖。五是相继建立学前教育督导评估制度和幼儿园办园行为督导评估制度，针对学前教育保育教育工作和幼儿园办园行为，根据学前教育事业发展情况，适时组织专项督导，全面开展对幼儿园办园条件、安全卫生、保育教育、教职工队伍、内部管理等多个方面的督导评估，切实推动各地加强和改进对幼儿园的管理，促进幼儿园规范办园行为，保障幼儿身心健康、快乐成长。

七是解决农村学生"营养贫困"问题。为保障农村学生改善营养，促进身体健康成长，自 2011 年启动实施农村义务教育学生营养改善计划，在集中连片特困地区开展国家试点，在连片特困地区以外的"老少边穷"开展地方试点。截至目前，中央财政安排"营养膳食补助"资金共计 1248 亿元，全国 10 个省份的 88 个国家扶贫开发重点县如期实现学生营养改善全覆盖，国家试点县达到 710 个，地方试点县达到 886 个，覆盖学校约 14 万所，受益学生 3700 多万人，有效提升了贫困地区农村学生健康水平。

八是多措并举保障教育安全。教育督导以开学条件保障和学校安全工作为重点，每年组织实施春、秋季开学工作专项督导，形成常态化。校园安全和校车安全专项督导已经成为长期常态工作，多部门综合治理中小学生欺凌已经形成合力，教育突发事件督导问责机制进一步完善。每年针对中央关心、人民关切、社会关注的热点难点问题，国家教育督导组织专家超过几百人次、专项督导组几十个，实地督导检查县级以上单位几百个、各级各类学校几百所，每年办理批示件近 200 份，印发督办通知几十份，充分督促指导解决热点难点问题，推动各地校园校车安全事故持续减少，中小学生欺凌问题有效防治，师生生命财产安全和教育教学得到充分保障。

随着教育事业改革发展的深入，教育督导的作用不断发挥，取得了很多成绩。这些成绩的取得，是党中央、国务院对教育督政工作的重视和领导的结果，是教育督导战线全体同仁矢志不渝努力工作的成绩，是督政督学并重并相互促进的成效，需要在新时代建设教育强国、实现教育现代化的进程中长期坚持和积极推进。

三、进一步发挥教育督导作用的思考

保障教育事业优先、公平而有质量地发展，教育督导是关键，既要抓住机遇，乘势而上，更要迎接挑战，克服困难。紧紧围绕确保教育优先发展、促进教育公平、提高教育质量中心任务，以保障贯彻执行党的教育方针、督促中央教育工作重大决策部署落实和推动教育热点难点问题解决为主线，从健全法律法规、完善体制机制、加强工作队伍、提升工作水平、强化结果使用等方面着手，在新的起点和平台做好教育督导工作，确保教育督导有效发挥应有作用，在建设教育强国的伟大进程中作出新的成绩。

第一，抓法治，健全相关法律法规。修订《教育督导条例》，进一步明确教育督导的主体、对象、权责等规定。健全有关规章制度，完善对政府履行教育职责评价的标准，细化教育督导的工作流程。根据需要适时启动教育督导法研究制定工作。推动地方出台教育督导配套法规政策。

第二，抓根本，完善教育督导体制机制。完善的体制机制，是激发发展活力、做好督导工作的保障。要深刻认识强化教育督导的重要意义，坚持问题导向，着力解决发展中显现的问题和不足，着力完善教育督导体制机制。进一步理顺和地方政府及学校的关系，深化简政放权、放管结合、优化服务改革。坚持督政和督学并重，切实做好经费和办公条件保障，保证教育督政各项工作有效开展。

第三，抓队伍，为教育督导提供专业人才支撑。加强督导队伍建设，依据教育督导职能配齐配强人员，确保国家和地方教育督导机构工作人员数量适应工作要求。建立督学资格准入制度，选聘一支政治合格、业务精湛、廉洁自律、数量充足的国家督学队伍和评估专家队伍，把热爱教育事业、适应教育督导工作要求的人员吸收到队伍中来。加强督导队伍作风建设和业务建设，建设一支政治过硬、作风硬朗、业务精干的工作队伍。完善督导管理制度，切实加

强督导队伍管理、考核和培训，提升队伍人员整体专业水平。

第四，抓创新，提升教育督导工作水平。做好新时代新形势下的教育督导工作，既要总结长期实践中形成的宝贵经验，更要把握时代特点，在实践中不断探索创新督导手段和方法，创造性地开展好督导工作。一方面要提高教育督导信息化水平，充分利用互联网、大数据、云计算等开展督导工作，将信息化手段应用到教育督导全过程。另一方面要转变督导工作方式，由被动督导转变为主动督导，改变以往"等"领导批示、靠领导督办的局面，根据教育工作推进情况，有计划地实施联合督导、专项督导和综合督导，主动发现问题，提出整改建议。由粗放督导向精准督导转变。通过做好前期准备、建立督查任务清单、跟踪督办整改等多种措施，确保督导工作实效。

第五，抓落实，确保督导结果运用到位。有责要担当，失责必追究，只有坚持权责对等，才能保证教育督导有权威、有落实。强化问责必须成为常态，每一项督导工作，都应该坚持问题导向，充分落实已有的督导制度，充分行使教育督导职权，完善"回头看"机制和督导结果运用考核评估机制，敢于在关键时刻唱"黑脸"，盯准问责对象、紧扣问责情形，持之以恒抓问责，确保督导事项和整改要求得到及时有效落实。完善分级发布教育督导报告制度，加大教育督导报告公示公开力度。完善督导意见反馈制度，及时将督导发现的问题反馈给被督导单位，提出限期整改要求。完善督导结果通报约谈制度，针对存在问题的地方政府和学校，印发内部通报，约谈其主要负责人。强化奖惩问责制度，将督导结果与党政领导干部、教师的业绩考核、职务职级晋升、奖励惩罚挂钩，加大督导结果在对有关部门、地方政府及学校绩效考核、政策支持、资源配置中的权重，对问题较多和整改不力的部门、地方政府及学校，要向组织、纪检部门提出职务调整或处分意见。

第六，抓短板，全面加大高等教育督导工作力度。一是要督促指导各地形成本省高等教育分类管理办法及配套管理制度，提高各类高等院校服务区域经济社会发展的能力。二是要督促指导各地出台系统的配套政策和支持措施，切实加大高等教育投入，保障教学条件。三是要督促指导各地积极推动区域内"双一流"建设以及高水平大学和优势学科建设。四是要督促指导各高等院校提高教育教学质量和教研科研水平，探索试点建设高校视导员队伍，提高高等学校服务社会经济发展的能力。

教育督导推进教育"管办评"分离的思考 *

《中共中央关于全面深化改革若干重大问题的决定》明确提出"深入推进管办评分离，扩大省级政府教育统筹权和学校办学自主权，完善学校内部治理结构"。《深化教育督导改革转变教育管理方式的意见》明确把深化教育督导改革作为转变政府职能的突破口，教育督导成为政府加强宏观管理的基本手段和决策、执行、监督三者相互协调中不可或缺的重要环节，对于推进教育"管办评"分离具有重要意义。党的十九大明确要求"转变政府职能，深化简政放权，创新监管方式，增强政府公信力和执行力，建设人民满意的服务型政府。"深入推进教育"管办评"分离成为深化教育领域综合改革、教育领域依法治教以及转变教育管理方式的重要主题。

一、进一步厘清教育"管办评"分离和教育督导的基本含义

教育"管办评"分离主要有三个要素。

一是政府宏观管理。政府是"管"的主体，具体来说，主要是由教育行政

---

* 原文刊载于《教育研究》2019 年第 2 期。

部门承担实施教育管理的职能。政府宏观管理，就是要转变职能、简政放权、创新方式，把该放的放掉，把该管的管好，做到不缺位、不越位、不错位。政府简政放权，主要落实在两个方面：其一，中央向地方政府放权，将工作重心集中到加强宏观管理和科学规划上，把更多的本该属于地方政府的办学和管理权限下放给地方政府；其二，地方政府向学校放权，赋予学校更多的办学自主权，同时加强宏观管理，在学校之间、地区之间进行统筹、规划、协调，并保障必要的公共服务和投入。

二是学校自主办学。学校是"办"的主体。学校自主办学，就是政府把办学的自主权交给学校，落实学校办学主体地位，明确权利责任；学校规范内部章程，加强自主办学能力的提升，使人、财、物等各种教育教学资源普遍发挥最大效用，实现自我管理、自我约束、自我发展。同时，学校内部也应该按照简政放权的原理进行各层级的管理，让学校教职工充分参与学校办学和管理，实现"民主治校"和"民主办学"。学校自主办学的核心就在于，学校既要遵循教育发展的规律，建立有利于办学的制度，保障学校在因校制宜的基础上达到理想状态，又要完善学校内部治理结构，建立并完善现代学校制度，进一步落实学校办学自主权。

三是社会广泛参与。就是教育质量要接受社会评价、教育成果要接受社会检验、教育决策要接受社会监督，最大限度吸引社会资源进入教育领域。但是需要明确的是，社会广泛参与，并不是说社会是"评"的主体，这种说法并不准确。这是因为，教育事业的改革发展涉及众多政府部门，并不仅仅涉及教育部门一家，完全依托社会第三方对教育进行评价，难以确保教育事业优先发展的地位，甚至难以形成对学校有效的督促和指导。因此，"评"的主体，需要由教育督导统筹组织，专业第三方机构为主，社会广泛参与。

2012年国务院颁布实施的《教育督导条例》是目前教育督导的专门法规，是依法督导的根本法制来源，以法律条文的形式，明确了教育督导的内涵。教育督导的实施主体是各级教育督导机构，《教育督导条例》第一章第四条规定："国务院教育督导机构和县级以上地方人民政府负责教育督导的机构在本级人民政府领导下独立行使督导职能"。目前，我国 31 个省（区、市）和新疆生产建设兵团均成立了省级人民政府教育督导委员会，全国大多数省份的省、市、县三级政府教育督导机构基本实现全覆盖，基本形成比较健全的国家、省、市、县四级教育督导体系，由各级教育督导机构实施教育督导。《教育督导条例》第一章第二条规定，教育督导的内容包括"县级以上人民政府对下级人民政府落实教育法律、法规、规章和国家教育方针、政策的督导"，以及"县级以上人民政府对本行政区域内的学校和其他教育机构教育教学工作的督导"。按照这一规定，教育督导的对象，以地方各级人民政府及其相关部门、学校和其他教育机构为主。

二、教育督导推进教育"管办评"分离的制度设计

政府、学校和社会，或者说是管、办、评三者之间，权责边界既应当是清晰的，又必然是相对的。我国"管办评"分离教育管理体制改革一直是"摸着石头过河"，政府对放权的度还把握得不够好，学校自主缺乏活力，社会参与的机制不健全。因此，推进教育"管办评"分离，不能简单地把政府、学校和社会三者隔离开来，实际上，"管办评"分离三者是内在关联、互为条件和前提，既相互制约又相互支持，由此形成现代的教育治理体系，不断提升现代教育治理能力。

教育督导作为"管办评"三者联系的关键，加强教育督导和评估监测，将是涉及教育系统权力运行"有权必有责、用权受监督、违法必追究"制度建设的重要环节，是推进教育"管办评"分离的必要举措。在教育督导推进教育"管办评"分离的制度设计中，教育督导主要承担着以下三种重要角色。

一是作为"管"的监督者，在政府宏观管理中发挥行政监督的作用。按照

"决策、执行、监督"相分离的要求，监督是教育管理中必不可少的一个环节。教育督导"督政、督学、评估监测"三位一体的体系中，"督政"主要是指教育督导机构在本级人民政府领导下对下级人民政府落实教育法律、法规、规章和国家教育方针、政策的督导。通过行使"督政"职能，教育督导成为监督和督促地方政府履行优先发展教育职责的关键举措，在监督政府及有关部门依法落实教育投入、基本条件保障等方面发挥了重大作用。

二是作为"办"的指导者，在学校自主办学中发挥指导保障作用。教育督导机构在本级人民政府领导下对本行政区域内的学校和其他教育机构教育教学工作的督导，是教育督导的"督学"职能。在管办评分离中，政府向学校放权、落实学校办学主体地位、激发学校活力，是建设现代学校制度的关键。"放"并不意味着撒手不管，学校的自主办学必须符合有关规定，其办学方向和办学行为必须纳入科学和严格的督导中，在"放"的同时，必须加强"管"。教育督导通过深入开展"督学"工作，指导学校规范办学行为，提高学校办学水平和质量。

三是作为"评"的组织者，在评估监测中发挥组织协调作用。习近平总书记在全国教育大会上提出，"扭转不科学的教育评价导向，坚决克服唯分数、唯升学、唯文凭、唯论文、唯帽子的顽瘴痼疾，从根本上解决教育评价指挥棒问题。"落实这一指示精神，需要构建专业第三方机构为主、社会广泛参与的评价机制。而社会专业机构要广泛参与评价，需要教育督导机构发挥主导作用，通过政府购买服务的方式，将评估和监测工作委托给专业的第三方机构才能得以实现。由教育督导机构归口管理教育评估监测，主要是基于三个方面考虑：一是社会要参与到对学校的评估监测，必须有明确专门的部门作为组织者购买其服务，才能打通介入的渠道，获得身份的"合法认可"；二是需要有明确专门的部门制定评估监测的指标、标准和流程等，保障教育评价质量；三是教育督导归口管理评估监测，有利于改变九龙治水的乱象，减少目前仍然存在的评估评比检查等过多的问题，把学校从疲于应付各类检查中解脱出来，专心办学研学。

国务院教育督导委员会办公室印发的《深化教育督导改革转变教育管理方式的意见》，明确了通过强化和实施教育督导推进教育"管办评"分离的制度设计。该意见指出："深化教育综合改革，转变教育管理方式，建设服务型政府，要理顺政府、学校和社会的关系，深入推进管办评分离。政府既要切实履行教育统筹规划、制度设计和政策引导职责，也要加强教育监督、指导和服务。深化教育督导改革，是加强教育监督、指导和服务的重要抓手。"通过强化和实施教育督导推进教育"管办评"分离，其实质就是要教育督导机构通过政府购买服务、委托第三方专业机构等方式，有效组织开展督政、督学和评估监测工作，切实改变过去"政府既是运动员也是教练员和裁判员"的状况。

首先，深入推进教育"管办评"分离，要保证教育督导机构的相对独立。教育"管办评"分离要确保实现主体分离、职能分离、责任分离和方式分离。按照"管办评"分离的制度设计，首先是需要一个强有力的部门，对评价的标准制定、全国教育评价的实施等进行统筹组织，同时，这一部门还应与教育行政部门保持相对独立。从国际经验看，建立相对独立的教育督导，是推进教育"管办评"分离的通行做法。例如英国于1993年9月成立国家教育标准局，独立于英国教育与就业部，直接对教育大臣及议会负责，负责制定有关政策、计划和标准以及监督质量，并组织实施。俄罗斯联邦教育与科技督察署是部级单位，并建立了从联邦到地方相对独立的三级教育督察机构。新西兰教育督导办公室也独立于教育部之外，专门评估学校和其他教育机构。相对独立的教育督导机构，确保教育评价监测的客观性和有效性，是教育"管办评"分离得以实现的关键。

其次，推进教育"管办评"分离，要督促政府有效履行优先发展教育的职责。按照我国国务院和地方各级人民政府根据分级管理、分工负责的原则，领导和管理教育工作的制度安排，各级政府是落实中央和国家的重大教育方针政策，优先发展教育的关键。需要通过有力的教育督导，督促指导地方政府简政放权，把工作重点转移到落实教育优先发展战略上来，促进政府切实把教育发展放在经济和社会发展的突出位置抓好抓实，在指导思想上落实教育优先的战略地位，在领导上安排得力的分管领导抓教育，切实把教育工作的好坏作为考核干部、衡量领导班子政绩的重要内容。2017 年，国务院办公厅印发《对省级人民政府履行教育职责的评价办法》，建立对省级人民政府履行教育职责评价制度。2018 年，国务院教育督导委员会办公室组织开展了对 31 个省（区、市）人民政府和新疆生产建设兵团 2017 年履行教育职责的评价工作。以省级人民政府履行教育职责评价为引领，还应完善市县级人民政府履行教育职责的评价制度，推动地方各级人民政府切实履行"保底部、促公平"职责，不断提高领导、统筹、保障、推进教育公平的能力和水平，优先发展教育事业。

最后，推进教育"管办评"分离，要指导学校规范办学行为，提高办学水平。政府深化简政放权，促进学校自主办学，并不是任由学校自生自灭，而是要强化教育督学，发挥教育督导作用，对学校依法办学、推进素质教育等方面加强督导评估。《教育督导条例》明确规定了督学入校督导的权利和职责，特别是从 2013 年起，教育督导建立了责任督学挂牌督导制度，在全国范围内组织开展中小学校责任督学挂牌督导工作，针对招生、收费、课堂教学、校园环境等学校办学行为的 8 个方面主要内容进行常态督导。目前，已经基本实现全国中小学校责任督学挂牌督导全覆盖，一支活跃在教育一线的督导队伍已经建立，为督促指导中小学校规范办学行为作出了重要贡献。同时，国务院教育督导委员会先后印发《中小学（幼儿园）安全工作专项督导暂行办法》和《加强中小学生欺凌综合治理方案》等文件，完善了教育重大突发事件督导问责机制，建立了校车安全管理部际联席会议制度，形成了中小学生欺凌综合治理长效机制，针对中央关心、人民关切、社会关注的热点难点问题统筹组织实施专项督导，充分督促指导解决教育热点难点问题，着力把校园建设成为学生成长成才的美丽家园。

三、教育督导推进教育"管办评"分离存在的问题

面对新时代人民群众对更加公平、优质和均衡教育的需求，面对党和国家赋予的加快推进教育现代化、建设教育强国、办好人民满意的教育的根本任务，有一个很明确的现实摆在我们面前：那就是教育"管办评"分离的实践中还存在着一些关键问题，如果不能把这些问题认真梳理并妥善解决，教育督导推进教育"管办评"分离的制度设计只能是落到空处，难以发挥应有的作用。

第一个问题，是政府简政放权还需要继续深入。党的十八大以来，教育"管办评"分离在政府简政放权、加强宏观管理方面已经取得明显进展。教育部近期印发《关于优化教育行政审批服务的通知》和《关于落实国务院决定取消中央指定地方实施行政审批事项的通知》等文件，并向社会公布了《中央指定地方实施的教育行政许可事项清单》《2013年以来取消的中央指定地方实施的教育行政审批事项清单》《教育部行政许可事项清单》《本届政府以来教育部取消下放的行政审批事项清单》《本届政府以来教育部取消的行政审批中介服务事项清单》等清单，在以深化行政审批改革为契机，深入推进简政放权、放管结合、优化服务，加快行政职能转变等方面作出了积极尝试。各地积极落实推进简政放权，在简环节、优流程、转作风、提效能、强服务方面取得突破性进展，例如广西全面下放高校职称评审权，青岛市教育行政审批事项削减近50%，浙江省精简各类检查评比事项，取消、合并事项达47%，成效显著。但应该看到，由于现有法律框架的制约、旧有管理体制的束缚以及少数部门利益的阻碍等因素，教育领域简政放权依然存在着一些需要破解的问题，需要在今后的实践中不断完善。

第二个问题，是学校自主办学能力建设有待进一步加强。过去，在学校办

学方面主要是由政府"包办一切",办学权的模糊不清和行政命令的管理方式,制约了学校自主办学能力的提升。而学校由于长期以来习惯了"听命行事",学校治理能力退化,甚至少数学校形成了政府部门不下文件不行动的习惯,权力自主意识淡薄。同时,有的学校内部治理结构不完善,严重制约了学校自主办学的落实和成效。学校内部治理结构是学校组织权力运行的制度安排,要求规范和平衡学校决策、执行和监督等权力关系及相应的组织运行机制,要求学校充分行使办学自主权以及教师的自主发展,但在目前的学校办学实践中,校务委员会、教职工代表大会、家长委员会等组织建设及全面参与的机制有待更加完善和加强,教师的自主发展也还缺少必要的平台和激励机制。

第三个问题,是现阶段的教育督导体制机制建设还不能很好地适应新形势新要求。教育督导在推进教育"管办评"分离中承担着至关重要的角色,是构建政府、学校、社会的新型关系的关键,近年来教育督导在体制机制建设上也已经有了长远的进展,国家、省、市、县四级督导机构基本完善,但总的来看,我国教育督导的体制机制还不够完善、督导权威也还不足、督导的法制建设还不到位、问责机制还不健全,结果运用也还不到位,督导评估队伍专业水平不高和结构不合理等问题严重制约教育督导作用的进一步发挥。

四、教育督导推进教育"管办评"分离的建议

上述问题如果不能得到妥善解决,教育"管办评"分离的制度设计将沦为空谈。为此,笔者尝试提出一些意见建议,以期推动进一步思考和探索。

一是督促指导"管""办"改革深入推进。教育督导机构要切实履行教育督政的职责,在开展对政府履行教育职责评价等督政工作中,科学设置有效指标,对政府及其教育行政部门重新划分管理权限、向学校放权、向社会放权的进展情况和成效进行评价。根据评价结果,提出整改意见并督促整改落实,确保"管"的环节真正简政放权并加强管理,把该放的放掉,把该管的管好,做

到不缺位、不越位和不错位。切实发挥教育督学的指导作用，帮助学校提升自主办学能力，深入开展挂牌督导、专项督导、联合督导和评估监测等，促进学校提升办学和管理水平，提高教学质量，通过教育督导架构政府、学校和社会之间的桥梁，促进"管办评"各个主体之间加强沟通联系，同时为学校创造更为宽松的环境。

二是促进第三方专业机构广泛参与教育评价和监督。目前，在教育"管办评"分离的实践中社会参与的数量和质量都还比较不足，这一方面是由于专业的社会第三方机构力量不足，数量不充分，与政府及教育行政部门还没有形成充分沟通的机制；另一方面也是由于社会参与的渠道还不够顺畅，由教育督导机构统筹组织，委托社会第三方机构具体开展评价的机制还有待进一步完善。因此，促进社会广泛参与，首先要着力培育和扶持一批专业的第三方机构，在政策和经费上都给予必要的支持，同时加强对第三方机构的监督和管理，督促第三方机构提升专业性并保持独立性和客观性。其次，教育督导机构在组织开展督导工作时，要充分吸收各种行业协会、专业组织、社会团体等社会力量参与，邀请一定数量和比例的非行政工作人员以专家身份参与督导评估监测工作。最后，要及时公布教育督导评估监测的结果。让社会充分了解和掌握督导评估监测工作信息。

三是进一步完善教育督导体制机制。根据新形势新要求，健全教育督导法律法规体系，推动专门教育督导法的制定出台，促进依法督导。推进国家、省、市、县四级人民政府教育督导机构和队伍建设，着力推进教育督导机构相对独立行使职能，并配足配齐配强工作队伍力量。加强督学管理，建立严格的准入、考核等制度，加强督学岗前培训和在岗培训，着力打造一支政治合格、业务精湛、廉洁自律、数量充足、热爱教育事业的督学队伍和评估专家队伍。强化教育督导结果运用，完善教育督导报告发布和限期整改制度，加大复查和动态监测力度，建立严格的教育督导结果问责制度。加强督导条件保障，完善教育督导经费保障和工作条件保障制度。创新督导方式方法，提高教育督导的信息化水平和科学含量。加强与国际组织和其他国家的教育督导交流，主动参加国际学术研讨活动和国际测试评价项目，提升教育督导的国际化水平。

四是依托教育督导全面推进依法治教。教育执法是行政机关履行职责的基本方式，是确保教育领域"放管服"改革不断深入前提下，监管市场秩序、确保党和国家重大教育方针政策得到落实的必要手段，是深化教育综合改革、转变政府职能的关键举措。教育督导是重要的教育执法机制，按照《教育督导条例》有关规定，依法承担对各级人民政府及有关部门落实教育法律法规规章党和政策情况以及各级学校教育教学工作的督导。教育督导机构应切实履行职责，依法实施监督职权，对在督导检查过程中发现的学校及其他教育机构、教师或其他有关人员的违法违规行为，及时通报并督促依法进行处理，确保教育"管办评"分离各个环节依法履行职责，形成合力，共同推进教育事业改革发展。

长期以来，教育督导的实践和创新，有力推动了教育领域"放管服"改革取得新进展，深化了教育管办评分离的理论探索和具体实践。同时，也要清醒认识到，政府管理教育还仍然存在越位、缺位、错位的现象，学校自主发展、自我约束机制还不健全，自主办学能力还不够，社会参与教育治理和评价还不充分，教育"管办评"分离还有待进一步推进。因此，立足新时代，面对新形势新任务，教育督导还必须加快完善体制机制建设，切实发挥"督政、督学、评估监测"作用，继续着力推进教育管办评分离，转变教育管理方式，促进实现教育治理的现代化。

教育督导当有新担当新作为 *

"惟改革者进，惟创新者强，惟改革创新者胜。"从 1977 年，恢复和重建教育督导制度被提出以来，教育督导顺应国家改革发展的大势，积极完善体制机制。特别是党的十八大以来，教育督导针对教育领域各种问题，及时把脉问诊，科学对症下药，全面推动教育事业优先发展。

"惟日孜孜，无敢逸豫。"40 年改革发展进程中，教育督导基本建成国家、省、市、县四级机构，基本形成上下贯通的教育督导体制，基本形成比较完善的教育督导评估监测制度体系，基本建成一支包括专职督导工作人员、专兼职督学、评估专家在内的督导工作队伍，基本建立面向各级各类教育"督政、督学、评估监测"三位一体的职能体系。教育督导作用不断发挥，在保障教育事业优先发展、促进教育公平、提升教育质量、保障教育安全等各个方面开展了很多工作。

对西部地区"两基"攻坚工作进行专项督导检查和评估指导；逐步建成省级人民政府履行教育职责评价机制并于 2018 年首次对省级人民政府履行教育

---

* 原文刊载于《人民日报》2018 年 10 月 25 日。

职责进行评价，保障教育事业优先发展；开展全国义务教育基本均衡县评估认定，推动义务教育均衡发展；委托第三方专业机构对中西部所有省份开展评估监测，确保加快中西部教育发展工作目标如期完成；基本实现对中小学教育教学的常态化督导……特别是针对中央关心、人民关切、社会关注的热点难点问题，主动作为，作出了不懈努力。

"志之所趋，无远弗届。"进入新时代，面对人民群众对优质均衡教育的更高期盼，教育督导要充分认识改革发展的长期性和艰巨性，坚定不移推动教育督导改革发展持续深入，以新担当新作为，奋力开创教育督导工作新局面。

要坚持以改革为先导，更高站位、科学谋划，下大气力破除体制机制弊端，从实际出发，以问题为导向，优化教育督导管理体制，健全督导运行机制；要坚持以人民为中心，以努力让每个孩子都能享有公平而有质量的教育为出发点和落脚点，从群众关心的事情做起，从群众不满意的地方改起，敢于较真碰硬，勇于破难题、闯难关；要坚持保障教育优先，建立健全地方政府履行教育职责督导制度，系统推进对地方政府统筹规划、政策引导、经费保障、监督管理和提供公共教育服务等履行教育职责情况的综合督导。

同时，要深入开展义务教育均衡发展督导、全面推进薄弱校改造、在集中连片特殊困难地区实施农村义务教育学生营养改善计划、加快中西部各级各类教育全面发展等，推进城乡教育资源统筹配置，让人民群众享受到公平的教育机会；要完善贯通大中小幼的教育质量监测评估制度，推动质量监测逐步覆盖各级各类教育，促进学校提高办学水平，保障学生全面健康成长成才；要针对校车安全、食品安全等定期开展专项督导，确保教育安全，努力使校园成为青少年学生成长最阳光、最安全的地方。

坚定不移督导教育发展让人民满意 *

习近平总书记在全国教育大会的讲话中强调："以凝聚人心、完善人格、开发人力、培育人才、造福人民为工作目标，培养德智体美劳全面发展的社会主义建设者和接班人，加快推进教育现代化、建设教育强国、办好人民满意的教育。"这一重要论述彰显了鲜明的人民立场，蕴含着深厚的人民情怀，强调以人民为中心，体现了强烈的人民性。

党的十八大以来，习近平总书记站在时代发展前沿和国家战略高度就教育工作发表了系列重要论述，这些论述是党中央治国理政新理念新思想新战略在教育领域的集中体现，思想深刻、内涵丰富、博大精深，都把人民满意摆在了重要位置，为办好人民满意的教育提供了根本遵循。

什么才是人民满意的教育？习近平总书记曾经指出，人民对美好生活的向往，就是我们的奋斗目标。具体到教育工作，总书记强调："中国将坚定实施科教兴国战略，始终把教育摆在优先发展的战略位置，不断扩大投入，努力发展全民教育、终身教育，建设学习型社会，努力让每个孩子享有受教育的机

*　原文刊载于《中国教育报》2018 年 11 月 27 日第 2 版。

会，努力让 13 亿人民享有更好更公平的教育，获得发展自身、奉献社会、造福人民的能力。"这一论述揭示了教育事业服务于民的深刻内涵：人民满意的教育，必然是优先、公平而有质量的教育。

近年来，教育督导面向各级各类教育全面开展督导评估、检查验收和质量监测等多项工作。可以说在教育领域，教育督导发挥的作用是至关重要和不可取代的，既面向各级各类学校开展督学，又面向各级政府和各教育相关部门进行督政；既有监督管理，又有科学评价和指导；既能促进教育资源更加丰富和充分，又能促进教育更加均衡和公平；既提升人民群众的教育获得感让老百姓更"满意"，又切实保障校园师生安全让老百姓更"放心"，其全局性、人民性和科学性，得到了社会各界的广泛认可。接下来，面对新时代新形势下人民群众对均衡和充分的教育的期待，教育督导将奋发作为，以习近平新时代中国特色社会主义思想为指导，着力贯彻落实习近平关于教育的重要论述有关精神。

着力保障教育优先。以对省级人民政府履行教育职责评价工作为引领，建立健全地方政府履行教育职责督导制度，系统推进对地方政府统筹规划、政策引导、经费保障、监督管理和提供公共教育服务等履行教育职责情况的综合督导。建立健全对地方教育行政部门督导制度，根据教育规划纲要、"十三五"规划及年度工作要点，由上级教育督导部门对下级教育行政部门完成教育改革发展任务情况进行督导。多措并举，层层传递压力，确保地方政府落实优先发展教育事业的责任。

着力促进教育公平。深入开展义务教育均衡发展督导、全面推进薄弱校改造、在集中连片特殊困难地区实施农村义务教育学生营养改善计划、加快中西部各级各类教育全面发展等，推进城乡教育资源统筹配置，切实缩小区域差距、城乡差距、群体差距、校际差距和不同学段教育发展差距，让人民群众享受到公平的教育机会。

着力提升教育质量。完善贯通大中小幼的教育质量监测评估制度，建立健全各级各类教育质量监测指标体系，推动质量监测逐步覆盖各级各类教育。积极开展对各级各类学校教育教学质量、办学条件、规范办学行为和实施素质教育等方面的督导评估，促进学校提高办学水平，保障学生全面健康成长成才。

着力守护教育安全。针对食品安全、校车安全等定期开展专项督导，通过多部门联合开展春秋季开学检查的综合督导、责任督学挂牌常态督导等多种方式，确保教育安全。针对校园欺凌等事关学生身心健康成长的问题，推进综合治理，通过多种措施，努力使校园成为青少年学生成长最阳光、最安全的地方。

谁来盯着好政策落到学生身上 *

　　教育督导作为教育管理的重要环节，作为推动教育政策执行和落实的重要抓手，全力推进教育公平是其最重要的任务和使命。教育督导制度不断完善，督导职能持续强化，督导作用得到充分发挥，才能在促进教育公平而有质量的发展方面取得明显成效。

一、落实政府职责，加大财政投入，是促进教育公平的根本保障

　　政府作为基本公共服务的提供者，其在教育方面的重视程度、投入程度和政策支持程度，决定了教育服务的公平性。督导作为教育领域"决策、执行、监督"中专职监督的举措，其最大的作用在于督促各级政府和教育部门落实职责，确保包括教育公平在内的教育改革发展各项举措落到实处。2017 年，国务院办公厅印发《对省级人民政府履行教育职责的评价办法》，在以往强调县级人民政府教育工作履职，关注在县域范围内教育公平保障的基础上，进一步强化省级人民政府统筹职责，促进教育公平在省域、市域内实现，督促地方各

*　原文刊载于《光明日报》2019 年 4 月 16 日第 13 版。

级人民政府全面落实教育优先发展战略，在经济社会发展规划上优先安排教育、财政资金投入上优先保障教育、公共资源配置上优先满足教育和人力资源开发需要。

教育投入是教育改革和发展的前提，也是实现教育公平的基础，这些年，国家教育督导坚持"底线思维"和"目标引领"的思路，督促和引导地方各级政府持续加大教育投入，持续改善办学条件。2016 年起，国务院教育督导委员会办公室启动实施 20 条底线要求的专项督导，督促各地落实资金保障，加快工程进度，补齐薄弱地区"短板"。截至目前，各地累计投入资金 3700 多亿元，全国新建、改扩建校舍 2.2 亿平方米，采购价值 997 亿元的设施设备；教育部、国家发展改革委启动实施义务教育学校建设项目，2016—2019 年下达中央预算内投资计划 275 亿元，全国已累计建设校舍 1500 多万平方米，运动场地 1100 多万平方米，惠及 4000 多所义务教育学校。2012 年以来实施的县域内义务教育基本均衡督导评估，促使全国 2717 个县（市、区），全国 92.7%的县级人民政府加大投入，加快改进农村地区、薄弱地区的办学条件，推动了县域内区域、城乡、校级间的教育均衡发展，促进了教育公平。2017 年推出的县域义务教育优质均衡发展国家认定工作，将成为实现义务教育均衡发展在更高质量、更加公平上提升的重要推手。

二、均衡配置资源，关注弱势群体，是推进教育公平的有效渠道

改革开放以来，我国教育事业快速发展，但是整体来看，我们国家的教育发展在区域上、群体间、结构上还存在较大的差异，影响每个人接受教育的机会、在教育过程中享受的资源和从教育获得的结果，是制约教育公平的重要因素。从教育政策的公平价值追求来看，教育政策应当遵循平等、差异和补偿原则，优化资源配置、关注弱势群体是各类教育政策的内在要求，教育督导当以此为抓手，推动各地均衡配置教育资源，补齐教育发展短板。

2017年，国务院教育督导委员会办公室印发《加快中西部教育发展工作督导评估监测办法》，督促各地统筹"十三五"期间政策、措施和项目，加快对中西部地区教育发展的支持力度，缩小区域间教育发展水平。建立了统筹推进县域内城乡义务教育一体化改革发展专项督导制度，聚焦城乡二元结构矛盾突出问题，督促各级政府落实城乡基本建设、公用经费、师资配置、装备设备标准统一和"两免一补"全覆盖，建立城乡统一、重在农村的资源配置机制。

针对农村学生群体，2015年起实施的农村义务教育学生营养改善计划专项督导，确保了覆盖全国1596个县（市、区）14万所学校、惠及近3700万学生、涉及1248亿元中央专项资金的政策得到有效实施。每年组织实施的春、秋季开学工作专项督导，将困难学生资助、北方地区学生取暖、震后灾区复学、随迁子女入学、留守儿童关爱等特殊群体的教育权益保障作为重点督促内容。通过持续开展督导评估，引导教育资源向薄弱地区、弱势群体倾斜，最大限度保障教育起点、过程和结果公平，努力实现教育机会面向所有学生开放的要求。

三、规范办学行为，提升教育质量，是保障教育公平的重要手段

再好的教育政策，要想落实到学生身上时，都与学校、教师以及学校各项常规管理密切相关，学校办学、教师教学行为等是学生能否享有自由发展、全面发展并从教育中获得公平结果的决定因素。为此，国务院教育督导委员会办公室在全国范围内开展中小学校责任督学挂牌督导工作，针对招生、收费、课堂教学、校园环境等学校办学行为的8个方面主要内容进行常态督导，责任督学覆盖全国99%的中小学校。这些具有丰富经验、深谙教育规律的教育工作者，加强对各级各类学校办学方向、标准、质量的规范引导，鼓励与时俱进创新教育理念和人才培养模式，对加强学校常规管理，提升学校管理水平，发挥了十分重要的作用。

为了让每名学生能够"持有"更好的发展机会，国务院教育督导委员会办公室建立了对各级各类教育质量评估监测机制，从学前教育到高等教育先后启动幼儿园办园行为督导评估、义务教育质量监测、中等职业学校办学能力评估、高等职业院校适应社会需求能力评估、高等学校本科教学工作审核评估等项目，这些监测和评估为改进教育教学、管理、决策提供依据和支撑，紧紧围绕"培养德智体美劳全面发展的社会主义建设者和接班人"的根本任务，充分释放学校办学生机活力，提升教育质量，努力做到一个都不能落伍，所有人都具有向上发展的机会。

新时代新形势新任务，改革开放和社会主义现代化建设、促进人的全面发展和社会全面进步对教育公平提出了新的更高的要求。促进教育公平是今后一个时期教育督导履行"督政、督学、评估监测"职能的重要目标，从而督促政府履行教育职责，指导学校规范办学，协调社会资源支持教育并注重公平，努力让孩子们都能享受到更加公平、更高质量的教育，不断使教育同党和国家事业发展要求相适应、同人民群众期待相契合、同我国综合国力和国际地位相匹配。

第二篇

基础教育督导

义务教育是整个教育事业发展的重中之重，教育公平和质量是新世纪基础教育发展的两大主题。推进义务教育均衡发展，助力提升基础教育质量，办好人民满意的教育，让每一个孩子健康成长，是教育督导首要的使命担当。从"两基"到"均衡"，从"有学上"到"上好学"，从公平到质量，教育督导做出了艰辛的努力和探索，督导评估和常态化督导制度不断完善，基础教育质量监测体系初步建立，中国"PISA"初露端倪。本篇是作者在这些工作推进过程中的一些深情感悟。

教育均衡应当有尺可量 *

　　均衡发展是义务教育的战略任务。如何推进义务教育均衡发展？教育规划纲要提出，率先在县（区）域内实现城乡均衡发展，逐渐在更大范围推进。2011 年，教育部与 27 个省（区、市）和新疆生产建设兵团签署推进义务教育均衡发展备忘录，明确了具体目标和任务。但有什么标准，有何参照，用什么措施来保障达标，却众说纷纭，莫衷一是。究其实，急需建立一个科学有效、操作性强的评估标准和验收办法。

　　放眼全球，实现义务教育均衡发展是各国共同关注的课题。一些国家纷纷通过行政干预，力求让教育从起点实现最大化的公平。纵观国内外经验，不难发现，要推进义务教育均衡发展，必须制定一个标尺，来衡量均衡发展的程度；制定一系列措施，保障达到这个标尺。"没有规矩难以成方圆。"特别是在我们这个区域、城乡、校际差距非常明显的国度，更需运筹帷幄，从国家层面统一度量。

　　教育部于 2012 年颁发《县域义务教育均衡发展督导评估暂行办法》，决定

　　* 原文刊载于《人民日报》2012 年 7 月 27 日第 18 版。

建立县域义务教育均衡发展督导评估制度，启动对义务教育发展基本均衡县（市、区）的评估认定。《办法》的最大亮点，是回答了义务教育发展基本均衡县的标准，使义务教育均衡发展标准清晰可鉴。义务教育发展基本均衡县要通过评估认定，需三方面达标，即县级人民政府推进义务教育均衡发展工作评估得分须在85分以上，小学和初中的差异系数分别小于或等于0.65和0.55，公众调查满意，而且这是最低标准，各省（区、市）的评估标准不得低于这个标准。为便于操作、利于指导，对县级人民政府推进义务教育均衡发展工作评估指标及要求，在入学机会、保障机制、教师队伍、质量与管理等方面规定详细；对县域内小学、初中校际间均衡状况评估，提出了生均教学及辅助用房面积、生均体育运动场馆面积、生均教学仪器设备值、每百名学生拥有计算机台数、生均图书册数、师生比、生均高于规定学历教师数、生均中级及以上专业技术职务教师数8项指标，要求达到本省（区、市）基本办学标准。还制定了义务教育均衡发展督导评估的程序，主要采取县级自评、地市复核、省级评估、国家认定的自下而上方式进行，从而实现以评促建、层层把关、体现国家意志、接受人民监督的初衷。

与以往督导评估体系相比，此次县域义务教育均衡发展督导评估体系更加强调科学性，运用统计学常用差异系数的计算方法测算，用国家教育统计数据说话；更加强调开放性，既规定了国家统一指标，又允许地方结合实际适量增加指标，既提出了面向全国的最低标准，又允许地方确定更高的评估标准；更加强调公众参与性，由专门人员对当地人大代表、政协委员、校长、教师、学生家长及其他群众，通过问卷、走访调查。办法的出台，将督促地方政府进一步落实国家法律法规和有关政策要求，切实履行推进义务教育均衡发展的神圣职责，督促各地自查自评、自我诊断、自我完善。义务教育因不均衡而产生的各种问题，将因此得到缓解或基本解决。

推进义务教育均衡发展任重道远。若一蹴而就，促成的就是低水平、不稳定、无保障均衡，流于形式的假均衡。我们还将研究制定省域义务教育均衡发展督导评估办法，努力实现教育规划纲要提出到 2020 年"基本实现区域内均衡发展"的战略性任务。让优质教育资源的阳光照耀更多的孩子，让义务教育的雨露滋润每一个家园，才是我们的最终目的和夙愿。

县域义务教育均衡发展督导评估：
确保义务教育均衡发展的重要机制 *

　　为了推进义务教育的均衡发展，让老百姓家门口的学校都一样精彩，教育部将今年作为全国县域义务教育基本均衡发展督导评估认定启动年，于5月在江苏正式启动。这个督导评估机制的建立，这项工作的开展主要是依据《县域义务教育均衡发展督导评估暂行办法》，它是确保义务教育均衡发展的重要机制。为制定这个办法，我们在2010年即开始了建立义务教育均衡发展督导评估制度的研究工作，组织多家科研机构和高等院校，对义务教育均衡发展督导评估的原则、内容、指标体系、评估方法等进行研究论证。依据全国教育事业统计数据，对全国3000多个县级单位的30多万所义务教育学校校际差距进行了模拟运算，对评估系统进行检验。同时，组织社会各界人士进行问卷调查、座谈和专题研讨会，对均衡督导评估体系进行反复研讨。几年来，先后在全国312个县开展了义务教育均衡发展督导评估的试点研究，根据成果，出台了这个办法。因而，这个督导评估办法，应该说对我国不同的省市都具有较好的适用性。

---

　*　原文刊载于《教育督导与执法》2013年第3期。

推进义务教育均衡发展必须尽可能的缩小校际差距，为了较好的衡量县域范围里义务教育的均衡程度，就必须进行校际间的差距评估。为此，这一督导评估办法中设立了校际间差距评估。校际间差距评估是以生均教学及辅助用房面积、生均体育运动场馆面积、生均教学仪器设备值、每百名学生拥有计算机台数、生均图书册数、师生比、生均高于规定学历教师数、生均中级及以上专业技术职务教师数 8 项指标来分别计算小学、初中综合差异系数。达到基本均衡评估的标准为：小学综合差异系数不高于 0.65，初中综合差异系数不高于 0.55。

对县级政府推进义务教育均衡发展工作的评估主要是通过入学机会、保障机制、教师队伍、质量与管理 4 个方面的 17 项指标来进行，每个指标设置一定分值，总分为 100 分，达到 85 分以上的县方可视为达到此项评估的要求。

一个地区义务教育的均衡与否，人民群众其实是很有发言权的。这次督导评估最大的创新之一就是体现公众的参与性。义务教育均衡发展不仅是国家教育发展的战略性任务，也是受到全社会广泛关注的热点、难点问题。此次制定的均衡督导评估暂行办法，将公众的满意度作为评估认定的重要参考，意在引入公众参与机制，使得评估的结果能得到当地群众的认可，也使广大群众更加了解身边的每一所学校。公众满意度调查由省级督导评估组组织开展，也可由省级教育督导机构委托专业调查机构进行。国家教育督导部门在实地督导检查中，也将开展教育满意度测评。调查对象包括当地社会各界人士，以学生家长为主。调查方式通过问卷、实地走访等方式进行。

在全国启动县域义务教育均衡发展的督导评估，是一件深受人民群众欢迎的大事。老百姓不仅关注督导评估的结果，也关注督导评估对于义务教育均衡发展的实实在在的推进作用。在此次督导评估中，我们充分关注这一问题，通过一系列工作来努力体现和强化督导评估的这一功能。

根据办法的规定，今后对已公布的义务教育发展基本均衡县将进行复查。

复查工作主要依靠监测结论进行，同时国家在评估认定时，也可对部分存在薄弱环节的县提出复查要求。对认定后发现连续两年出现滑坡的县指出问题，要求整改，对认定后发现连续三年（非常情况除外）出现滑坡的县，则撤销其义务教育发展基本均衡县称号。督导评估认定中发现弄虚作假行为的，立即停止对该申请认定义务教育发展基本均衡县（市、区）的督导评估认定工作，在全国范围内通报。

强化督导为教师队伍建设护航 *

教师是教育事业的关键和核心，我们党和国家历来高度重视教师队伍建设。2012 年，国务院颁布了《关于加强教师队伍建设的意见》（以下简称《意见》）。同年，教育部认真贯彻落实党中央、国务院部署，会同有关部委集中出台了 6 个配套文件，涉及农村义务教育、学前教育、职业教育、高等教育、特殊教育教师队伍建设和教师教育改革等，以点带面，着力破解涉及教师队伍建设体制机制方面的瓶颈，全面加强教师队伍建设。

一、教师队伍建设督导评估的重要意义

加强教师队伍建设督导评估是教育督导评估题中应有之义。教育部的配套文件针对农村教师队伍建设提出，要"定期组织开展农村教师队伍建设专项督导评估，把优先保证农村教师队伍建设经费投入、及时补充新教师、依法理顺教师管理职能等纳入政府年度工作考核体系"；针对教师教育，强调要"开展教师培训专项督导工作"。由此可以看出，落实教师队伍建设的各项工作，教

＊ 原文刊载于《北京教育（普教版）》2013 年第 9 期。

育督导是最重要的手段和最有力的保障。

加强教师队伍建设督导评估是教师工作新形势的需要。改革开放特别是党的十六大以来，教师队伍建设取得了显著的成绩。但同时也应该看到，我国东部、中部和西部地区、城市和农村地区的教师队伍整体素质还存在着较大差距，各地对教师队伍建设重视程度不一样，使得当前我国教师队伍建设中，还存在着整体素质有待提高、队伍结构不尽合理、教师管理体制机制有待完善、农村教师职业吸引力亟待提升等诸多问题，这对加强教师队伍建设提出了更高的要求，也对教育督导工作提出了更大的期望。特别是在落实《意见》及教育部6个配套文件要求，教师队伍建设面临着前所未有的机遇和挑战。当务之急、重中之重就是要抓好教育督导这个关键环节，通过督政，监督地方政府在财政经费保障、健全编制管理机制等方面的工作；通过督学，监督校长转变观念、改善教师队伍结构、加强教师培训等方面的工作，确保教师队伍建设的工作落实和责任落实。

加强教师队伍建设督导评估是落实《教育督导条例》的需要。《教育督导条例》把教师队伍建设作为督导事项的重要内容，包括了对"学校教育教学水平、教育教学管理等教育教学工作情况，校长队伍建设情况，教师资格、职务、聘任等管理制度建设和执行情况"的督导。充分发挥督学作用，对教师队伍建设情况进行督导评估，是贯彻落实《教育督导条例》的必然要求，也是加强教师队伍建设的重要内容。作为教育督导部门，我们出台的一些督导文件把加强教师队伍建设作为了必要的评价指标。

加强教师队伍建设督导评估是国际上的通行做法。世界上很多教育强国都非常重视教育督导在加强教师队伍建设中的作用。由于教师是提高教育质量的重要保障，因此不少国家把对教育质量的监测评价作为教育督导的重要内容，由此推动教师队伍的建设和教育质量的提高。例如，荷兰教育督导局作为教育文化科学部设立的独立行政机构之一，主要任务就是教育质量监督和评价，通过激励和问责机制推动学校改进工作，提高教师专业化水平。英国教育督导包括对地方教育局工作的督导以及对学校的督导评估，其中对学校督导评估的目的在于促进学校发展、提高师资水平、提升教育质量。美国政府组织开展了国家教育进步评估工作，涉及学校教师、学生以及教育质量等方面的评估，其中对教师的督导是重点，主要目的在于帮助学校和教师改进工作。20世纪70年代以来，这一机构在帮助教师改进教学方面的职能得到了进一步加强。法国既重视行政性督导，又注重围绕学校教学业务开展教学性督导。教学督导的结果不仅与教师工资、晋升密切相关，而且对教师今后的发展有着举足轻重的作用。法国国家教育总督学的主要职责之一，就是对各地教学和教育质量进行督导检查，对教学人员进行招聘、培训，并对他们的工作情况进行评估。俄罗斯对高等教育的督导评估主要包括办学条件和办学质量，其中督查办学条件的主要内容之一是师资力量；督查办学质量的主要内容包括了教师和教学科研水平。这些国家的成功实践，既反映出教育督导在教师队伍建设中的重要作用，也为我国强化教育督导，推进教师队伍建设提供了借鉴。

二、我国开展教师队伍建设督导评估的进展情况

近年来，教育督导作为加强教师队伍建设工作的重要抓手，不断进行理论创新和实践创新，有力地推动和保障了我国在新时期深化教育改革、加强教师队伍建设、提高教育质量等重大方针政策的贯彻落实。

一是发布教师队伍建设国家教育督导报告。从2006年开始，国家教育督导团定期向全社会发布国家教育督导报告，通过督导工作，透过督导视角，对教育的热点、难点问题提出专业建议。首次发布的《国家教育督导报告2005》关注义务教育均衡发展，其中的督导意见就包括切实解决农村教师数量不足、水平不高，特别是骨干教师短缺问题。建议建立县域内校长、骨干教师的校际定期流动和城乡交流制度，重点解决农村教师缺编、有编不补、代课人员多的

问题，缩小城乡间教师资源配置的差距。2011 年教育督导报告关注中等职业教育，其中围绕加强职业教育教师队伍建设的督导建议包括建立适应中等职业教育的教师培养和发展制度，切实解决专任教师数量短缺的问题，努力提高教师的实践教学及指导能力等。2008 年的教育督导报告直接关注义务教育教师，通过综合 2002 年至 2007 年义务教育教师的统计数据、抽样调查结果和督导检查情况，对义务教育教师的规模结构、能力水平、权益保障三方面进行了分析，提出了督导意见。

二是把教师队伍建设纳入教育督导评估制度体系。2012 年，教育部印发了《中等职业教育督导评估办法》《学前教育督导评估暂行办法》《县域义务教育均衡发展督导评估暂行办法》等文件，把中等职业教育、学前教育和义务教育教师队伍建设作为督导评估指标的重要内容。其次是对县级政府推进义务教育均衡发展工作的评估，主要是通过入学机会、保障机制、教师队伍、质量与管理 4 个方面的 17 项指标来进行。落实这些文件，深入开展督导评估认定工作，必将有力地推进中等职业教育、学前教育、义务教育教师队伍建设，促进职业教育、学前教育的发展，以及义务教育的均衡发展。

三是积极探索教师队伍建设督导评估新机制。近年来，广大教育督导工作者针对教师待遇、农村教师队伍建设、高校教师队伍建设等教育热点问题，积极开展专项督导；围绕构建名师名校长成长培养机制、多途径促进青年教师成长、强化师德修养等内容，对教师队伍建设进行了卓有成效的探索和思考，积累了宝贵的经验。在创新体制机制方面，甘肃省召开全省义务教育均衡发展暨教师工作会议，出台了《省人民政府关于加强教师队伍建设的意见》，其中提出要把教师队伍建设作为督查的重要内容，确保教师队伍建设的各项措施落到实处。在推进各类教师队伍建设方面，湖北省加强省级统筹，建立农村教师队伍补充、培训、交流、保障和评价新机制；重庆市结合城乡统筹综合配套改革试验区建设，实施"领雁工程"，深化"百校牵手"计划，健全农村教师考核评价机制；宁夏回族自治区适时开展专项督导检查，对中小学管理体制、校长配备、师德建设、师资配置、教师待遇、培训经费和培训基地建设等进行考核，考核结果作为表彰奖励或责任追究的重要依据。

三、加强教师队伍建设督导评估的建议

一是加强教师队伍建设督导评估研究。当前的一项重要工作，就是要加强对相关法律法规、方针政策的学习和领会，认真开展对教师队伍建设督导评估工作的研究。要通过研究，更新教师队伍建设与督导评估理念，找准开展教师队伍建设督导评估工作的突破口、关键点和着力点。目前，专门针对教师队伍建设督导评估的政策法规尚属空白，为此，要加强这方面的理论研究，既要注重联系实际，也要注重理论创新。在此基础上，研究制定教师队伍建设督导评估指标体系，开发教师队伍建设督导评估工具，出台教师队伍建设督导评估的具体实施办法以及相关的配套措施，以此作为开展教师队伍建设督导评估工作的基础。

二是系统开展教师队伍建设专项督导。要充分发挥督学作用，围绕加强师德师风建设、提高教师业务水平、提高教师地位待遇、健全教师管理制度等内容，定期、系统地开展教师队伍建设专项督导。专项督导要牢牢把握教师队伍建设的基础环节，灵活运用多种督导评估手段，重视对教育质量监测相关信息数据的运用，努力提高教师业务水平和教育质量，确保素质教育的顺利实施；要时时关注教师队伍建设的重点环节，通过建立科学合理的指标体系提高督导评估的科学性，切实推进师德师风建设；要紧紧围绕教师队伍建设的薄弱环节，重点加强农村义务教育教师队伍建设，推进义务教育的均衡发展。在督导中，既要注重对政府在加强教师队伍建设工作方面的评估，也要注重对学校落实教师队伍建设工作的评估，做到"督政"与"督学"并重。

三是强化教师队伍建设督导评估结果运用。要把教师队伍建设情况作为地

方政府政绩考核、各级各类学校办学水平评估的重要内容，作为评优评先、表彰奖励的重要依据。要建立教师队伍建设工作定期督导检查制度，定期向社会公告督导结果，必要的时候专门针对教师队伍建设发布国家教育督导报告。要强化问责机制，建立健全教育督导报告制度、公示制度、约谈制度、奖惩制度、限期整改制度、复查制度，加大整改复查和监督问责力度，提高督导工作的权威性，以此推动教师队伍建设各项政策措施落实到位。

推进实施国家质量监测　着力提升义务教育质量 *

　　义务教育是教育工作的重中之重，义务教育质量决定一个国家的人才素质，决定一个国家的前途和民族的未来。在当前我国全面建成小康社会决胜阶段、中国特色社会主义进入新时代的关键时期，义务教育的基础性、先导性和全局性作用越来越突出，义务教育的质量问题也越来越受到党和国家的重视。《国家中长期教育改革和发展规划纲要（2010—2020 年）》提出，要把育人为本作为教育工作的根本要求，把提高质量作为教育改革发展的核心任务；党的十八大明确提出，全面实施素质教育，着力提高教育质量；十八届三中全会强调深入推进管办评分离，强化国家教育督导，委托社会组织开展教育评估监测；党的十九大进一步要求，努力让每个孩子都能享有公平而有质量的教育。

　　为落实党和国家关于开展教育评估监测、提升教育质量的精神，国务院教育督导委员会、教育部在经过 7 年试测和多年研究的基础上，于 2015 年印发《国家义务教育质量监测方案》，建立了国家义务教育质量监测制度。教育部基础教育质量监测中心受教育部委托，具体实施国家义务教育质量监测。

---

* 原文刊载于《人民教育》2018 年第 19 期。

国家义务教育质量监测的对象是义务教育阶段四年级、八年级学生。依据我国义务教育课程设置，借鉴国际基础教育质量监测做法，确定监测学科为德育、语文、数学、科学、体育和艺术等 6 个学科。每年监测两个学科领域，三年为一个周期。监测内容既包括学生对基础知识、基本技能的掌握情况，也注重测查学生综合运用和问题解决能力，此外还对影响学生学习质量的相关因素进行问卷调查，全面反映义务教育质量状况。

开展义务教育质量监测，对于科学评估全国义务教育质量总体水平、摸清我国中小学生发展现状、客观反映影响义务教育质量相关因素基本状况、改进义务教育学校教育教学、提升义务教育质量等具有重要意义。

首先，开展义务教育质量监测是义务教育工作提高质量的必然要求。进入新时代，为了满足人民群众对均衡、充分和优质教育的新期盼，义务教育进入推进均衡发展和优质发展的新阶段。围绕这一目标要求，教育督导建立了全国县域义务教育均衡发展督导评估制度，全面推进义务教育均衡发展；开展了全面改善贫困地区义务教育薄弱学校基本办学条件工作和义务教育学校建设工作，督促指导各地加大投入，新建改扩建校舍，加快推进城乡义务教育一体化进程。义务教育是否均衡，义务教育学校建设是否标准化，都已经有了明确的标准和推动的抓手，但义务教育是否有质量，如何科学诊断国家义务教育的问题和不足，则要求我们必须开展质量监测，通过监测了解教育质量的现状，为有关政策的修订完善提供客观依据；通过对教育质量问题作出分析和判断，提出工作建议，引导各级政府和教育行政部门把教育资源配置和学校工作重点集中到强化教学环节、提高教育质量上来。

其次，开展义务教育质量监测是推进素质教育的迫切需要。早在 1999 年，中共中央、国务院就已经作出《关于深化教育改革全面推进素质教育的决定》，要求推进基础教育改革，全面实施素质教育。党的十九大进一步提出发展素质教育，推进教育公平。习近平总书记在全国教育大会上强调，要在增强综合素质上下功夫，教育引导学生培养综合能力，培养德智体美劳全面发展的社会主义建设者和接班人。素质教育的内涵得到了极大丰富和发展。根据党中央、国务院的部署和要求，各地积极推进素质教育发展，取得了积极进展。然而，当前一些教育热点和难点问题仍然十分突出，如学生学业负担较重、学习压力大、教师教学能力和专业素养有待提高等问题仍然存在，习近平总书记提出的"培养什么人，怎么培养人"的重大问题仍然没有得到根本解决。因此，需要运用科学的方法开展科学监测，通过监测全面收集数据，进行深度分析，找准症结，作出判断，有针对性地解决问题，进一步推动素质教育的有效实施。

最后，开展义务教育质量监测是深入推进教育"放管服"的重要手段。简政放权、放管结合、优化服务的改革，实质是政府的自我革命，要求重塑权责关系、再造管理模式、转变工作方式。教育"放管服"改革，关键是要推进教育"管办评"分离，既要向地方政府和学校放权，将工作重心集中到加强宏观管理和科学规划上，把更多本该属于地方政府的办学和管学权限下放给地方政府，赋予学校更多的办学自主权，又要强化教育监管和科学评价，切实开展对地方政府和学校执行国家教育法律法规和落实国家重大教育方针政策的督导，开展对教育教学质量的评价。教育督导评价作为教育领域的行政监督，是落实教育"放管服"改革的关键。必须按照教育管办评分离的改革方案，开展全国义务教育质量监测，以全面、及时地获取准确的数据和信息，对整体的教育质量作出判断，对未来的变化趋势作出预测，对政策及其执行情况进行及时有效调整。

从2015年开始，根据《国家义务教育质量监测方案》，国家义务教育质量监测有序推进，2017年完成了第一轮监测工作，并于2018年7月发布了我国首份《中国义务教育质量监测报告》，对我国义务教育阶段学生德智体美和学校教育教学等状况进行了客观呈现，针对监测发现的我国义务教育存在的重智育轻体育美育、学生综合实践能力相对缺乏、课业负担仍然偏重等问题，就进一步提升义务教育质量提出了工作建议。此次国家义务教育质量监测工作立足中国国情，倡导全面发展的教育理念，突出对学生能力的考察；依据课程标准研发指标和工具，吸收了国际上较先进的测量学技术，与国际项目实现了交流并接轨。很多国际专家纷纷表示："中国的监测评价工作虽起步晚，但一起步就紧跟国际最新的理念、技术，很不简单。"首份义务教育质量监测报告的发布，得到了广大义务教育工作者的广泛赞誉，国家义务教育质量监测的评价指导作用初步显现，将为优化国家义务教育政策规划、提高义务教育质量起到关键的指导和参考作用。

国家义务教育质量监测是判断义务教育发展是否优质、均衡，是否能让人民群众满意的标尺，是促进义务教育质量提升的关键。要充分发挥质量监测的作用，有效解决当前义务教育发展存在的问题和不足，推动发展公平而有质量的义务教育，必须更加注重以下方面。

第一，进一步提高对质量监测工作的认识。国家义务教育质量监测是制定和完善义务教育发展政策和措施的基础，是评估义务教育发展水平的重要依据。要在教育投入不断加大的基础上，强化义务教育质量监测，加强对监测工作的统筹规划和政策指导，加大监测技术人员培训，保障监测基本条件和运行经费，在人力、物力、财力上给予充分支持，加快监测能力建设，保障监测工作正常开展。

第二，进一步提高质量监测的科学性。切实加强国家义务教育质量监测管理，完善具体监测的流程和实施，优化样本抽取的方案，提高样本的科学性和代表性，提高监测工具的可操作性和组织实施的可行性，在监测中充分运用云计算、大数据技术和移动互联网等信息技术创新成果，使监测全过程建立在先进的测量技术方法和信息手段上，更加准确和客观地了解学生学习质量和身心健康状况，深入探究影响学生发展的因素，诊断义务教育存在的问题和不足，提出更有效的解决建议和方案。

第三，进一步扩大质量监测的范围。充分考虑我国义务教育学段学生数量多、学生发展程度区域差异大、城乡差异大等特点，进一步将国家人口总量、经济和教育发展水平、地理位置、城乡分布、学校类型等因素纳入监测工作考虑范围，在保障监测质量的前提下，扩大监测范围，促进监测结果更加真实反映我国义务教育实际情况，更客观有效指导义务教育质量不断提升。

第四，进一步强化质量监测的结果运用。完善义务教育质量监测报告和有关数据信息发布制度，按照《国家义务教育质量监测方案》，定期发布监测基础数据报告、分省监测报告和国家监测报告，满足人民群众的教育知情权。加大监测数据开放和使用力度，吸引和促进更多的专业研究者进入监测数据挖掘和使用领域，推动以监测数据为基础的深度研究。督促指导各地用好监测结果，利用监测数据对义务教育发展存在的现实问题进行科学诊断，在大样本和多年数据收集的基础上，加强横向和纵向研究，对监测诊断发现的问题进行科学分析，制订解决方案，根据监测报告提出的工作建议制订整改方案并及时有效落实，切实解决义务教育发展存在的问题和不足。

第五，进一步激发地方开展质量监测的主动性。推动地方义务教育质量监测发挥积极作用，与国家义务教育质量监测形成互为补充、共同促进的良好局面。指导各地发挥贴近一线、了解实际的优势，通过地方购买国家监测服务、地方自主实施监测、地方委托第三方实施监测等模式，推动监测实践的专业化和研究的深入开展。

新时代义务教育质量监测工作迎来了难得的机遇。我们将积极推进义务教育质量监测工作，努力构建全方位、多层次、广覆盖的科学的义务教育质量监测体系，全面提升我国义务教育质量监测事业的能力水平，切实发挥质量监测工作"体检仪"和"指挥棒"的作用，着力开创我国义务教育质量监测事业新局面。

着力规范学校办学全面优化育人环境[*]

培养什么人，是教育的首要问题。习近平总书记在全国教育大会上指出："我国是中国共产党领导的社会主义国家，这就决定了我们的教育必须把培养社会主义建设者和接班人作为根本任务，培养一代又一代拥护中国共产党领导和我国社会主义制度、立志为中国特色社会主义奋斗终身的有用人才。这是教育工作的根本任务，也是教育现代化的方向目标。"总书记从推动实现中华民族伟大复兴的高度出发，用"九个坚持"和"六个下功夫"，分别回答了关系我国教育现代化的重大理论和实践问题，解答了怎么样实施立德树人工程和如何培养社会主义建设者和接班人的问题。

学校是培养社会主义建设者和接班人的前沿阵地，学校是否规范办学，是否在办学过程中按照全国教育大会精神落实"九个坚持"和"六个下功夫"的要求，是否立足基本国情，是否遵循教育规律，事关社会主义建设者和接班人的培养质量问题，事关中国特色社会主义的办学方向，必须更加重视。本文从责任督学挂牌督导的内涵和制度设计出发，探讨提出实施责任督学挂牌督导，

---

*　原文刊载于《中国教育学刊》2018 年第 12 期。

促进学校规范办学行为、提升教育质量的有关思考。

一、责任督学挂牌督导的内涵

责任督学挂牌督导是指以县为单位，按照每名责任督学负责 3—5 所学校的标准，由责任督学对所负责学校的办学教学等情况进行常态督导的一项工作制度。这项制度的特点在于"挂牌"开展，也就是每所学校的责任督学的详细信息，包括姓名、照片、联系方式等，均标识在牌子上，在学校大门的显著位置进行公示，同时一并公示的还有责任督学负责的督导事项。这一举措是教育行政管理的一次积极创新，通过责任督学为学生、家长与政府之间搭建沟通和反映问题的桥梁，有利于及时发现和解决学校办学教学中出现的问题，有力推动学校坚持正确的办学方向，规范办学行为，实施素质教育，实现内涵发展。

经过五年多的建设，责任督学挂牌督导制度基本建立完善，目前已基本覆盖全国所有中小学校，正积极推进向幼儿园及其他学段延伸，全国范围内已经建成一支由 12 万余名专兼职责任督学组成的队伍，挂牌督导范围覆盖近 26 万所中小学校，形成了对全国中小学校全方位、全过程的督导网络，有效解决了教育治理"最后一公里"的问题，有力促进了教育督导实现常态化、规范化、制度化，成为规范学校办学行为和提高学校管理水平的有力抓手，受到了各级政府的重视和学校、家长的欢迎。

二、责任督学挂牌督导的工作重点

责任督学依法实施对学校教育教学的常态督导，落脚点是促进学校规范办学行为。要有效行使督学职能，必须了解和把握对学校督导的重点，紧紧围绕对学校校务管理、学生管理、课程教学管理、教师管理、教育资源管理和安全管理等重点方面进行督导，监督和指导学校有效解决重点难点问题。

一是对学校校务管理和制度执行情况进行经常性督导，通过建立健全督导常规检查、结果反馈、限期整改、报告通报、信息公开等制度，促进学校依法办学，促进学校自主管理，促进学校自觉接受社会监督。二是对学生学习、体育锻炼和课业负担情况进行经常性督导，监督和评估学生品德教育、体质健康和心理健康教育的内容和实施途径，关注学生学业状况，指导学校切实减轻学生的学习压力和负担，保障学生身心健康发展。三是对课程开设和课堂教学情况进行经常性督导，指导学校进行课程规划和开发，帮助学校开展教育教学研究，提高学校课堂教学质量。四是对教师师德和专业发展情况进行经常性督导，严格学校的师德监督与奖惩，指导教师规划专业发展，保障教师权益，提高教师职业素养和专业水平。五是对教育资源的配置、管理、使用和开发进行督导，促进教育资源合理配置，促进教育均衡发展，保障教育机会公平。六是对校园安全情况进行经常性监督，指导学校建立安全管理的长效机制，督促有关部门加强校园周边环境治理，保障学生健康成长。

除此之外，还要建立两个相互作用的内在机制。第一，建立着眼于动态考核办学主体工作绩效的一把手主体责任制。一所学校办得好不好，一把手是关键，要以目标责任制强化一把手的主体责任，提高管理的民主性、科学性和有效性。第二，建立基于教学效果的发展性评估机制。较好地掌握学校教育动态发展状况，更好地明确主动发展的方向。

三、实施责任督学挂牌督导，促进学校规范办学行为的制度设计

从现代教育行政管理的功能来看，教育行政管理从决策执行合二为一的状况向决策、执行、监督、反馈等健全的、多功能方向发展，教育督导既是监督系统之一，又是反馈系统之一，可以监督、控制和保证有关教育方针、政策、法规等准确执行，可以经常获得执行过程中的反馈信息，并以此为依据督促、指导、改进教育工作。国务院教育督导委员会办公室先后出台的《中小学校责任督学挂牌督导办法》《中小学校责任督学挂牌督导规程》以及《中小学校责

任督学工作守则》等一揽子政策，构建了比较完善的中小学校责任督学挂牌督导制度，各地教育督导机构按照总体要求和部署，紧紧围绕当地教育改革发展实际，积极启动实施中小学校责任督学挂牌督导工作，对学校进行经常性督导，实现了学校常态督导制度的重大创新，为规范学校办学行为提供了切实有效的制度保障。

实施责任督学挂牌督导，检验工作成效的标准是人民群众是否满意。人民群众是否满意是检验规范办学行为成效的根本标准。挂牌督导工作必须按照这一标准，针对老百姓最关心、最迫切、最期待的需求，切实解决实际问题。一是以"育人"为导向，督促指导学校落实立德树人根本任务，规范办学行为，办出学校特色，提高教育质量，促进学生全面健康发展。二是以"公平"为导向，督促地方政府积极做好进城务工人员子女和乡村留守儿童就学、义务教育均衡发展、控辍保学等工作。三是以"安全"为导向，切实保障学校师生安全，积极协助开展校园安全、校车安全、校园欺凌综合治理等专项督导工作，为学生健康成长营造安全的环境，推动全社会担负起青少年成长的责任。四是以"问题"为导向，针对社会关注的教育乱收费、大班额、学生课业负担重、择校热等问题，加大常态督导力度，着力促进各类教育热点难点问题及时妥善解决。

实施责任督学挂牌督导，根本要求是用新理念引领发展。创新是引领发展的第一动力，责任督学挂牌督导制度作为教育行政管理的一项积极创新，进一步创新教育督导观念，倡导依法督导、科学督导，就是要在中小学校责任督学挂牌督导工作中，促进常规式督导和内涵式督导相统一，在监督规范的同时，更加注重指导发展；促进微观式督导和宏观式督导相统一，在关注具体的教学行为、办学条件等细节的同时，对教师和学生的成长、教育教学质量的提高、政府履行教育相关职责等方面进行督导；促进教育督导机制创新和督导手段方式创新相统一，在完善教育督导体制机制建设的同时，顺应科技发展趋势，推动教育督导手段创新，构建网络化、数字化、信息化的教育督导工作体系。

实施责任督学挂牌督导，工作目标是保障教育公平、提升教育质量。"十三五"时期教育改革发展的关键，是进一步保障教育公平和提升教育质量。通过教育督导创新驱动教育督导事业发展，最终也要落到推动教育公平和提高教育质量上来。对于责任督学挂牌督导工作来说，一方面要充分发挥责任督学的桥梁作用，促进政府、学校和家长三方有效沟通，促进社会关注的教育热点难点问题有效解决，协助教育督导部门开展督政工作，督促地方政府有效履行教育职责，确保教育经费投入满足教育需求，推动教育事业均衡优质发展。另一方面要充分发挥责任督学监督指导的作用，既指导各级各类学校规范办学行为，又协助和指导社会第三方专业机构积极参与教育督导工作，推动建立教育督导部门归口管理、专业机构提供服务、社会组织多方参与的专业化教育质量评估监测体系，建立科学、客观、精准的教育评估监测机制，为提高教育质量提供专业的坚强助力。

实施责任督学挂牌督导，关键是要加强督学队伍建设创新。创新驱动实质上是人才驱动。实施责任督学挂牌督导的关键，既要强化区域内督学队伍管理，增强督学任职吸引力，严格督学选聘和任用，加强督学岗前培训和任职期间业务培训，优化督学队伍年龄和专业结构，提升督学队伍整体专业水平，重点在"吸引、激励和培养"上下功夫，加快形成一支热爱教育督导事业、结构合理、业务水平高的督学队伍。又要在"用好"上下功夫，激发每名责任督学的工作激情，引导责任督学在具体的教育督导工作实践当中，创新教育督导的工作方式和方法，创新督导流程，创新督导结果运用，在工作中积累创新经验，在实践中检验创新成效。

四、新时代推进挂牌督导促进学校规范办学的思考

新时代新形势新任务，教育脱贫攻坚、建设教育强国、加快教育现代化等

重大使命对教育督导提出了新的更高的要求，必然要求责任督学挂牌督导工作以习近平新时代中国特色社会主义思想为指导，全面贯彻落实党的十九大和全国教育大会精神，不断推进创新发展，不断提高督导质量，切实促进学校规范办学，提高教育质量。

在规范办学行为这个问题上，从中央到地方，各级政府都高度重视，要加强对规范办学行为的组织领导，要加大对规范办学行为的执行力度，要将规范办学行为与师德建设结合起来。具体来说有以下六个方面。

一是明确新时代规范学校办学的工作重点。习近平总书记指出，培养德智体美劳全面发展的社会主义建设者和接班人，是教育工作的根本任务，也是教育现代化的方向目标。责任督学要着力促进学校坚持正确的办学方向，树立科学的教育质量观，深化课程教学改革，推动实施素质教育。要指导学校加强教师队伍建设，促进学校内涵发展、特色发展。要督促各级政府和学校均衡配置教育资源，努力让每个孩子都能享有公平而有质量的教育，特别是要重点关注特殊群体，督促加大控辍保学力度，全面提升义务教育巩固率。要继续督促各级政府全面履行推进义务教育均衡发展的法定责任，促进城乡义务教育一体化发展。要尽快将挂牌督导制度延伸到幼儿园阶段，推广成功的经验，重点对办园条件、安全卫生、收费行为、保育教育质量和教职工队伍等方面进行监管，强化对各类幼儿园特别是民办园、薄弱园的专业指导，促进学前教育普惠、健康发展。

二是提升新时代规范学校办学的成效。挂牌督导过程中，责任督学要敢于真督导、出实效，及时倾听学生和家长的意见建议，及时向学校或有关部门反映，促进问题有效解决。要聚焦教育热点难点问题，注重时效性，及时发现问题，及时报告督导部门，督促政府及相关部门有效履行教育相关职责。要聚焦学校办学行为，坚持以法律法规、规章制度为依据开展挂牌督导，加强常态督导，确保学校办学行为符合规范要求。重构督导机构及其制度的特定历史时期，普及小学教育及义务教育的特定办学条件，重点解决基础教育问题的特定管理体制，深化农村教育改革的特定战略目标，都需要督政与督学的深入结合。

三是创新规范学校办学的工作方式。大力推动信息技术在中小学校责任督学挂牌督导工作中的使用，逐步增大中小学校责任督学挂牌督导工作的科技含量，切实推进督导工作信息化。充分利用已有的资源，建立适合本地区的信息化管理和工作平台，探索网上督导和远程督导，使教育督导步入网络化、智能化、科学化和规范化的轨道。以网络为基础，以互联网技术和多媒体技术综合应用为基础平台，充分利用网络的开放性、交互性、共享性，使更多的人可以协作工作、协作管理。进一步更新工作理念，转变教育督导方式，借助具有强大数据处理与分析能力的信息技术，实现数据采集信息化、统计分析自动化、跟踪监测动态化、教学评估标准化，更有效更快捷地完成利用信息技术的数字化、智能化，使教育督导工作中的数据收集和分析能够更加快速便捷，突破地理条件的限制，有效扩展教育督导的手段与范围，构建"互联网＋挂牌督导"的新格局。

四是进一步优化规范学校办学评估。开展学校挂牌督导，既要进行定性分析，更要进行定量评价。因此，建立科学的教育质量评估评价标准，就成为客观、科学、公正开展学校督导评估工作的前提和基础。为了增强挂牌督导评估的针对性和有效性，确保结果能够为政府教育工作决策提供有益参考，为学校改进工作提供科学依据，既要按照国家已有的学校教育质量评价标准，结合各地教育发展水平，针对教育的规律和特点，认真研究、尽快完善本地学校督导评估标准，有的放矢地开展督导评估工作；又要在教育督导工作中，严格按照已经制定的督导评估标准。坚持严督实导，高标准、严要求，规范督导程序，严格督导程序，细化督导方案和措施，使挂牌督导工作规范有序。

五是建立完善规范学校办学的问责机制。挂牌督导工作是不是能真正在规范学校办学行为上发挥应有作用，很大程度上取决于责任督学挂牌督导的权威性是否足够，这就对建立完善严格规范的问责机制提出了要求。首先，应强化挂牌督导的结果运用，加大督导反馈意见、督导报告和整改报告的使用力度，督促各地各校及时整改。其次，要重视社会公众和媒体的监督作用，及时在网上公布督导结果，确保社会公众和媒体及时、便捷、有效地获取信息，主动接受社会监督。最后，要加大督导约谈、通报、复查和问责力度，督导发现问题后，要对有关责任人进行约谈，责令限期整改，做好复查工作，确保整改到位。问题严重的，依据规定对有关责任人进行问责，把督导结果作为资源配置、干部任免和表彰奖励的重要依据，只有这样，督导才能树权威、出实效。

六是完善挂牌督导工作的保障机制。作为一项刚刚建立五年的工作制度，责任督学挂牌督导还要下更大力气在保障机制上做好做强。在组织保障上，各地要高度重视，充分认识强化挂牌督导工作的重要意义，把挂牌督导工作纳入议事日程，提供必要的工作条件，补充相应的编制人员，增强挂牌督导力量。在落实经费保障上，要把挂牌督导工作经费列入财政专项预算，保障教育督导机构的相对独立性，及时发放责任督学开展工作所需的各项工作经费。在强化责任督学职权上，落实责任督学持证进校经常性督导的权力，责任督学要参与到学校的校务管理中，根据督导情况提出整改建议，并督促学校根据整改建议进行整改。

进入新时代，责任督学挂牌督导工作将继续围绕"办好人民满意的教育"，以规范办学行为、提高办学质量和水平为目标，以补短板、强弱项、兜底线为主线，坚持问题导向，面对新问题，把握新要求，展现新形象，展示新作为，推动解决教育热点难点问题，不断提高人民获得感、幸福感、安全感，围绕党中央国务院的教育决策部署，发挥责任督学的指导引领作用，促进各级各类教育公平而有质量的发展，加快教育现代化，推动党的教育方针和十九大提出的教育任务举措得到贯彻落实。

推进中小学校常态督导让家长满意放心 *

中小学校责任督学挂牌督导是指县级人民政府教育督导部门为区域内每一所学校设置责任督学，在校门显著位置予以公布责任督学的姓名、照片、联系方式和督导事项，对学校进行经常性督导的制度。为转变政府管理职能、加强对学校的监督指导、办人民满意的教育，自 2013 年以来，国务院教育督导委员会办公室在全国范围内逐步建立起中小学校责任督学挂牌督导制度。

目前，中小学校责任督学挂牌督导工作全覆盖基本形成，12 万余名专兼职督学活跃在近 26 万所中小学校，形成了对中小学校全方位、全过程的日常督导机制，推动了教育督导常态化，成为实践教育督导创新、助推教育改革发展的重要制度。

一是注重民生导向，把人民需求作为最准确的"风向标"。挂牌督导针对老百姓最关心、最迫切、最期待的需求，着力突破发展瓶颈，切实解决实际问题。以"育人"为导向，落实立德树人根本任务，把握正确办学方向，强化思想道德教育，促进学生全面发展。以"公平"为导向，关爱留守儿童，关注随

---

* 原文刊载于《中国教育报》2018 年 9 月 28 日。

迁子女就学，协助控辍保学，积极参与义务教育均衡发展督导评估。以"问题"为导向，密切关注乱收费、乱编班行为，协助防范教辅材料过多过滥，常态监控学生课业负担，缓解择校热，覆盖学校管理、教育教学、学生学习、条件保障、教育质量等各方面。以"安全"为导向，抓校园内部常规安全，抓校园周边环境安全，抓学生欺凌防治工作。推动全社会担负起青少年成长的责任。

二是推进制度建设，用改革编织最严密的"防火网"。完善制度体系，国务院颁布《教育督导条例》，教育部印发《关于加强督学责任区建设的意见》《中小学校责任督学挂牌督导办法》《中小学校责任督学挂牌督导规程》《中小学校责任督学工作守则》等系列规章文件，为设立教育督导责任区、指派督学对责任区内学校的教育教学工作实施经常性督导提供了制度保障，对中小学校责任督学挂牌督导作出整体制度设计，对责任督学的工作职责提出要求。健全组织机构，一套由各级政府、教育行政部门、督导部门、督学责任区、责任督学组成的层级分明、工作协调、监管有效的中小学校责任督学挂牌督导工作体系基本形成。强化督学队伍，实现挂牌督导中小学全面覆盖，2016年教育部印发了《督学管理暂行办法》，各地组建了一支以学校校长为主体、以学科名师和教研人员为辅助、以教育行政管理人员和社会人士为补充的责任督学队伍。

三是提高管理水平，使内涵发展成为最有力的"助推器"。帮助学校规范办学行为。监督学校开齐开足规定课程，推动学校规范招生行为，推进学校落实依法治校。督促学校提升教育质量。责任督学将"诊"问题、"督"规范、"导"方向、"教"方法等督导方式有机联动，指导学校改进教学方法，促进学校特色发展，引领学校长远发展。引领各地实现典型示范。2015年国务院教育督导委员会办公室印发《中小学校责任督学挂牌督导创新县(市、区)工作方案》，建立中小学校责任督学挂牌督导创新县（市、区）评估认定制度，通过示范引领带动全国中小学校责任督学挂牌督导工作水平提升。截至目前，分两批共认定了237个挂牌督导创新县，在不同区域树立了一批可学习、能借鉴、多类型的优秀典型和工作标杆，有效带动了督导工作的全面推进。

新时代新形势新任务，责任督学挂牌督导工作将加强对各级各类学校办学方向、标准、质量的规范引导，鼓励与时俱进创新教育理念和人才培养模式，不断完善督导政策，健全督导体系，创新督导方式，提高督导质量，努力营造社会各界了解、理解、支持责任督学挂牌督导的浓厚氛围。

努力构建现代化的学校督导体系。不断完善责任督学挂牌督导制度，以对各级各类学校和其他教育机构的管理和教学督导为主要抓手，建立对规范办学行为、落实立德树人根本任务的学校督导工作机制，加强对办学方向、标准、质量的规范引导，推动学校优化内部治理，办出特色、办出水平，促进学生全面发展，指导学校及时解决教育热点难点问题，努力构建德智体美劳全面培养的教育体系，形成更高水平的人才培养体系，全面提高教育教学质量。

积极实现有价值的学校督导效果。对于教育领域存在的各种问题，不回避、不掩饰，敢于碰石头、啃骨头。责任督学发现教育资源配置不均、教育布局结构不合理、教师结构性缺编等问题，及时报告督导部门，推进政府及相关部门履行教育相关职责。坚持以法律法规、政策规定为依据开展挂牌督导，加强对招生收费、分班编班、课程设置、教学安排、作业布置、校园安全等的日常督导，确保办学行为符合规范要求。

大胆创新高质量的教育督导方式。把责任督学挂牌督导制度创新作为深化教育改革创新、教育体制改革、教育管理改革的重要抓手，着力提升教育服务经济社会发展能力。创新督导方式，探索增强挂牌督导科学性、有效性、权威性的办法，试行专家团队督导、学科专家督导等督导方式。创新督导内容，针对社会关注、百姓关切的教育热点难点问题和制约教育发展的瓶颈问题适时开展督导。创新督导工作信息化，充分利用大数据等新技术，实现教育督导与互联网的深度融合，构建"互联网＋教育督导"的新格局。

切实推进新时代的教育督导发展。促进学校树立科学的教育质量观，加强教师队伍建设，深化课程教学改革，促进学校内涵发展、特色发展。推进教育公平发展。督促各级政府和学校均衡配置资源，努力让每个孩子都能享有公平的教育机会，重点关注特殊群体，全面提升义务教育巩固率。推进学前教育普惠健康发展。推进义务教育均衡优质发展。督促各级政府全面履行推进义务教育均衡发展的法定责任，促进城乡义务教育一体化发展。推进普通高中特色多样发展。

让每一个孩子享受教育公平的阳光 *

什么是教育公平？教育公平是社会公平的重要基础，是国家对教育资源进行配置时所依据的合理性规范或原则，是千千万万学生和家长的殷切期盼。早在两千年前我国大教育家孔子就提出了"有教无类"的朴素教育民主思想。没有教育公平，就没有教育质量，更没有教育发展。

一、以教育督导评估认定推动和监督教育公平的时代要求

党的十九大报告提出努力让每个孩子都能享有公平而有质量的教育，在把促进教育公平和提高教育质量作为推进教育改革发展的两个重要维度的同时，更加注重和突出教育公平的重要性。习近平总书记在全国教育大会上发表重要讲话，用"九个坚持"回答了我国教育现代化的重要理论和实践问题，系统概括了新的中国特色社会主义教育理论体系，用"六个下功夫"回答了新形势下教育培养什么样的人、怎么样培养人以及为谁培养人的根本问题，明确阐明了教育的使命，深刻揭示了教育规律和人才成长规律，特别强调了必须不断促进

---

* 原文刊载于《中国教育学刊》2018 年第 10 期。

教育事业发展成果更多更公平惠及全体人民，以教育公平促进社会公平正义，充分体现了党和国家重视社会公平、教育公平的基本价值导向。

从教育活动的过程来看，教育公平包括教育起点公平、过程公平和结果公平。起点公平是指每个人不受性别、种族、出身、经济地位、居住环境等条件的影响，均有开始其学习生涯的机会，保障起点公平就是要确保人人都享有平等的受教育权利和义务。过程公平是指教育在主客观两个方面以平等为基础的方式对待每一个人，就是要为每个人提供相对平等的受教育的条件。结果公平即教育质量平等，就是要确保教育成功的机会和教育效果的相对均等。

深入推进教育公平，就是要统筹兼顾，全面推进教育起点公平、过程公平和结果公平，三者缺一不可，与此同时，还需要一个强有力的推动和监督机制。实践证明，教育督导评估认定正是推动和监督教育公平的有效机制。对照国际经验可以发现，教育督导是一项基本的教育制度，强化教育督导是国际教育强国的通行做法，教育督导的质量和水平是衡量一个国家教育管理水平的重要标志。

二、以教育督导评估认定推动和监督教育公平的制度探索

我国教育督导有着丰富的实践探索经验，中华人民共和国成立后，教育部内设一厅五司，其中一个司就是视导司。从 1977 年邓小平同志提出恢复重建教育督导制度以来，国家教育督导逐步得到了充分的重视和发展，已经形成比较完备的国家、省、市、县四级督导体系，面向各级各类教育开展督导评估、检查验收、质量监测，为深入推进教育公平奠定了基础，完成了制度准备。

（一）起点公平

起点公平是教育公平的前提和基础，只有确保必要的教育投入，充分发展和扩大教育资源，缩小区域、城乡、学校之间的教育资源配置差距，才能保障人人都有公平的接受教育的机会。教育督导始终把推进教育起点公平作为重中

之重。

一是推进政府有效履责。按照我国"国务院和地方各级人民政府根据分级管理、分工负责的原则，领导和管理教育工作"的制度安排，各级政府是落实中央和国家的重大教育方针政策，优先发展教育的关键。2017年，国务院办公厅印发《对省级人民政府履行教育职责的评价办法》，建立对省级人民政府履行教育职责评价制度。2018年，国务院教育督导委员会办公室组织开展了对31个省（区、市）人民政府和新疆生产建设兵团2017年履行教育职责的评价工作，推动省级人民政府切实履行"保底部、促公平"职责，不断提高领导、统筹、保障、推进教育公平的能力和水平，优先发展教育事业。

二是督促缩小区域差距。2017年，国务院教育督导委员会办公室印发《加快中西部教育发展工作督导评估监测办法》，建立中西部教育发展评估监测机制，这成为着力确保加快中西部教育发展工作目标如期完成，推动改变教育区域发展不平衡状况，缩小东中西部差距的关键举措。

三是督促缩小城乡差距。教育部先后建立了全面改善贫困地区义务教育薄弱学校基本办学条件专项督导和统筹推进县域内城乡义务教育一体化改革发展专项督导制度，针对新形势下城乡二元结构矛盾突出的问题，着力解决义务教育阶段"城挤、乡弱、村空"问题。

四是督促缩小校际差距。教育部分别于2012年、2017年印发《县域义务教育均衡发展督导评估暂行办法》《县域义务教育优质均衡发展督导评估办法》，建立了县域义务教育基本均衡和优质均衡发展督导认定制度。自2013年以来，国家教育督导组织开展了对2379个县（市、区）的国家义务教育基本均衡发展督导认定，占全国县级单位总数的81%，2020年全国所有县（市、区）有望全部实现义务教育基本均衡发展目标。

（二）过程公平

过程公平要求学生在接受教育的过程中得到公平对待，这是一个持续的常态过程，涉及学校日常管理的各个方面。教育督导以规范学校办学行为为重点，督促各地及时处理教育突发事件，解决教育热点难点问题，全面提高教育过程公平的水平。

一是建立中小学常态督导制度。从 2013 年起在全国范围内组织开展中小学责任督学挂牌督导工作，针对招生、收费、课堂教学、校园环境等学校办学行为的 8 个方面进行常态督导。目前，已经基本实现全国中小学责任督学挂牌督导全覆盖，一支活跃在教育一线的督导"常规军"和"片儿警"已经建立，基本实现对中小学教育教学的常态化督导，为督促指导中小学规范办学行为作出了贡献，为政府、学校和社会架起了沟通桥梁，显著增加了老百姓对教育的满意度。

二是切实保障教育安全让家长放心。国务院教育督导委员会办公室先后印发《中小学（幼儿园）安全工作专项督导暂行办法》《加强中小学生欺凌综合治理方案》等文件，完善了教育重大突发事件督导问责机制，建立了校车安全管理部际联席会议制度，形成了中小学生欺凌综合治理长效机制，推动地方各级政府为学校办学安全托底。各地校园校车安全事故持续减少，中小学生欺凌问题有效防治，师生生命财产安全和教育教学得到充分保障，努力把校园建设成为孩子们健康成长最阳光、最安全的地方。

三是及时督办教育热点难点问题。针对中央关心、人民关切、社会关注的热点难点问题，统筹组织实施专项督导，每个专项均实地督导，充分调研，撰写督导报告并向社会公布，充分督促指导解决热点难点问题。通过督导评估，各地坚持以人民为中心办教育，围绕"培养德智体美劳全面发展的社会主义建设者和接班人"根本任务，不断提升学校立德树人功能，不断发展素质教育，千方百计扩大优质义务教育资源覆盖面，为学校潜心治校办学创造良好环境。

（三）结果公平

习近平总书记用"六个下功夫"回答了新形势下教育培养什么样的人、怎么样培养人以及为谁培养人的根本问题，同样为回答什么是教育结果公平提供了根本遵循，教育结果的公平，必然要体现在教育质量上，体现在学生是否成才上，体现在是否培养了中国特色社会主义事业的建设者和接班人上。国家教育督导着力建立科学的教育质量评估监测机制，为改进教育教学、管理、决策提供依据和支撑，着力提升教育质量，推动培养一代又一代拥护中国共产党的领导、立志为中国特色社会主义奋斗终身的有用人才。

在学前教育方面，制定了《幼儿园办园行为督导评估办法》和《学前教育督导评估暂行办法》，开展了学前教育专项督导和幼儿园办园行为评估监测，确保幼有所育、健康成长。

在义务教育方面，制定了《国家义务教育质量监测方案》，完成了第一周期数学、体育、语文、艺术、科学、德育等6个学科的国家义务教育质量监测，对全国900多个样本县区的60多万名学生、10多万名教师和校长进行了监测，建成了大型监测数据库，研究编制了6份国家义务教育质量监测报告、192份分省义务教育质量监测报告和6份基础数据报告。

在职业教育方面，制定了《中等职业学校办学能力评估暂行办法》和《高等职业院校适应社会需求能力评估暂行办法》，完成了首轮评估工作，采集了近6000所中等职业学校和1235所高等职业院校，7200多名校长、6100多名专业主任和34万多名学生的数据，分别形成了《全国中等职业学校办学能力评估报告》和《全国高等职业院校适应社会需求能力评估报告》，有效引导职业院校强化办学能力，提升职业教育水平，推进职业教育现代化。

在高等教育方面，对202所新建本科高校进行合格评估，对69所中央部门所属高校本科教学工作审核评估，部署各地完成对628所地方所属高校的本科教学工作审核评估，28个省份已经完成专业评估试点工作，有力引导学校根据评估结果，针对问题及时整改，进一步找准办学定位，查找办学差距，提高人才培养质量。

在研究生教育方面，2013年以来共抽检博士学位论文26879篇，部署各省级教育行政部门抽检硕士论文近10万篇，根据抽检结果对连续两年"存在问题学位论文"篇数较多的学位授予单位进行质量约谈，有效保障我国博士、硕士培养的基本质量。

教育公平万众期盼，教育督导任重道远。如何继续推进教育公平成为社会公平的基础，用教育公平照亮国家未来，是新形势下继续做好教育督导的重要课题，还需要全体教育督导同仁奋发作为、再接再厉。我们将在以习近平同志为核心的党中央的坚强领导下，以党的十九大精神为指导，按照全国教育大会的要求，全面深化新时代教育督导体制机制改革，坚持把教育公平作为优先发展教育事业的重中之重，充分发挥教育督导作用，努力让孩子们都能享受到更加公平、更高质量的教育。

着力构建新时代基础教育质量保障体系 *

党的十九大发出有力号召：我们要激发全社会创造力和发展活力，努力实现更高质量、更有效率、更加公平、更可持续的发展。高质量发展是能够不断满足人民日益增长的美好生活需要的发展，是体现新发展理念的发展。基础教育作为教育工作的基础，其质量决定了国家的人才素质，决定了国家的前途和民族的未来。本文从构建基础教育质量保障体系的重要意义入手，深入探讨基础教育质量保障体系的组成要素、教育督导构建基础教育质量保障体系的具体实践以及下一步推进思路。

一、构建基础教育质量保障体系的重要意义

进入新时代，中国特色社会主义教育发展已经取得显著成绩，教育现代化加速推进，教育国际影响力加快提升，国民思想道德素质和科学文化素质全面提升。与此同时，我国基础教育发展呈现出新的阶段性特征，"有园上、有学上"的问题已经基本解决，"上好园、上好学、就近上"的问题成为突出矛盾；

---

* 原文刊载于《人民教育》2019 年第 7 期，转载于《新华文摘》2019 年第 19 期和《中国人民大学复印报刊资料—中小学教育》2019 年第 10 期。

对基础教育的质量和结构提出新的要求，全面提高教育质量成为当前和今后一个时期基础教育改革发展的重点。习近平总书记指出："教育决定着人类的今天，也决定着人类的未来。基础教育在国民教育体系中处于基础性、先导性地位，必须把握好定位，全面贯彻落实党的教育方针，从多方面采取措施，努力把我国基础教育越办越好。"从国家发展战略的高度来说，综合国力的竞争说到底是人才的竞争。中国有 13.9 亿人口，素质低就是沉重的人口负担，素质高就能转化为巨大的人力资源。建设社会主义现代化强国，对全面提高教育质量、培养足够多的高素质劳动者和科技创新人才提出了要求。

构建基础教育质量保障体系的重要意义还在于推动基础教育均衡发展。由于我国经济发展的不平衡性，导致我国教育发展出现相应的不平衡，既表现为不同区域间基础教育发展水平的不平衡，各区域内不同学校教育质量的不平衡，又表现为不同地区教育评价资源的拥有量及开展基础教育质量保障的能力和水平都大不相同。因此，落实党的十九大精神和全国教育大会精神，发展更加公平更有质量的教育，必然需要构建完善的基础教育质量保障体系。

同时，构建基础教育质量保障体系，实施科学的基础教育质量监测，有利于进一步推动素质教育的有效实施。通过监测全面收集数据，进行深度分析，找准症结，作出判断，有针对性地解决问题，对于科学评估我国基础教育质量总体水平、摸清我国中小学生的发展现状、客观反映基础教育质量相关因素基本状况、改进基础教育学校教育教学、提升基础教育质量等具有重要意义。

按照《中华人民共和国教育法》第二十五条规定，"国家实行教育督导制度和学校及其他教育机构教育评估制度"。教育督导负责对各级各类教育实施督导评估、检查验收、质量监测等工作，是构建基础教育质量保障体系的关键手段。因此，有必要从国家层面出发，按照教育"管办评"分离的制度设计，通过教育督导系统构建基础教育质量保障体系。

二、基础教育质量保障体系的构成

基础教育质量保障体系包括基础教育的质量评价和监测、规范办学行为、促进均衡发展等方面，构建基础教育质量保障体系是一项十分复杂的系统工程。

首先，要建立科学的评价体系。在去年召开的全国教育大会上，习近平总书记强调，"要深化教育体制改革，健全立德树人落实机制，扭转不科学的教育评价导向，坚决克服唯分数、唯升学、唯文凭、唯论文、唯帽子的顽瘴痼疾，从根本上解决教育评价指挥棒问题"。科学的教育评价是推动教育改革发展的重要举措，是构建基础教育质量保障体系的关键环节，是促进教师和学生成长的必要手段。构建基础教育质量保障体系的首要问题就是要树立起以育人为本的评价理念，解决好基础教育"培养什么人，怎样培养人，为谁培养人"的根本问题，将党和国家对不同阶段的学生成长与发展的各方面要求纳入评价体系，对学校教育及教学管理现状作出客观真实的评价。

其次，要建立基础教育质量监测体系。开展基础教育质量监测是提高教育质量的基础性工程。通过持续开展质量监测了解基础教育质量的现状，才能为有关政策的及时修订完善提供客观依据，才能对教育质量存在的问题作出科学诊断并提出工作建议，才能引导各级政府和教育行政部门把教育决策的重点集中到强化教学环节、提高教育质量上来。基础教育质量监测要依据有关教育法律法规，监测标准要围绕立德树人的目标制定，监测范围要覆盖学生德智体美劳全面发展的各个方面。

最后，要建立专项督导与常态督导相结合的工作体系。按照党中央、国务院关于"简政放权、放管结合、优化服务"的改革设计，教育领域的"放管服"改革，关键是要推进教育"管办评"分离，教育督导在此过程中作为教育领域的行政监督，成为落实教育"放管服"改革的关键，既承担"督政"的职责，督促政府及有关部门切实向学校放权，把工作重点集中到宏观管理、科学规划和优化教育发展环境上，又承担"督学"的职责，对学校的自主办学进行监督，指导学校规范办学行为，提高办学水平和教育教学质量。

三、构建基础教育质量保障体系的实践探索

近年来，国家教育督导着力构建完善"督政、督学、评估监测"三位一体的督导体系，在构建基础教育质量保障体系方面开展了许多有效的工作。

一是探索开展中小学校管理评价。为建立有效的基础教育评价体系，国务院教育督导委员会办公室组织编写了《中小学校管理评价》。从学校治理结构、学生管理、课程与教学管理、教师管理、教育资源管理和安全管理等6个方面，为教育管理者、教师、家长以及社会提供了中小学校管理评价的基本方法和典型案例。同时，国务院教育督导委员会办公室还积极研制出台中小学校管理评价的办法，研制评价指标体系，逐步建立中小学校教育评价体系。

二是开展国家基础教育质量监测。国务院教育督导委员会、教育部在前期试测和研究的基础上，于2015年印发《国家义务教育质量监测方案》，建立国家义务教育质量监测制度。教育部基础教育质量监测中心接受委托具体施测。目前，国家义务教育质量监测的对象是义务教育阶段四年级、八年级学生，监测学科包括德育、语文、数学、科学、体育和艺术等6个学科，每年监测两个学科领域，三年为一个周期。开展义务教育质量监测，对于科学评估全国义务教育质量总体水平、摸清我国中小学生发展现状、客观反映影响义务教育质量相关因素基本状况、改进义务教育学校教育教学、提升义务教育质量等具有重要意义。

三是开展全国县域义务教育均衡发展督导评估。目前，国家已经建立起全国县域义务教育"基本"均衡和"优质"均衡发展的督导评估机制。2012年国务院印发《关于深入推进义务教育均衡发展的意见》，对推进义务教育基本

均衡和优质均衡发展作出全面部署。国务院教育督导委员会办公室狠抓落实，建立完善了督导评估制度、监测和复查制度，以评促建，切实督促指导各地均衡发展义务教育。截至目前，全国 92.7% 的县级单位通过义务教育基本均衡发展评估。这一工作为各地推进义务教育均衡发展提供了统一标准和抓手，极大地调动了省、市、县三级政府加快义务教育均衡发展的积极性。从近五年的网络满意度调查来看，各级政府、学校师生和家长对义务教育均衡发展的满意度不断提升，督导评估对推动义务教育均衡发展的重要作用得到政府、学校和社会的共同肯定。同时，国务院教育督导委员会办公室积极研究推动"优质"均衡，颁布了《县域义务教育优质均衡发展督导评估办法》，指导全国 31 个省（区、市）和新疆生产建设兵团印发具体实施方案，着力推动国家义务教育更加均衡和优质发展。

四是建立中小学校常态督导制度。国家教育督导从 2013 年起在全国建立挂牌督导制度，实现了学校常态督导制度的重大创新。责任督学挂牌督导是指县级人民政府教育督导部门为区域内每一所学校设置责任督学，在校门显著位置予以公布责任督学的姓名、照片、联系方式和督导事项，对学校进行经常性督导的制度。这项举措有效延伸了教育督导的触角，有利于及时发现和解决学校改革发展中出现的问题，推动学校端正办学思想，规范办学行为，实施素质教育，提高教育质量，实现内涵发展。目前这项制度已经基本覆盖全国所有中小学校，实现了中小学校督导的常态化，正积极向幼儿园及其他学段推进。

五是针对热点难点问题开展专项督导。针对中央关心、人民关切、社会关注的教育热点难点问题，国家教育督导积极开展专项督导，督促解决问题。例如，针对规范幼儿园办园行为问题，国家教育督导每年以开学条件保障情况和学校安全工作情况等为重点实施春、秋季开学工作专项督导；校园安全和校车安全专项督导已经成为常态工作，推动各地校园校车安全事故持续减少，师生生命财产安全和教育教学得到有效保障；多部门综合治理中小学生欺凌已经形成合力，防治中小学生欺凌问题效果明显。此外，各类教育突发事件督导责任机制进一步完善，有效督促指导热点难点问题的解决。

四、进一步完善基础教育质量保障体系的建议

面对新时代教育工作的更高要求，构建基础教育质量保障体系面临诸多困难和挑战。比如许多地方仍然把升学率作为评价教育质量的主要标准，造成了片面追求升学率的错误倾向，严重违背了党的教育方针，违背了教育规律，必须进一步强化教育督导，完善基础教育质量保障体系。

一是改革和完善基础教育质量督导与评价制度。必须按照全国教育大会关于扭转不科学的评价制度的有关要求，用好教育督导与评价这根指挥棒。一方面继续发挥教育督导作为对政府履行教育职责评价的重要手段，督促和指导地方政府遵循正确的教育质量观，按照教育规律发展教育，切实承担起优先发展教育事业的重要责任。另一方面要尽快出台中小学校管理评价办法，完善指标体系和实施方案，督促指导学校全面实施立德树人工程，着力提高教育质量，促进学生德智体美劳全面发展。

二是进一步提高基础教育质量保障体系的科学性。切实加强国家义务教育质量监测和中小学校责任督学挂牌督导管理，完善工作流程，规范实施督导监测，改进督导工作方案，优化相关指标，提升督导监测的精准性和客观性。同时，大力提升督导监测工作的信息化水平，在督导监测中充分运用云计算、大数据技术和移动互联网等信息技术创新成果，使督导监测全过程建立在先进的测量方法和信息技术手段上，更加准确和客观地诊断基础教育存在的问题和不足，提出更有效的解决建议和方案。还要充分考虑我国义务教育学段学生数量多、学生发展程度区域差异大、城乡差异大等特点。不断扩大督导监测的范围，进一步扩大监测学生数量和学科科目，将责任督学挂牌督导工作向学前教育等其他学段延伸。

　　三是进一步强化教育督导的结果运用。完善中小学校管理评价、国家义务教育质量监测、挂牌督导以及各项专项督导报告和有关数据信息发布制度，加大有关督导监测数据的开放和使用力度，接受社会监督。进一步完善教育督导的问责机制，加大教育督导的问责力度，督促政府及有关部门、学校及其他教育机构按照督导监测结果及时进行相应整改。吸引和促进更多的专业研究者参与到构建和完善基础教育质量保障体系的工作中来，广泛征集提升基础教育质量的工作建议并及时有效落实，切实解决义务教育发展存在的问题和不足。

　　实践证明，教育督导在构建基础教育质量保障体系方面发挥着至关重要的作用。新时代教育督导将抓住难得的机遇，深化体制机制改革，积极推进基础教育质量保障工作，努力构建多层次、全覆盖、高水平、科学的基础教育质量保障体系，全面提升我国基础教育质量。

第三篇

职业教育创新

当前，职业教育是与普通教育同等重要的类型教育的定位已非常明确，职业教育在人才培养和经济社会发展中有着不可替代的重要作用。因为种种原因，我国职业教育曾长期不被重视，定位不清、地位不高、生源差、质量低，面临诸多发展难题。作者曾从事职业教育管理工作，积极学习借鉴国外先进经验，在职业教育改革中作出创新探索。在教育督导工作中，又积极推动建立了职业教育评估监测制度，为职业教育发展强化了制度保障。本篇是作者关于职业教育改革和评估工作的部分文章。

"天津模式"的启示[*]

大力发展职业教育，加快人力资源开发，是落实科教兴国和人才强国战略的重大举措。那么，如何大力发展职业教育？天津市探索出的以服务为宗旨、以就业为导向，校企一体、产学相融的"天津模式"，受到全国职业教育领域的广泛关注。

2005 年 8 月，教育部与天津市政府签署协议，将天津滨海新区作为当时全国唯一职教改革试验区。在改革过程中，天津市鼓励企业参与学校管理，形成校企合作、产教相融的运行机制。围绕滨海新区开发、开放，以促进优势产业发展为目标，以探索工学结合、校企合作、订单培养人才等培养形式为重点，全力推动航空机电、石油化工、电子信息等技能型紧缺人才培养基地建设。天津市构建贴近行业、依托企业、适应市场的职业教育联动新机制，有力地促进了当地经济的发展和繁荣。

"天津模式"的探索与实践，进一步激活了人才资源优化配置与合理流动，促进了行业与企业的持续健康发展，拉动了区域经济不断振兴，为加快我国职

---

* 原文刊载于《人民日报》2008 年 3 月 20 日第 13 版，转载于《中国民族教育》2008 年第 6 期。

155

业教育发展提供了有益的启示——

企业对毕业生喜不喜欢，社会对毕业生满不满意，是衡量职教改革是否成功的根本标准。因此，职业教育要始终坚持以就业为导向，坚持与生产实践相结合，着力培养学生的创业能力和职业技能。职业院校要融入企业的生产经营过程，加强对新知识、新工艺、新技术的培训，建立健全顶岗实习制度，提高学生的综合职业素质。积极推行和不断完善学分制，加快建立弹性学习制度，使学生可以分阶段、分地区完成学业，努力适应人民群众接受多样化职业教育的需求。

培养适应时代的职业技术人才，必须造就高层次、高素质、高技能的"伯乐"。天津市开展的"双师型"教师培训，是使师资力量适应改革发展、确保教学质量的有效制度。一方面学校从企业引进专业人才任教，另一方面教师每年进行不少于两个月的生产实践，确保学校教学与生产实践有机结合。天津的"双师型"教师培训制度还告诉人们，职业院校完全可以采取更加灵活的用人机制，面向社会聘请工程技术人员、高技能人才担任专业课教师或实习指导教师。

市场主导，是统筹和配置职教资源的必然选择。职教资源，要以市场为主导，从人、财、物、组织与制度等各方统筹和配置，不断拓展广度和开掘深度。特别要紧紧围绕为我国走上新型工业化道路、调整经济结构和转变增长方式服务，结合实施"国家技能型人才培养培训计划工程""农村实用人才培训计划"，全面提高劳动者素质和职业技术能力。管理体制要变行政直接管理为以法律、法规、各项政策制度为杠杆的间接管理，扩大职业学校办学自主权，构建多样化职业教育发展体系。

校企一体　产教相融　和谐发展 *

——职教改革"天津模式"的探索与实践

职业教育具有鲜明的职业性、社会性和人民性，是面向人人的教育，在全面建设小康社会、构建和谐社会中有着十分重要的作用。近年来，我国职业教育的改革与发展取得了巨大成就，但也存在着投入不足、发展不平衡、办学机制及人才培养规模、结构、质量与时代脱节等问题。为探索解决这些问题的有效途径，2005 年 8 月，教育部与天津市政府签署了《关于合作共建国家职业教育改革试验区的协议》，将天津滨海新区作为全国唯一职教改革试验区。近年来，天津市紧紧把握滨海新区开发开放和天津与教育部共建职教改革试验区的重要机遇，面向社会、面向市场，大力发展职业技术教育、着力培养中高级应用人才，探索出了一条颇具特色的职教发展之路，被誉为"天津模式"。这一模式的主要内容有：

政企联姻，互利双赢。前些年，社会上对企业能否与政府合办职教颇有争议。当时一些行业和企业改制，企业成为独立经营、自负盈亏的实体，不少企

＊　原文刊载于《求是》2008 年第 9 期。

业认为继续办职业学校会加重负担，影响发展。在这种情况下，天津市明确提出，政府与企业合作办学对经济社会发展具有重要的促进作用，应旗帜鲜明地坚持。为减轻企业负担，市里决定，原属企业的学校资产和人事，仍由企业管理，原有财政性经费投入不变，教育行政部门只是统筹规划，加强管理。同时，积极推进学校在专业课程设置及实习就业等方面与相关企业的经济结构调整和市场需求紧密结合。经过几年实践，不仅调动了行业企业举办职业教育的积极性，还稳定了原有职教和职工培训基地的师资队伍。

整合资源，优化布局。经济社会发展要求职教资源有效整合，布局合理优化。天津市本着"推倒围墙搞调整，打破界限抓重组"的思路，积极整合各类职教资源，调整重组了 26 所高职学院，中职学校由 430 所调整为 134 所，从而使教育资源得到优化，办学效益显著提高。

扭住关键，锻造师资。"双师型"教师队伍的培养是当前职教发展的关键所在。天津高职学院率先在专业课教师中评聘第二专业技术职称，开创"双师型"教师培训制度之先河，目前已有一批教师被评聘为双职称。为加强"双师型"教师队伍建设，确保学校教学与生产实践有机结合，天津市要求各职校都要从企业引进专业人才到校任教，学校的教师每年也要有不少于两个月的生产实践，还提供补贴，积极鼓励各职业院校把引进的一批具有硕士学位的青年教师选送到企业培训。

加大投入，夯实基础。为重点扶持职业院校基础设施与教学能力建设，市财政安排了大量专项资金。《天津市职业教育"十一五"投资规划》明确提出五年投入 15 亿元，用于实训基地、示范校建设、师资培训和助学金等。仅2007 年财政就安排专项资金 2.2 亿元，启动了首批 33 个高职实训基地建设项目和首批 25 所示范性职业院校重点建设项目。

校企合作，产教相融。天津市成立了"产教结合委员会"，鼓励企业参与学校管理，积极探索工学结合、校企合作、订单培养人才等培养模式，有力推动了航空机电、石油化工、电子信息等技能型紧缺人才培养基地建设，初步形成了校企合作、产教相融的职教运行机制。市里促使一些行业将学院附近的企业并入学院作为校办工厂，解决学生实训实习问题，形成"校企合一"的办学实体；鼓励优势企业与学院发挥各自优势，合作打造生产性实训基地。

组建集团，面向世界。为促进职教发展规模化、集约化，天津市组建了10个行业性、区域性或跨行业、跨区域的职教集团，形成了以一所中心职业院校为核心，联合若干具有独立法人资格的职业学校和相关企事业单位，共同开展产学研活动的职业教育办学联合体。同时不断扩大开放，进行国际交流，开拓新型合作领域，在加拿大、德国设立了两个国外职教师资培训基地，并举办了有多国专家、学者参加的职教国际论坛。

独具特色的天津职教模式的成功探索与实践，促进了天津职教及相关行业、企业的持续健康发展，拉动了区域经济的振兴，为加快我国职教发展提供了诸多启示与借鉴。

第一，紧密结合经济社会发展需求改革创新是职教发展的必然趋势。职业教育的发展不能无视经济社会发展的需求。如果我们的职业教育只重理论、轻实践，重知识、轻技能，办成普通教育的"压缩版"，那么培养出来的学生就很难适应社会的需要，职业教育的发展难免陷入困境。天津职教模式启示我们，职教发展，必须与繁荣经济、促进就业、消除贫困紧密结合，切实转变办学思想，深化体制改革和机制创新，更好地面向社会和市场办学。职业院校只有从计划培养向市场驱动转变，从政府直接管理向宏观引导转变，从重传统学科向重职业岗位能力转变，促进职教与生产实践、社会服务的深度融合，才能不断培养出更多的适合经济社会发展的急需人才。

第二，不断开创具有时代特色的培养模式是造就高级职业技术人才、解决毕业生就业难的根本途径。近年来，天津市把职业院校实行半工半读制度作为国家职教改革试验区的一项重要任务，纳入试验区建设总体规划，创新了工学结合、校企合作的培养模式。这一模式的推行，大大提高了职校毕业生的就业和创业能力，有效缓解了职教毕业生就业难的问题，既解决了目前企业渴求人才的燃眉之急，也为职教进一步的发展提供了动力和后劲。工学结合职教模式在天津这个最早创立它的地方，又重放异彩。天津职教模式再次证明，产教结合永远是职业教育的本质特征之一，实施工学结合的培养模式和半工半读制度理应成为职业教育的重要改革方向。

第三，实施"双师型"制度是打造德才兼备教师队伍的方向。师资队伍建设是当前职业教育发展中最薄弱的一环。天津职教模式取得成功，一个重要原因就是他们切实加强师资队伍建设，建立和完善了"双师型"的教师培养制度。实践证明，以前单一的"知识理论型"教师队伍已越来越不适应职业教育的发展，亟须进一步建立和完善职业院校教师到企业实践制度，支持实践性较强的专业教师申请和评聘第二个专业技术职务资格或相应的职业资格证书，支持职业院校面向社会聘请工程技术人员、高技能人才担任专业课教师或实习指导教师。

第四，市场主导是统筹和配置职教资源的必然选择。天津职教模式还启示我们，在社会主义市场经济条件下，职教资源的统筹和配置必须以市场为主导，以就业和生源两个市场为中心，不断拓展广度和开掘深度。实践证明，随着市场经济体制全面建立，职教只有全方位、立体式融入市场经济大潮，才能勃发生机，有所作为。市场对毕业生需要不需要，企业对毕业生欢迎不欢迎，经济社会对毕业生满意不满意，始终是衡量职教改革是否成功的根本标准。我们要牢固树立"大职教观""大市场观"，把职教改革放在整个社会经济发展和经济全球化的大背景下思考，努力探索出一条既符合中国国情又带有方向性、前瞻性、充满生机的职教发展道路。

开展中等职业教育督导　促进职业教育科学发展[*]

——《中等职业教育督导评估办法》解读

日前，教育部印发了《中等职业教育督导评估办法》（以下简称《办法》），就建立中等职业教育督导评估制度，开展中等职业教育督导评估，促进中等职业教育发展，作出了政策规定和设计。这是贯彻落实《中华人民共和国职业教育法》和《国家中长期教育改革和发展规划纲要（2010—2020 年)》，全面推进《中等职业教育改革创新行动计划（2010—2012 年)》实施的重要举措，对于督促各地认真履行发展中等职业教育职责，推动中等职业教育改革创新，加快现代职业教育体系建设，推进职业教育快速发展具有重要意义。

一、出台《办法》是适应中等职业教育改革发展新形势，完善中等职业教育督导制度，推动中等职业教育发展的需要

（一）《办法》是为适应中等职业教育改革发展的新要求出台的。进入 21世纪以来，党中央、国务院明确了职业教育作为"我国经济社会发展的重要基础

---

*　原文刊载于《中国职业技术教育》2012 年第 13 期。

和教育工作的战略重点"的重要地位，指出"发展职业教育是推动经济发展、促进就业、改善民生、解决'三农'问题的重要途径，是缓解劳动力供求结构矛盾的关键环节，必须摆在更加突出的位置"。2002年到2005年间，国务院三次召开全国职业教育工作会议，先后出台了《国务院关于大力推进职业教育改革与发展的决定》《国务院关于大力发展职业教育的决定》等重要文件，指明了职业教育改革发展方向，提出了重点发展的目标任务，并明确了各级政府统筹管理责任。2010年7月，教育规划纲要对未来10年职业教育改革发展的目标、任务、措施作出明确规定。2010年11月，教育部印发《中等职业教育改革创新行动计划（2010—2012年)》，提出"到2012年，中等职业教育服务国计民生的能力显著增强，保障事业发展的政策、制度和重大机制基本健全，改革创新实现整体跨越，人才培养质量、社会吸引力大幅提升，就业贡献率、经济贡献率明显提高"的目标，为中等职业教育的发展指明了方向。如何贯彻落实党中央、国务院的重大部署以及教育部的相关文件精神，推动中等职业教育又好又快发展，需要建立一系列政策措施和工作机制予以保障。《办法》就是其中之一。

（二）《办法》是为适应中等职业教育改革发展新进展出台的。在党中央、国务院的高度重视和大力推动下，近年来，全国各地先后出台了适合当地实际的大力发展职业教育的政策文件，中等职业教育事业发展迅速，基本实现了中等职业教育与普通高中教育招生规模大体相当，人才培养规模与服务社会能力取得新突破；初步形成了以政府投入为主的经费保障机制，生均经费水平明显提高，基础能力与教师队伍建设取得新成效；以顶岗实习为关键环节的工学结合的人才培养模式改革取得明显成效，办学模式与人才培养模式实现新探索。天津作为教育部与地方政府联合共建的第一个国家职业教育改革试验区，在政府办学的基础上，积极发挥行业在发展职业教育中的骨干作用，先后组建了16个职教集团，使单一的职业教育体制机制逐步向多元化方向转化；上海对技工学校与中专学校、职业高中实行归口统一管理，有效整合了全市各类中等职业教育资源。新疆成立了自治区职业教育工作领导小组作为省级统筹机构，加强宏观指导；广西制订《广西壮族自治区职业教育攻坚评估验收办法》，确定职业教育攻坚各项工作的评估标准，建立职业教育督导评估制度和广西职业教育攻坚工作督导检查评估专家库。浙江于2008年发布《宁波市职业教育校企合作促进条例》，宁波成为全国首个为职业教育校企合作专门立法的城市。《办法》的出台，就是通过中等职业教育督导，找出制约各地中等职业教育发展的问题和症结，发掘各地中等职业教育工作中的新方法、新经验、新成果，为督促省级人民政府及相关部门认真履行发展中等职业教育的职责，进一步推动中等职业教育的发展，建立一套合理的监督评价体系。

（三）《办法》是为适应中等职业教育发展新挑战出台的。尽管党中央、国务院对于发展中等职业教育高度重视，各地也进行了切实可行的实践探索，中等职业教育仍然存在一些问题，如政策法规落实尚不到位；专业建设适应性不强；学校办学条件达标率普遍较低，提高专业课教师的实践指导能力仍面临困难；行业企业参与中等职业学校的教育教学管理、专业设置和课程建设仍不充分，校企合作办学的长效机制尚未建立。这些问题的出现使中等职业教育改革发展面临新的挑战。要解决这些困难和问题，亟待通过一套科学设计、量度合理、符合中等职业人才发展需要和中等职业学校办学规律的标准，评估各地中等职业学校办学质量、监督中等职业学校办学行为、引导中等职业教育健康有序发展。《办法》正是在这一背景下应运而生的。

（四）《办法》是为适应教育规划纲要对教育督导制度的新规定出台的。教育规划纲要明确提出要开展高中阶段教育督导检查，强化对政府落实教育法律法规和政策情况的督导检查。《中等职业教育改革创新行动计划（2010—2012年)》明确提出教育督导部门要会同相关部门制定中等职业教育督导评估办法，编制并发布中等职业教育国家教育督导报告，建立和完善督导评估工作机制。为贯彻教育规划纲要和《中等职业教育改革创新行动计划（2010—2012年)》精神，针对职业教育这一国家重视、群众关心、社会关注的问题，在先后多次广泛征求各级政府、学校特别是基层校长、教师和学生的意见、建议后，教育部于2011年底出台了《办法》。

（五）《办法》是在中等职业教育督导取得新成效的基础上出台的。2010年，国家教育督导团对天津、河南、广西、湖北、重庆、四川等5个国家职业教育改革试验区工作进行了专项督导检查，随机抽查了8个市、22个县（市、区）、42所职业院校及11个校企合作的企业，促进了职业教育发展。2011年7月，国家教育督导团从战略地位与政策落实、事业发展与社会贡献、资源配置与经费保障、人才培养与改革创新等四个方面，对全国各地中等职业教育发展状况进行总体评价，并发布《国家教育督导报告：关注中等职业教育》。在《报告》发布之前，国家教育督导团首次采取约谈方式，要求部分存在问题的省区到教育部，与分管副部长面对面交流如何做好整改工作。这些创新手段为制定《办法》奠定了基础。

二、《办法》规定中等职业教育督导评估要重点围绕中等职业教育发展的宏观政策建议和制度创新、经费投入、办学条件保障及发展水平与特色展开

《办法》主要关注中等职业教育发展的宏观政策建设与制度创新、经费投入、办学条件保障及发展水平与特色等方面的问题。围绕这些问题，《办法》设计了《中等职业教育督导评估指标体系》《中等职业教育督导评估标准》及《中等职业教育督导评估有关情况调查表》三项测量工具。

《中等职业教育督导评估指标体系》以百分制为总分计，共设四个一级指标，分别为政策制度、经费投入、办学条件和发展水平，再由此细分出30个二级指标以及指标权重。

（一）政策制度

政策制度中包括政策建设和制度创新两个指标分类，下设7个二级指标，其中，职业教育规划、教产合作与校企合作、学生资助与免学费、教育管理与教师队伍管理占有4%的指标权重，联席会议制度、就业准入与职业资格、质量保障与评价考核占有3%的指标权重。

（二）经费投入

经费投入中包括总量投入和专项投入两个指标分类，下设7个二级指标。其中中职预算内教育经费占预算内教育经费总量的比例、教育费附加安排用于职业教育的比例、中职生均预算内教育事业费与普通高中之比、中职生均预算内公用经费占生均预算内教育事业费的比例占有4%的指标权重，师资队伍建设师均投入经费年增长率、免学费的中职学生数占在校生总数的比例、获得国家助学金的中职学生数占在校生总数的比例占有3%的指标权重。

（三）办学条件

办学条件中包括基础设施和教师队伍两个指标分类，下设11个二级指标。其中，中等职业学校办学条件达标率、专任教师师生比、"双师型"教师比例占有4%的指标权重，生均实训基地建筑面积、生均仪器设备值、教学用计算机拥有量、高级专业技术职务教师比例、教师学历达标率、兼职教师比例、教师培训规模占有3%的指标权重，省市级专业带头人或骨干教师的比例占有2%的指标权重。

（四）发展水平

发展水平包括发展规模和教育质量两个指标分类，下设5个二级指标。其中，中等职业教育发展特色占有4%的指标权重，高中阶段招生职普比、职业培训规模、中职毕业生一次就业率占有3%的指标权重，中等职业教育的社会满意度占有2%的指标权重。

《中等职业教育督导评估标准》对《中等职业教育督导评估指标体系》的

每一个二级指标进行了细致阐释，相当于实施督导评估的工作细则；《中等职业教育督导评估有关情况调查表》详细列出每一项指标的核算方法、计算公式及事项说明，供各级教育行政主管部门和基层中等职业学校如实填写、及时反馈。这三项测量工具，是运用现代教育管理和评价的理论、方法，借鉴德国、日本等职业教育发展先进的国家的有益经验，结合我国中等职业教育长远发展的目标和近期建设的重点，自主设计的首套专项督导评估办法。这三项测量工具相辅相成，缺一不可，一目了然，便于操作，有助于发挥教育督导监督、导向、激励、调控功能，保障中等职业教育发展目标的实现。

三、《办法》规定中等职业教育督导评估要严格按程序进行

《办法》中提出，中等职业教育督导评估将采取自查和实地督导相结合的方式，按照以下程序和步骤进行。

第一，由国家教育督导团向省级人民政府发出中等职业教育督导评估工作通知，就开展中等职业教育督导评估工作提出要求，作出安排。

第二，省级人民政府接到督导评估工作通知后3个月内，组织政府相关职能部门根据本办法先进行自查，填写《中等职业教育督导评估有关情况调查表》，完成自查报告，并报送国家教育督导团办公室。各省（区、市）报送的《中等职业教育督导评估有关情况调查表》中的数据，应以公开统计数据为准，没有公开统计数据的以自行上报数据为准，省级人民政府对上报的数据的真实性负责。

第三，国家教育督导团依据《中等职业教育督导评估标准》，对各省（区、市）报送的相关材料进行审核和评估。同时，按照督导工作安排，组织国家督学和有关专家，选取部分省（区、市）进行实地督导。

第四，国家教育督导团根据审核评估和实地督导的结果，向各省级人民政府下达中等职业教育督导意见书，向社会发布中等职业教育督导检查公报。

第五，各省（区、市）根据国家教育督导团的督导意见书制定整改措施，进行认真整改，在接到督导意见书3个月内，将整改方案书面报告国家教育督导团。国家教育督导团根据各地整改情况进行复查。

四、《办法》对如何确保中等职业教育督导评估的效果从表彰与问责两方面作出规定

《教育部关于印发〈中等职业教育督导评估办法〉的通知》中明确指出，中等职业教育督导评估的结果主要用于反映各省（区、市）中等职业教育发展的基本情况，总结各地中等职业教育发展的经验与特色，指出发展中存在的问题和建设方向。同时作为对被督导检查单位及其主要领导表彰奖励和责任追究的重要依据。对中等职业教育发展和改革成效突出的省级人民政府及相关部门，国家将予以进行表彰；对于发展职业教育职责落实不到位的省级人民政府及相关部门给予通报批评。

做好中等职业教育督导评估工作，需要各地教育行政部门和教育督导部门的高度重视，周密部署，需要各地根据实际，制定切实可行的实施方案，需要各地中等职业院校齐心协力，共同推动。《办法》的出台仅仅是推动我国中等职业教育督导评估工作迈出的第一步，关键还要看落实情况。各地要以《办法》的出台为契机，积极探索推动中等职业教育发展的保障体系，为建立政府主导、行业指导、企业参与的职业教育办学体制机制作出贡献。

推动办好适应社会需求的高等职业教育 *

　　职业教育是经济社会发展的重要基础和教育工作的战略重点，为保障和促进职业教育发展，国家先后发布《中华人民共和国职业教育法》《国务院关于大力推进职业教育改革与发展的决定》《国务院关于大力发展职业教育的决定》等法规政策文件，系统部署职业教育的发展规划。《国家中长期教育改革和发展规划纲要（2010—2020年）》进一步提出职业教育发展的目标和任务，明确指出"发展职业教育是推动经济发展、促进就业、改善民生、解决'三农'问题的重要途径，是缓解劳动力供求结构矛盾的关键环节，必须摆在更加突出的位置"。党的十九大提出要"完善职业教育和培训体系，深化产教融合、校企合作"，对发展中国特色职业教育提出新要求和新定位。习近平总书记在全国教育大会上提出"九个坚持"和"六个下功夫"，为做好新时代教育工作提供了根本遵循。按照党中央、国务院部署，经过不懈努力和稳步建设，我国高等职业教育目前已经形成世界最大规模的职业教育体系，成为推动我国经济社会发展的重要力量。

---

　　*　原文刊载于《中国高等教育》2018年第21期。

努力提高适应社会需求的能力，是高等职业教育发展的重要方向和目标，这是由高等职业教育的定位和社会发展对高等职业教育的现实需求决定的。一方面，高等职业教育主要培养工作在生产、经营、服务、管理第一线的技术应用型高素质专门人才，也就是培养既具有大学程度的专业知识，又具有高级技能，能在现场进行技术操作、指导和管理的高级应用技术人才和管理人才。另一方面，高等职业教育的发展必须满足经济社会发展对高等教育的需求，这是高等职业教育继续存在并不断发展的根本所在。

为促进高等职业教育提升适应社会需求能力，按照教育"管办评"分离的制度设计，国家教育督导着力构建和完善高等职业教育事业适应社会需求能力评估制度。2016 年 3 月，国务院教育督导委员会办公室印发《高等职业院校适应社会需求能力评估暂行办法》，同年 6 月印发《关于开展 2016 年全国职业院校评估工作的通知》，并委托专业第三方机构对全国高等职业院校适应社会需求能力进行了首轮评估。实践证明，教育督导统筹组织、第三方专业机构具体实施的督导评估，是促进高等职业教育发展、提升适应社会需求能力、提高教育质量和办学成效的关键手段。

开展专项的适应社会需求能力评估，督促指导优化高等职业教育的专业和课程设置。我国高等职业院校培养出来的学生，必须要适应社会主义现代化要求，具有综合能力和全面素质，适应生产自动化和工种复杂化的职业需求，并且要能够直接从事生产、服务、技术和管理等一线工作，是集应用性、技能性、操作性和专业性于一身的复合型人才。要达到这一培养目标，必须依靠教育督导机构和专业的第三方机构开展专项评估，对高等职业教育适应社会需求能力进行评价，科学分析存在的问题，提出有效的整改建议并督促落实，促进各高等职业院校的专业和学科设置更加符合实际需要和经济发展需求，并能根据不同时期、不同行业的变化和人才市场的需求变化适时进行调整。同时，通过定期开展专项督导评估，还可以促进各高等职业院校优化教学计划制定和教学实施，推动高等职业教育在课程和教材建设上有针对性地根据市场对职业教育的需要进行改进，推动高等职业教育真正办出特色，与社会需求接轨。

开展专项的适应社会需求能力评估，保障高等职业教育的基础能力建设到位。职业教育要适应市场需求，培养懂技术、精专业的高水平人才，对职业学校的基础设施投入和"双师型"师资有较高的要求。职业教育的教师需要既懂教学，又懂职业，既有较好的教育学术背景，又有较专业的职业背景，既有较高的理论教学水平，又有丰富的实践教学能力。近年来，经过不懈努力，我国高等职业教育基础办学能力已经明显提升，"双师型"队伍建设也大有成效。当前，还需要进一步加大高等职业教育信息化建设力度，更加强化专职教师培训和发挥企业兼职教师实践教学作用，并在丰富高等职业院校实践教学资源等方面加大投入。在开展适应社会需求能力评估时，设置相应的指标，督促有关部门落实投入职责，加强基础设施配备以满足教学需要，同时指导加强"双师型"队伍建设，推动提高教育教学质量。

开展专项的适应社会需求能力评估，促进高等职业教育更加符合人才市场需求。科学技术的进步和更新换代、产业结构的不断变革、国家宏观政策的调控和调整等，都会造成社会对人才需求的变化。相对于社会需求的变化，高等职业教育人才培养的周期较长，会形成高等职业教育与社会需求的不匹配。这就需要定期开展适应社会需求能力评估，对高等职业教育专业设置对接产业情况进行动态监测评估，帮助高等职业教育把握市场现状和发展趋势，充分考虑人才的现实需求和未来需要，促进高等职业院校培养更加适应市场需求的人才。

从2016年起，国务院教育督导委员会办公室部署开展全国高等职业院校适应社会需求能力评估，重点针对上述几个方面，就我国高等职业教育的院校布局情况、专业设置对接产业情况、基础办学能力情况、"双师型"队伍建设情况、实践教学资源建设情况等进行了科学统计分析，梳理了存在的主要问题，提出了可行的建议，这项评估工作已经初步开始发挥应有的作用。下一步继续开展高等职业院校适应社会需求能力评估，还应加强经验总结，更加结合实际，优化指标设置和程序，不断提高评估成效。

要加大评估结果使用力度。完善高等职业院校适应社会需求能力评估报告和有关数据信息发布制度，按照《高等职业院校适应社会需求能力评估暂行办法》，及时发布高等职业院校自评报告、省级评估报告和国家评估报告，接受社会监督，引导社会关心支持高等职业教育发展。加大评估数据开放和使用的力度，推动以评估数据为基础的高等职业教育深度研究。督促指导各地根据评估数据对高等职业教育发展的问题进行科学诊断分析，在大样本和长期持续评估的基础上，加强横向对比和纵向分析研究，根据科学分析结果提出工作建议、制定整改方案并及时有效落实，切实解决高等职业教育发展存在的问题和不足，提高适应市场需求服务经济社会发展的能力。

要进一步激发地方开展适应社会需求能力评估的主动性。指导各地通过自主实施评估、委托第三方实施评估等模式，推动评估实践的专业化和研究的深入，指导地方积极开展高等职业教育适应社会需求能力评估，在国家评估对地区分类评价的基础上，进一步对当地各高等职业院校进行具体评价，摸清各院校办学基本情况和专业发展优势，梳理存在的问题并提出具体改进建议，与国家高等职业教育适应社会需求能力评估形成互为补充、共同促进的良好局面。

要推动高等职业教育教学改革深化。决胜全面建成小康社会，夺取新时代中国特色社会主义伟大胜利，使我国技能型人才培养面临前所未有的紧迫感和使命感，科学技术的快速发展对劳动者综合素质提出了新的要求，产业结构与就业结构变化使劳动力跨行业流动性增加，对高等职业教育培养高水平人才的要求越来越高。以评估为促进，要促进高等职业院校更新教育观念，为学生提供更科学的学习制度；要促进高等职业院校改革教学方法，使教学方法的改革与学生状况的变化相适应，与现代化教学设施的建设相适应，与市场需求相适应，调动学生的学习积极性，提高教学的有效性；要促进高等职业院校更加尊重学生的个性特点与意愿，积极帮助学生正确认识自己，了解社会需求，明确自己的发展方向，适应社会需求和发展。

要促进高等职业院校与企业更加密切结合。加大"校企合作"力度，对于推动高等职业教育提高适应社会需求能力至关重要。要推动高等职业教育深入贯彻落实党的十九大关于"完善职业教育和培训体系，深化产教融合、校企合作"的要求，对企业联合举办职业院校、企业与职业院校合作办学、企业接受职业院校学生实习和教师实践等方面进行科学统计和评估，促进高等职业教育与现代产业紧密结合。

习近平总书记在全国教育大会上对当前和今后一个时期教育工作作出了重大部署，将我国教育事业的规律性认识概括为"九个坚持"，并提出了"六个下功夫"的明确要求，为新时代加快推进教育现代化、建设教育强国、办好人民满意的教育指明了前进方向，提供了根本遵循。继续开展好高等职业教育适应社会需求能力评估，对于推进中国特色高等职业教育全面发展有重要意义，需要不断优化指标和评估流程，把这项工作打造成为贯彻落实党的十九大精神和习近平总书记在全国教育大会上重要讲话精神的重要举措和实际行动。

打造中国职教新品牌 *

党的二十大报告提出"统筹职业教育、高等教育、继续教育协同创新"，将职业教育列为与高等教育并重的教育体系，体现了党和国家对职业教育的高度重视，进一步明晰了职业教育定位，为职业教育的新格局新发展奠定了基础，是做好新时期职业教育的根本遵循。

职业教育是国民教育体系和人力资源开发的重要组成部分。党的十八大以来，党中央高度重视职业教育，出台关于加快发展现代职业教育的决定，印发《国家职业教育改革实施方案》《关于深化产教融合的若干意见》《关于推动现代职业教育高质量发展的意见》等系列文件，修订实施《中华人民共和国职业教育法》，发展政策环境更加优化，教育类型定位更加明确，现代职业教育体系趋于完善，办学路子更加宽广，职普融通、产教融合、科教融汇，服务经济社会发展能力进一步增强，在守正创新中实现了新的历史跨越，进入了提质培优、增值赋能的新阶段。

也应看到，我国职业教育仍存在职教品牌不够鲜明、师资队伍不强、企业

---

* 原文刊载于《经济日报》2023 年 4 月 24 日第 11 版。

参与不够积极、办学质量参差不齐等问题，对照《关于推动现代职业教育高质量发展的意见》提出的"到 2025 年，职业教育类型特色更加鲜明，现代职业教育体系基本建成，技能型社会建设全面推进"的目标，尚有较大差距。

纵观世界各国的教育发展史，职业教育在教育整体水平提升、支撑国家发展方面，都起到了重要作用。随着经济社会发展对劳动力需求日益多样化，不少国家重视发展各种形式的职业教育，提升劳动者职业技能，建立起特色鲜明的职业教育体系，具有借鉴意义。

德国的职教模式，是世界公认的成功模式。其职业教育体系由学校本位的职业教育和企业本位的"双元制"职业教育构成，"双元制"深受企业、学校、学生认可，并且有联邦的法律作为保障，是一个系统严密、科学规范的教育体系。据德国政府发布的《职业培训报告 2019》，其职业培训领域的初学者达到 72.27 万人，其中近七成选择"双元制"，"双元制"也被称为德国"专业人才保障的支柱，保持和增强德国经济竞争力和创新力的支柱，社会稳定团结和谐的核心"。

德国的职业教育具有准入机制严格、评价体系多元和文化有效支撑等特点。在准入机制方面，德国职教教师准入标准《实训教师资格条例（AEVO）》由联邦政府制定，规定实训教师必须提供职业教育教学技能等证明，通过 AEVO 考试获得相关资格；同时也要求申请者具备 3 年企业工作经历。在评价体系方面，德国《职业教育法》规定手工业协会等行业协会以及由雇主、雇员、教师组成的考试委员会是实践性课程的评价主体。由于其考试委员会中雇主及雇员代表至少占委员总数的三分之二，因此实践性课程评价呈现多元化特点，其结果也以企业评价为主导。在文化基础方面，德国有着深厚的制造业文化，其"双元制"职业教育能够大放异彩即源于文化的滋养，并成为支撑其职业教育兴盛的独特基因。

新时代新征程，我国职业教育的未来发展，在充分传承弘扬工匠文化、师徒文化等优秀传统基础上，应充分学习借鉴世界发达国家发展职业教育的成功经验，加强国际交流互鉴，扬长补短，打造中国职教新品牌。

一是提升职教品牌吸引力。走内涵式发展道路，通过强化内涵建设，凸显类型特色，打造职教品牌，进一步提升品牌吸引力。推动新技术融入课堂教育，促进传统工艺与高科技有机融合，加快专业升级改造提升，打造一批示范院校，培养一批有知识、有文化、有技术的大国工匠，切实提升全社会对职教事业的认可，营造重视职教的文化氛围。

二是提升教师引领力。师资队伍建设仍是当前职业教育发展的薄弱一环，要深化"双师型"制度，打造德才兼备的教师队伍，提升教师引领力。职教实践证明，单一的知识理论型教师已不适应职业教育当前发展要求，亟须进一步建立完善职业院校教师定期到企业实践制度，支持专业教师申请和评聘第二个专业技术职务资格或相应职业资格证书，支持职业院校面向社会聘请工程技术人员、高技能人才担任专业课教师或实习指导教师。

三是提升毕业生胜任力。职业教育最终要面向市场，应坚定不移走产教融合发展道路，切实提升毕业生在未来职场的胜任力。大胆改革职业教育办学模式、教学方式、实习实训方式等，积极探索工学结合、校企合作、订单培养人才等灵活培养模式。支持师生走向生产和社会实践一线，推动企业在学校建立紧缺人才培养基地，尝试建立校企合一的办学实体，鼓励企业参与学校管理，不断完善校企合作、产教相融的职教运行机制，不断培养新时代高素质的技能人才。

第四篇

高等教育发展

本篇是作者关于高等教育改革和发展的一些思考。随着从教育行政管理岗位到大学领导岗位的转换，作者对高等教育的关注和思考也从高等教育评估向高校智库建设、"双一流"建设、哲学社会科学研究、人才培养、高等教育综合改革等领域不断拓展延伸，紧跟时代步伐，扣准高等教育发展的脉搏，在宏观、中观、微观各个层面深入研究，进行了全方位的探索思考。

推动高等教育强国建设行稳致远 [*]

党的十八大以来，以习近平同志为核心的党中央坚持把教育作为国之大计、党之大计，作出加快教育现代化、建设教育强国的重大决策，推动新时代教育事业取得历史性成就、发生历史性变革。当前，我国已建成世界上规模最大的教育体系，各级教育普及程度达到或超过中高收入国家平均水平，教育现代化发展总体水平跨入世界中上国家行列，其中义务教育普及程度达到世界高收入国家平均水平，高等教育实现了从大众化到普及化的历史性跨越，新征程上的教育事业进入了全面推进高质量发展和现代化建设新阶段。5月29日，中共中央政治局就建设教育强国进行第五次集体学习，习近平总书记在主持学习时专门就建设教育强国发表重要讲话，高度肯定了新时代教育事业取得的显著成就，深刻系统阐述了中国特色社会主义教育强国的丰富内涵，科学全面回答了建设教育强国的一系列重大问题，为强国建设、民族复兴新征程上加快建设教育强国，指明了前进方向、提供了根本遵循。

建设教育强国，是全面建成社会主义现代化强国的战略先导，是实现高水

---

* 原文刊载于《光明日报》2023年7月10日第6版。

平科技自立自强的重要支撑，是促进全体人民共同富裕的有效途径，是以中国式现代化全面推进中华民族伟大复兴的基础工程。建设教育强国，龙头是高等教育。高等教育是科技第一生产力、人才第一资源和创新第一动力的最佳融合点，在教育、科技、人才"三位一体"战略部署中具有重要地位与价值。高等教育强国是教育强国的重要标志，没有高等教育强国就谈不上教育强国。我们要深刻领会习近平总书记对建成教育强国的殷殷嘱托，全面贯彻党的教育方针，坚持以人民为中心发展高等教育，适应中国式现代化建设的新要求，适应高等教育发展的新趋势，适应人民群众对于高等教育的新期盼，不断加快建设高等教育强国步伐。

1. 坚定人才培养的正确方向

习近平总书记指出，我们要建设的教育强国，必须"以为党育人、为国育才为根本目标"。高校是人才培养的主阵地，要围绕"为谁培养人、培养什么人、怎样培养人"这一教育的根本问题，坚持用习近平新时代中国特色社会主义思想铸魂育人，把立德树人作为根本任务，全面贯彻党的教育方针，把为党育人、为国育才落到实处。旗帜鲜明讲政治，深刻领悟"两个确立"的决定性意义，增强"四个意识"、坚定"四个自信"、做到"两个维护"，不断深化党对教育工作的全面领导，持续完善德智体美劳全面发展、全员育人全过程育人全方位育人的体制机制，扎实走好新时代人才自主培养之路。把政治要求、政治纪律作为办学治校的首要标准，把社会主义办学方向融入思想政治教育、文化知识教育、社会实践教育各环节，贯穿学科体系、教学体系、教材体系、管理体系各方面。思想政治工作是学校各项工作的生命线，必须深入推进高校思想政治教育改革创新，因事而化、因时而进、因势而新，深化大中小学思想政治教育一体化建设，着力增强网络育人能力，不断提升思想政治教育的针对性与实效性。深入实施好"时代新人铸魂工程"，引导青年学生领悟新时代党的创新理论的真理魅力和实践伟力，在波澜壮阔的时代洪流中铸牢听党话、跟党走的立身之本和政治之魂，把牢走中国特色社会主义道路、为共产主义远大理想不懈奋斗的政治方向。把思想和行动统一到习近平总书记关于教育的重要论述上来，更加重视人才自主培养，培育创新文化，弘扬科学家精神，涵养优良学风，营造创新氛围，努力造就一批具有世界影响力的拔尖创新人才，培养更多高素质技术技能人才、能工巧匠、大国工匠，确保党的事业和社会主义现代化强国建设后继有人。

2. 坚定科学研究的价值取向

习近平总书记强调，要"大力加强基础学科、新兴学科、交叉学科建设，瞄准世界科技前沿和国家重大战略需求推进科研创新"。高校是新知识、新技术的重要发源地，承担着科学研究的主要职能，是国家创新体系的重要组成部分，应该担当起引领科学研究的职责与使命。高校要充分发挥创新资源集聚、创新活力持久和国际交流活跃的优势，聚焦国家战略需求、优化组织管理模式，发挥好基础研究的主力军和重大科技突破的生力军作用，服务高水平科技自立自强。要旗帜鲜明地坚持马克思主义对科研工作的指导地位，在立足中国特色社会主义伟大实践、借鉴人类优秀文明成果的基础上，着力打造融通中外的新概念新范畴新范式，构建具有鲜明中国特色、中国风格、中国气派的哲学社会科学学科体系、学术体系、话语体系。必须坚持以人民为中心的研究导向，以人民的需求引领学术追求，把学术研究融入党和国家改革开放的伟大事业之中、融入人民创造历史的伟大奋斗之中。进一步加强有组织科研，以服务中华民族伟大复兴为重要使命，以支撑引领中国式现代化为核心功能，注重以国家需求为导向，解决更多"卡脖子"问题；要注重从行业产业实际需求中凝练科学问题，加快产学研深度融合；注重推动科技评价改革、成果转化改革，实现从外延式扩张向内涵式高质量发展转变。要把学科建设作为发展根基，瞄准世界科学前沿和关键技术领域优化学科布局，整合传统学科资源，推进新工科、新医科、新农科、新文科建设，积极回应社会对高精尖技术和丰富精神文化的需求。加强基础学科、新兴学科、交叉学科建设，只有用好学科交叉融合的"催化剂"，以不断优化的学科体系提升科技创新实力，高校才能在坚决打赢关键核心技术攻坚战中当好"尖刀连""排头兵"。要深刻认识科学研究的复杂性、瞬间性、不确定性和难预测性等特点，充分尊重科学研究的自身规律，赋予科研人员更大的人财物自主支配权，充分调动积极性、激发创新活力，切实解开束缚广大科研人员手脚的不合理约束，为科研人员松绑减负。

3. 坚定适应新发展格局的服务面向

社会服务是高等教育的重要使命，是适应社会发展需要的必然结果，是高等教育发展的重要基础。习近平总书记强调的"坚持教育为人民服务、为中国共产党治国理政服务、为巩固和发展中国特色社会主义制度服务、为改革开放和社会主义现代化建设服务"，是新时代中国特色社会主义高等教育的重要使命，是高校积极发挥社会服务职能的责任担当。在新一轮科技革命的大背景下，高等教育要由被动适应，转变为主动融入并引领经济社会发展，更好地利用国内国际两个市场、两种资源，开拓适应新发展格局的开放合作局面，提升高等教育的核心竞争力。通过评价机制、资源配置方式与治理模式改革，构建与新发展理念、新发展阶段、新发展格局相适应的现代化高等教育体系。坚持创新链、产业链、人才链一体部署，精准把握社会需求，预判和引领社会需求，结合正在开展的学习贯彻习近平新时代中国特色社会主义思想主题教育，用好用活调查研究这个"传家宝"，积极开展调研走访，增进高校与政府、企业之间的交流互动，及时掌握国家整体和区域经济社会发展现状和现实需要，以高质量调查研究推动高质量发展。坚持教育发展、科技创新、人才培养一体推进，充分利用自身独特优势，因地制宜、因时制宜、因校制宜参与经济社会建设，提升服务社会的力度、深度、广度。聚焦人民群众对多样化优质高等教育的期盼和需求，立足内涵式发展深化高等教育综合改革，积极破除办好人民满意的高等教育过程中遇到的体制机制弊端，破解发展过程中的问题难题、堵点痛点，努力提高办学质量，不断满足人民群众对享有高质量高等教育服务的需要。高校要坚持以"四个服务"为价值取向，加强政产学研用深度融合，形成与国家发展战略、生产力布局和城镇化要求相适应的多层次、多样化教育发展新高地，更好地服务和融入新发展格局，加快推进高等教育大国向高等教育强国转变。

4. 坚定以文化人的育人导向

习近平总书记在文化传承发展座谈会上发表的重要讲话中强调，"要坚定文化自信、担当使命、奋发有为，共同努力创造属于我们这个时代的新文化，建设中华民族现代文明"。大学作为保存、传承、传播和创造社会主义先进文化的重镇，在中华民族现代文明和社会主义文化强国建设道路上，承担着文化传承创新光荣而艰巨的历史使命。我们要深刻领悟建设中华民族现代文明的重要意义，从中华优秀传统文化中汲取丰富营养，从中国式现代化建设的伟大实践中提炼升华，从与其他文明的交流互鉴中获得启发，更有效地推动中华优秀传统文化创造性转化、创新性发展。大学阶段是青年学生世界观、人生观、价值观形成的关键时期，大学生作为中国特色社会主义事业的接力者、继承者，能否坚定中国特色社会主义的道路自信、理论自信、制度自信和文化自信，关乎中国特色社会主义事业的兴衰成败，关乎中华民族的前途命运，关乎我们党的生死存亡，关乎我们国家的长治久安。要全面推动习近平新时代中国特色社会主义思想进教材、进课堂、进头脑，系统推进大中小学思想政治教育一体化建设，加快构建"大思政课"育人格局。有效利用重大纪念日契机和重点文化基础设施开展革命文化教育，润物无声地把红色种子深埋在青年大学生的心底。探索、挖掘和发扬中华优秀传统文化中的育人价值，提升大学生的文化品位，充分激发民族自信心和自豪感，提振青年大学生对中华民族伟大复兴的信心。扎实推进"五育并举"，将美育教育摆在突出位置，塑造课程体系，创造美育环境，以美育人、以美化人、以美培元，努力用美育浸润师生心灵。加强高校师生社会主义核心价值观教育，挖掘校史校风校训校歌的教育作用，建设特色校园文化，把高校建设成社会主义精神文明的理论高地、实践基地和传播重地。

5. 坚定国际交流的中国立场

习近平总书记强调："要完善教育对外开放战略策略，统筹做好'引进来'和'走出去'两篇大文章，有效利用世界一流教育资源和创新要素，使我国成为具有强大影响力的世界重要教育中心。"在全球教育治理中参与的广度与深度、在国际教育舞台中的影响力与话语权是判断一国教育实力强弱的重要依据。高等教育对外开放工作要坚持以习近平新时代中国特色社会主义思想为指导，坚持服务教育改革发展和国家对外工作大局，坚持稳中求进，更好统筹开放与安全，推动高等教育以更加开放、自信、主动的姿态走向世界舞台。高校在中外人文交流中要努力讲好中国故事、传播好中国声音，向世界展现一个真实、立体、全面的中国，增进国际社会对中国的理解和认同。坚持以我为主、兼收并蓄的立场和态度，将传统文化与现代文明更好衔接，全面把握中国与世界发展趋势，把中华优秀传统文化的精神标识展示出来，把社会主义先进文化的价值理念传播出去，把高校打造成传播文明、交流学术、推动合作的国际平台。国际化人才是我国参与全球人才竞争的核心要素，是参与和塑造全球治理体系的重要基础。在当前复杂多变的国际竞争格局环境下，我们必须加大开放合作力度，以更加开放的视野和政策吸引培育具有国际视野、家国情怀、全球胜任力的国际化人才，为全球可持续发展贡献中国力量、发出中国声音、展现中国活力。要构建中外教育交流合作新格局，积极服务"一带一路"建设，提升中外合作办学质量，吸引更多世界优秀学生来华留学，提高开放水平和国际影响力。加强对国外优质教育资源的借鉴、吸收和再创新，建设具有中国特色和国际竞争优势的专业、课程、教材、教学模式、管理模式、评价工具。要扩大和深化中外人文交流，全面加强与世界各国和国际组织的务实合作，在吸收借鉴人类一切优秀文明成果的同时，向世界贡献中国智慧、中国经验、中国方案，实现互利共赢，推动世界文明在交流中进步、发展。

以教育强国建设支撑中国式现代化，助推实现中华民族伟大复兴，是教育必须承担的时代责任和历史使命。习近平总书记在中共中央政治局第五次集体学习时的重要讲话，站在党和国家事业战略全局的高度，深刻回答了什么是教育强国、怎样建设教育强国的重大时代命题，系统阐述了加快建设教育强国对中华民族伟大复兴的有力支撑作用，体现了以习近平同志为核心的党中央对教育事业重要性，对中国特色社会主义教育发展规律的把握达到了前所未有的新高度。习近平总书记的重要讲话精神和党的二十大报告中关于实施科教兴国战略，强化现代化建设人才支撑的论述，一以贯之，一脉相承。我们要结合习近平总书记对高等教育的系列重要讲话，深刻把握蕴含其中的世界观方法论，在学深悟透、知行合一上下功夫，回答好"教育强国、高等教育何为"这个重大命题，进一步提升排头兵自觉，扛起排头兵担当，作出排头兵贡献，努力在教育强国建设中走在前、做表率，为实现中华民族伟大复兴贡献更多更大力量。

建好用好高等教育评估"指挥棒"*

一、改革高等教育评估制度的紧迫性和必要性

高等教育发展面临新使命、新任务。习近平总书记在全国教育大会上就人才培养、教育体系、教师队伍建设、教育体制改革、党对教育工作的全面领导提出了明确要求。他指出，教育对提高人民综合素质、促进人的全面发展、增强中华民族创新创造活力、实现中华民族伟大复兴具有决定性意义。基于评估工作对高等教育的重大导向性，有必要适应新时代要求全面改革和建设与高等教育强国建设相适应、符合基本国情和遵循教育规律的中国特色现代高等教育评估制度，推动深化教育教学改革和提升人才培养质量，落实党中央决策部署。这不仅是新时代赋予我国高等教育的重要使命，也是努力办好人民满意的更高质量、更加公平的社会主义现代化教育的基本要求。

提升质量是我国高等教育当前的核心任务。《国家中长期教育改革和发展规划纲要（2010—2020）》明确提出：把提高质量作为教育改革发展的核心任

---

* 原文刊载于《光明日报》2018 年 10 月 16 日第 16 版。

务，健全教学质量保障体系，改进高校教学评估；加强管理，不断提高研究生特别是博士生培养质量。2017 年，全国各类高等教育在学总规模达到 3779 万人，在全球所有国家和地区中列第一，高等教育毛入学率达到 45.7%，全国共有普通高等学校 2613 所。但在目标定位、教学理念、质量保障体系建设等方面，我国高等教育质量和发达国家相比还有一定差距，迫切需要通过评估来引导高校分类发展，在不同领域、不同层次办出水平、办出特色。

世界各国普遍高度重视高等教育评估。高校是知识的发源地和创新人才的产生地，正在对经济社会发展变革和人类文明的进步产生越来越重要的影响。基于高等教育的重要作用，各国积极将建立并不断完善高等教育评估，推动质量保障体系建设作为提高高等教育质量的核心手段，如英国开展高等教育质量评估主要包括课程评估、教学质量与学术质量评估、科研水平评估等；美国主要通过非政府组织的认证、排名和博士点评价等活动来保障高等教育质量。

我国高等教育评估工作需要不断改进完善。教育部、财政部、国家发展改革委印发的《关于高等学校加快"双一流"建设的指导意见》明确提出"要积极探索中国特色现代高等教育评估制度"。虽然高等教育评估工作取得了显著成效，评估工作不能完全适应高等教育快速发展、不能完全符合质量提升导向的需要，特别是在评估体制机制、评估理念和评估标准、评估技术和方法等方面都需要继续改革完善。

二、探索中国特色现代高等教育评估制度的总体思路

探索建设中国特色现代高等教育评估制度，就是要以习近平总书记在全国教育大会上重要讲话精神为指引，从评估工作的四大关键环节入手，聚焦创新高等教育评估体系设计、重构评估技术和评估指标体系、强化高校内部质量文化建设、建立以评促建长效机制，推动深化高等教育体制机制改革，持续提升教育教学水平和人才培养质量，加快教育强国建设。

首先，改革创新高等教育评估体系设计，建立"一平台、三支柱、三机制、三标准"的评估总体框架，形成动态监测、定期评估和督导复查相结合，贯通本科教育和研究生教育的新型评估体系。按照习近平总书记在全国教育大会上的"九个坚持"——即坚持党对教育事业的全面领导，坚持把立德树人作为根本任务，坚持优先发展教育事业，坚持社会主义办学方向，坚持扎根中国大地办教育，坚持以人民为中心发展教育，坚持深化教育改革创新，坚持把服务中华民族伟大复兴作为教育的重要使命，坚持把教师队伍建设作为基础工作的重要指示精神，以及深化教育领域"放管服"改革、大幅减少各类检查、评估、评价的总体要求，创新评估体系设计，整合现有评估工作，充分释放高等教育事业发展生机活力。下一步，要加快梳理现有评估工作，按照"加强监测、优化评估、健全机制、制定标准"的原则，建立"一平台、三支柱、三机制、三标准"评估体系。

一是要建设"一个平台"。利用互联网和大数据技术，建设高等教育质量监测国家数据平台，形成覆盖高等教育全流程、全领域的质量监测网络体系，建立教育教学质量预警机制，将高等教育质量保障体系进一步覆盖到质量发展的全过程。

二是要建立"三个支柱"。建立院校评估、本科专业评估和研究生专业学位水平评估、博士硕士学位论文抽检三大制度。三类评估从院校、学科专业、学生等三个层次，构建贯通本科教育和研究生教育的主要评估工作。院校评估侧重评价学校整体本科人才培养工作及其质量；本科专业评估和研究生专业学位水平评估则深入到专业和学科领域，评价具体专业人才培养和质量工作；博士硕士学位论文抽检则从微观层面，直观呈现学生学习质量。

三是健全"三个机制"。就是构建以高校自我评估为主体的内部质量保障机制，构建以政府、专门机构和第三方为主体的外部质量保障机制，以国际交流合作作为主的国际高等教育质量保障机制，进一步将着力点放在高校内部质量保证机制构建上。

四是研制"三个标准",即:高校内涵发展标准、高校分类发展标准、人才培养质量基本标准,将评估重点确定为高校对基本标准、基本规范的执行上。

其次,以人才培养质量为导向,更新评估理念、创新指标体系,落实立德树人根本任务,引导高校特色优势发展以满足中国政治经济社会发展需要,服务中华民族伟大复兴。全面落实习近平总书记在全国教育大会关于教育评价的重要指示精神,更新评估理念、创新评估指标体系,注重加强对办学方向、标准、质量的规范引导,注重对高校人才培养目标定位、人才培养质量、社会满意度等方面的评价。

一是树立"以学生为中心"的评估理念。以教育工作的根本任务和教育现代化的方向目标为指引,将学生体验和学习效果纳入高等教育评估内容,把质量重心转向教育教学实践过程和学生的学习上来,重点评价教育教学过程的监控管理和学生学习过程、学习经验和学习效果,使教育评估真正服务于学生发展。

二是构建以质量为核心的评估指标体系。聚焦人才培养质量,建立以培养目标达成情况、培养过程质量、学生学业质量、教师队伍质量、社会评价质量为重点的人才培养质量评估指标体系,加强对高校内部质量的质量保证体系建设和办学基本条件规范性的监督,推动高校教育从规模增长向质量提升转变。

三是全面落实立德树人根本任务。将立德树人作为检验高校一切工作的根本标准,将对高校立德树人的评估标准细化为高校培养学生坚定理想信念、厚植爱国主义情怀、加强品德修养、增长知识见识、培养奋斗精神、增强综合素质、弘扬劳动精神等方面的情况,推动加快构建德智体美劳全面培养的教育体系,形成更高水平的人才培养体系。

最后,持续推进高等学校质量文化建设,落实以评促建长效机制,加快建立高等教育督导评估复查制度。充分认识质量文化在高等学校评估和质量保障体系建设中的基础性、关键性作用，将高校内部质量保证体系建设、制度制定执行效果、质量文化建设作为评估的重要内容，激励高校将质量文化内化为全校师生的共同价值追求和自觉行为，强化高校质量保证体系建设，注重教育督导部门评估引导和学术组织、行业部门和社会机构积极参与的质量文化建设体系。强化督导评估结果使用，落实《教育部关于加快建设高水平本科教育，全面提高人才培养能力的意见》要求，建立动态监测、定期评估、督导复查三位一体质量监督机制，通过开展"回头看"整改情况督导复查，督促学校做好整改落实，巩固合格评估成果，形成内部与外部质量保障相结合、动态监测与周期评估相结合、定性评估与定量评估相结合的高等学校教育评估工作规范，建立以评促建长效机制，全面提升人才培养质量。

探索中国特色现代高等教育评估制度
全面提升人才培养质量 *

习近平总书记在 2018 年全国教育大会上强调，新时代新形势，改革开放和社会主义现代化建设、促进人的全面发展和社会全面进步对教育和学习提出了新的更高的要求。提出要深化教育体制改革，健全立德树人落实机制，扭转不科学的教育评价导向。学习贯彻落实习近平总书记重要讲话精神和全国教育大会要求，要坚持改革创新，坚持教育公平，推动高等教育从规模增长向质量提升转变，以教育现代化支撑国家现代化。在新的历史时期，探索中国特色现代高等教育评估制度，建好、用好评估"指挥棒"，切实提高人才培养质量，已成为高等教育强国建设必须解决的重大问题。

一、我国高等教育评估工作取得的新成效

2013 年教育部印发《关于普通高等学校本科教学评估工作的意见》，2014 年教育部、国务院学位委员会印发《关于加强学位与研究生教育质量保证和监督体系建设的意见》，分别从本科和研究生教育两个层面，建立高等教育评估

---

* 原文刊载于《中国高教研究》2018 年第 10 期。

制度。为适应我国教育治理体系与治理能力现代化建设新形势，教育督导部门以全面深化教育体制机制改革为突破口，以保障教育教学质量为主线，面向本科和研究生教育两个层级开展高等教育评估，基本形成了以高校自我评估为基础，以教育行政部门监管为引导，学术组织、行业部门和社会机构积极参与的高等教育内部质量保证体系和外部质量监督体系，为高等教育内涵式发展提供了有力支撑。

1.高校质量保证的主体作用更加明显。高校普遍加强了内部质量保证体系建设，按照本科和研究生教育两个层级，根据学校人才培养目标，围绕教育教学条件、教育教学过程、教育教学效果、人才培养质量等制定管理政策，明确相关责任，公开教育教学相关信息，构建自我激励约束机制，建立以本科教学质量报告、研究生教育质量调查和质量报告、学位授权点合格评估自评报告、本科院校评估自评报告为典型代表成果的内部质量保证体系。2017年国家教育督导部门推动实现了全国所有普通本科高校公开本科教学质量年度报告，主动回应社会关切、接受社会监督。

2.院校分类评估推进高校持续发展。国家教育督导部门对全国本科院校实行分类的院校评估，对新建本科院校实行合格评估，对其他普通本科院校实行审核评估。合格评估重点考察学校的基本办学条件、基本管理规范、基本教学质量和学校服务地方经济社会发展的能力、应用型人才培养的能力，目前已完成200余所高校的合格评估。审核评估是在我国首次实行的新型评估模式，核心是对学校自我评估中人才培养目标与培养效果的实现状况进行判断，重点考察办学定位和人才培养目标与国家和区域经济社会发展需求的适应度，教师和教学资源条件的保障度，教学和质量保障体系运行的有效度，学生和社会用人单位的满意度等。2014—2018年国家教育督导部门将完成近700所高校的审核评估。院校评估效果明显：一是推动不同高校办出水平、办出特色，高校目标定位更趋于合理，积极参与并有力支撑了区域经济社会的发展。二是促进了办学经费持续增长，办学条件得到明显改善。三是优化师资结构明显，增加教师数量。四是办学水平和人才培养质量持续提升，院校产学研合作教育向纵深发展。五是学校内部主体教学质量保障自觉意识不断觉醒与强化。

3. 本科专业评估显著提升基本培养能力和经济社会发展适应性。2016 年和 2017 年，国家教育督导部门在全国范围内部署各省级教育行政部门开展本科专业评估试点工作，推广以专业综合评估为主的"辽宁模式"，目前已有 28 个省份开展本科专业评估试点工作。各地总体反映：通过开展专业评估，有利于推动高校加强本科专业建设，加快专业调整力度，面向国家和区域经济建设主战场，提高人才培养质量。专业评估将覆盖面下沉至高校本科教学的最基本单元，从专业发展的特色、特点和需求出发，在点上发现和解决专业的特色凝练与内涵建设问题，与院校评估点面结合，在各自领域、不同层面协同发挥作用。

4. 研究生教育质量得到了基本保证。学位论文撰写是研究生培养的关键环节，学位论文质量是研究生培养质量的直接体现，学位论文抽检是加强研究生教育质量事后监管的有效手段。2014 年教育部出台《博士硕士学位论文抽检办法》，建立学位论文抽检制度，使得学位授予单位、学位委员会、导师和学生的责任主体意识更加明晰，问题学位论文检出率持续下降，有效地保证了研究生培养的基本质量。据初步统计，所有博士学位授予单位均建立了学位授予质量保证机制，明确抽检结果使用办法。仅博士学位层面，全国问题学位论文检出率已由 2015 年的 4.9% 下降为 2017 年的 4.3%。

二、改革高等教育评估制度的紧迫性和必要性

近年来，我国高等教育评估工作成效显著。党的十九大胜利召开，宣告我国全面进入新时代，对我国高等教育评估工作提出了更高的要求。全面改革和建设与高等教育强国建设相适应、符合基本国情和遵循教育规律的中国特色现

代高等教育评估制度，成为新时代赋予我国高等教育的重要使命，成为我国高等教育从精英时代走向大众化时代全面提高教育质量的客观选择，成为努力办好人民满意的更高质量、更加公平的社会主义现代化教育的基本要求。

1. 高等教育发展面临新使命、新任务。习近平总书记在全国教育大会上就人才培养、教育体系、教师队伍建设、教育体制改革、党对教育工作的全面领导提出了明确要求。党的十九大报告指出："要全面贯彻党的教育方针，落实立德树人根本任务，发展素质教育，推进教育公平，培养德智体美全面发展的社会主义建设者和接班人"，"加快一流大学和一流学科建设，实现高等教育内涵式发展"。基于评估工作对高等教育的重大导向性，有必要适应新时代要求进行改革创新，推动深化教育教学改革和提升人才培养质量，落实党中央的决策部署。

2. 提升质量是当前我国高等教育的核心任务。《国家中长期教育改革和发展规划纲要（2010—2020年）》明确提出：把提高质量作为教育改革发展的核心任务，健全教学质量保障体系，改进高校教学评估；加强管理，不断提高研究生特别是博士生培养质量。2017年全国各类高等教育在学总规模达到3779万人，在所有国家和地区中位列第一，高等教育毛入学率达到45.7%，全国共有普通高等学校2613所，其中本科院校1243所。但在目标定位、教学理念、质量保障体系建设等方面，我国高等教育和发达国家相比还有一定差距，迫切需要通过评估来引导不同层次的高校办出水平、办出特色。

3. 世界各国高度重视高等教育评估。高校是知识的发源地和创新人才的产生地，正在对经济社会发展变革和人类文明的进步产生越来越重要的影响，大多数国家特别是欧美发达国家都将高等教育作为创新驱动发展和提高国际竞争力的战略选择。基于高等教育的重要作用，各国积极将建立完善高等教育评估、推动质量保障体系建设作为提高高等教育质量的核心手段。如英国开展的高等教育质量评估主要包括课程评估、教学质量与学术质量评估、科研水平评估等；美国主要通过非政府组织的认证、排名和博士点评价等活动来保障高等教育质量。适应国际高等教育发展新形势，重视高等教育评估制度建设是建设高等教育强国的必然要求。

4.我国高等教育评估工作需要不断改进完善。教育部、财政部、国家发改委印发的《关于高等学校加快"双一流"建设的指导意见》明确提出"要积极探索中国特色现代高等教育评估制度"。虽然高等教育评估工作取得了显著成效，但评估工作不能完全适应高等教育快速发展、不能完全符合质量提升的需要，特别是在评估体制机制、评估理念和评估标准、评估技术和方法等方面都需要继续改革完善。

三、中国特色现代高等教育评估制度的内涵

探索中国特色现代高等教育评估制度离不开对其内涵的精确把握。但是目前，我国高等教育评估领域存在着明显的理论研究落后于实践水平的现象，学术界鲜有对中国特色现代高等教育评估制度内涵的研究。王冀生提出中国特色现代高等教育评估制度的本质是"价值判断"，目的是"为改进教育和教育管理提供依据"，关键是"正确认识我国的国情"。柳友荣提出我国评估制度存在"评估理念的偏离：理论不足与制度阙如"，面对西方先进的评估理念和评估文化，我们不能照搬照抄。随着时代背景的变化，高等教育的发展，评估理念的更新，其内涵也发生了相应的变化，笔者认为中国特色现代高等教育评估制度的内涵应围绕中国特色办学、社会人才需求、高等教育内涵式发展、评估制度创新等多个角度来理解。

1.坚持扎根中国大地办高等教育，发挥政府引导作用。不同国家特定的基本国情决定了各国高等教育评估制度的产生和演变，逐渐形成了如以美国为代表的社会自主模式，以法国为代表的政府集权模式和以英国为代表的政府指导模式等评估模式。我国是中国共产党领导的社会主义国家，我国高等教育评估

有其鲜明的特点和要求，离不开政府的积极支持与合理引导。习近平总书记在全国教育大会上指出，要坚持扎根中国大地办教育。所以，中国特色现代高等教育评估制度应始终坚持在党的坚强领导下，全面贯彻党的教育方针，坚持马克思主义指导地位，坚持中国特色社会主义教育发展道路，坚持社会主义办学方向，立足基本国情，遵循教育规律，尊重和发挥政府对高等教育的正确引导作用。

2.坚持把服务中华民族伟大复兴作为高等教育的重要使命，引导高校特色优势发展满足国家政治经济社会发展需要。党的十八大以来，习近平总书记围绕我国教育培养什么人、怎样培养人、为谁培养人这一根本问题作出了一系列重要论述。我国是中国共产党领导的社会主义国家，这就决定了我国的高等教育必须把培养社会主义建设者和接班人作为根本任务，培养一代又一代拥护中国共产党领导和我国社会主义制度、立志为中国特色社会主义奋斗终身的有用人才。当今中国政治经济社会高速发展，高等教育人才培养应同党和国家事业发展要求相适应、同人民群众期待相契合、同我国综合国力和国际地位相匹配、同政治经济社会发展需求相一致，这就要求中国特色现代高等教育评估制度要坚持为高等教育人才培养工作服务，引导高校培养中国特色社会主义现代化建设需要的高素质人才，为中华民族伟大复兴作出贡献。

3.坚持以人才培养质量为导向，引导高等教育从外延式发展向内涵式发展转变。我国高等教育规模已位居世界第一，但当前高等教育普遍存在着发展重心偏低、同质同构、优质发展不充分等问题。为此，党的十八大报告提出"推动高等教育内涵式发展"，党的十九大报告进一步提出"实现高等教育内涵式发展"。高等教育内涵式发展的根本意旨在提高高等教育整体办学水平和办学质量。中国特色现代高等教育评估制度要以人才培养质量为导向，对高等教育发展现状作出价值判断，明确提出需要改进的问题，真正促进高等教育内涵式发展。

4.坚持推动深化高等教育改革，鼓励评估方式和评估理念创新。2011 年教育部下发《关于普通高等学校本科教学评估工作的意见》，明确提出"建立健全以学校自我评估为基础，以院校评估、专业认证及评估、国际评估和教学基本状态数据常态监测为主要内容，政府、学校、专门机构和社会多元评价相结合，与中国特色现代高等教育体系相适应的教学评估制度"。"五位一体"中国高等教育评估制度的创新表现在评估主体、标准、形式、方法和结果发布等多样化。中国特色现代高等教育评估制度是在"五位一体"评估制度基础上的深化，结合高等教育发展新形势，重点对高等教育评估理念、体系机构、体制机制等方面提出创新。

四、探索中国特色现代高等教育评估制度的总体思路

要深入理解中国特色现代高等教育评估制度的内涵，探索建设中国特色现代高等教育评估制度，就必须认真领会、全面落实习近平新时代中国特色社会主义思想和党的十九大精神。我们应以习近平总书记在全国教育大会上重要讲话精神为指引，创新高等教育评估机制、重构评估技术和评估指标体系，推动深化高等教育体制机制改革，引导高校合理定位、落实立德树人根本任务，形成动态监测、定期评估和督导复查相结合，贯通本科教育和研究生教育的新型评估体系，持续提升教育教学水平和人才培养质量。

1.改革评估制度体系，建立"一平台、三支柱、三机制"的评估总体框架，推动高等教育体制机制改革。按照全国教育大会关于要深化教育领域"放管服"改革、大幅减少各类检查、评估、评价的总体要求，整合现有评估工作、采用现代信息技术，减少对高校正常工作的影响，充分释放教育事业发展生机活力。"一个平台"，就是建设好高等教育质量监测国家数据平台。利用互联网和大数据技术，形成覆盖高等教育全流程、全领域的质量监测网络体系，及时更新分析高等学校教学状况，发挥咨询和服务功能，建立教育教学质量预警机制，将高等教育质量保障体系进一步覆盖到质量发展的全过程。"三个支柱"，就是建立院校评估、本科专业评估和研究生专业学位水平评估、博士硕士学位论文抽检三大制度。三类评估从院校、学科专业、学生等三个层次，贯通了本科教育和研究生教育的主要评估工作，层次分明、责任清晰，可以对质量进行无缝化、不间断化的评价和保障。院校评估侧重评价学校整体本科人才培养工作及其质量；本科专业评估和研究生专业学位水平评估则深入到专业和学科领域，评价具体专业人才培养和质量工作；博士硕士学位论文抽检则从微观层面，直观呈现学生学习质量。上述评估点面结合，浑然一体，共同构建系统连续的质量保障制度。"三个机制"，就是构建以高校自我评估为主体的内部质量保障机制，构建以政府、专门机构和第三方为主体的外部质量保障机制，以国际交流合作为主的国际高等教育质量保障机制。

2.创新评估理念和指标体系，引导高校合理定位、落实立德树人根本任务，落实习近平总书记在全国教育大会提出的要"健全立德树人落实机制，扭转不科学的教育评价导向，坚决克服唯分数、唯升学、唯文凭、唯论文、唯帽子的顽瘴痼疾，从根本上解决教育评价指挥棒问题"的重要指示精神，创新评估指标体系，把立德树人成效作为检验教育战线一切工作的根本标准，注重加强对办学方向、标准、质量的规范引导，注重对高校人才培养目标定位、人才培养质量、社会满意度等方面的评价，确保高校把立德树人融入思想道德教育、文化知识教育、社会实践教育各环节，贯穿基础教育、职业教育、高等教育各领域。加强师德师风建设和学风管理监督，全面落实《学位论文作假行为处理办法》《高等学校预防与处理学术不端行为办法》要求，严厉查处高校学位论文买卖、代写、抄袭等作假行为。

3.注重内部质量保证体系建设，持续推进高等学校质量文化建设。构建以高校质量保证为基础，教育督导部门评估为引导，学术组织、行业部门和社会机构积极参与的评估工作体系。充分认识质量文化在高校评估和质量保障体系建设中的基础性、关键性作用，将人才培养水平和质量作为评估高校的首要指标，激励高校将质量文化内化为学校师生的共同价值追求和自觉行为，形成以提高人才培养水平为核心的质量文化。推动高校根据实际和发展目标，构建教育基本标准，确立人才培养要求，建立本科教学自我评估和信息公开制度，加强现代大学制度建设，做实高校的质量主体地位。

4.落实以评促建的长效机制，加快建立高等教育督导评估复查制度。强化评估结果使用，落实《教育部关于加快建设高水平本科教育，全面提高人才培养能力的意见》要求，建立动态监测、定期评估、督导复查三位一体质量监督机制，通过开展"回头看"整改情况督导复查，督促学校做好整改落实，巩固合格评估成果，形成内部与外部质量保障相结合、动态监测与周期评估相结合、定性评估与定量评估相结合的高等学校教育评估工作规范，全面提升人才培养质量。

探索中国特色现代高等教育评估制度、全面提升人才培养质量，是一个永恒话题，评估工作是一项系统性、基础性、长期性、复杂性的重要工作。"管办评分离"改革作为推进高等教育治理体系和治理能力现代化的基本要求，促使政府转变职能，落实高校主体办学地位。教育督导作为政府进行高等教育评估的主要途径，它的独特性与不可替代性凸显了教育督导制度在教育活动中的战略地位。在此背景下，共同支持探索中国特色高等教育评估制度，强化教育督导力量，才能更好地在"管办评分离"的制度框架下发挥其应有的作用和价值，促进我国高等教育治理的现代化建设不断深化，为提升人才培养质量提供坚实保障。

统筹构建研究生教育评估体系
坚持走内涵式发展道路 *

习近平总书记在 2018 年全国教育大会上发表重要讲话，提出要深化教育体制改革，健全立德树人落实机制，扭转不科学的教育评价导向，对我国教育事业改革发展、教育评价提出了新的更高的要求。研究生教育作为教育强国和"双一流"建设的核心内容，如何统筹构建其质量保障体系，坚持走内涵式发展道路，建好、用好评估"指挥棒"，实现从规模增长向质量提升转变，已经成为教育强国和"双一流"建设的关键问题。

一、我国研究生教育评估工作取得的新成效

为适应我国教育治理体系与治理能力现代化建设新形势，教育督导部门以全面深化体制机制改革为突破口，以保障教育教学质量为主线，以人才培养质量提升为着力点，扎实推进研究生教育评估体系建设，建立了博士硕士学位论文抽检制度、专业学位水平评估制度，严肃查处学位论文作假行为，有效保证了人才培养和学位授予的基本质量，为研究生教育内涵式发展提供了有力

---

* 原文刊载于《学位与研究生教育》2018 年第 11 期。

支撑。

1. 开展博士硕士学位论文抽检，保证学位授予基本质量

学位论文撰写是研究生培养的关键环节，学位论文质量是研究生培养质量的直接体现，学位论文抽检是加强研究生教育质量事后监管的有效手段。2014年，教育部出台《博士硕士学位论文抽检办法》，建立学位论文抽检制度，使得学位授予单位、学位委员会、导师和学生的责任主体意识更加明晰，问题学位论文检出率持续下降，有效地保证了研究生培养的基本质量。据初步统计，所有博士学位授予单位均建立了学位授予质量保障机制，明确抽检结果使用办法。就博士学位论文而言，全国存在问题学位论文检出率由 2015 年的 4.9%下降至 2017 年的 4.3%。

2. 实施专业学位水平评估，提高应用型人才培养质量

专业学位研究生教育的内涵式发展，是我国新时期高等教育发展的必然趋势。随着政府职能转变和"简政放权"的深入，亟须加强和改进对专业学位研究生教育的宏观管理，形成有效的事中、事后监管体系。为贯彻落实《教育督导条例》精神，充分发挥教育督导作用，推动专业学位内涵建设，教育部对专业学位研究生培养单位按专业学位类别进行水平评估。专业学位水平评估委托教育部学位与研究生教育发展中心负责具体实施，在法律、教育、临床医学(不含中医)、口腔医学、工商管理、公共管理、会计、艺术（音乐）等 8 个专业类别进行试点。专业学位水平评估深入落实立德树人根本任务，紧扣专业学位研究生人才培养质量水平，重视专业学位质量保障体系建设，着眼于充分发挥学位授予单位的主体责任作用，探索建立了以学生质量为核心、以促进培养实践型人才为目标的，符合中国实际和专业学位特色的质量评价标准，引导各学位授予单位以专业学位水平评估指标体系为导向，明确专业学位研究生教育的办学定位和发展方向，结合经济社会发展需求、学校办学规划和人才培养目标，对专业学位研究生教育规模、结构与布局做出科学的规划。

3. 严肃查处学位论文作假行为，推动建立良好学风教风

2012 年，教育部出台了《学位论文作假行为处理办法》（以下简称《办法》），明确对学位论文作假行为的学位申请人员要给予严肃处理，并追究指导教师及相关人员的责任。为抓好《办法》的落实，督促各学位授予单位依法依规严查严处，在全国层面建立了各单位实施办法备案制度、处理结果备案平台和公开制度、专项督导制度等。此外，注重坚持以预防为主，会同中国科协等部门联合开展了覆盖全体研究生的科学道德和学风宣讲教育活动。据统计，2005—2015 年，我国博士硕士学位论文的文字复制比超过 30% 的论文总数在 2013 年之后呈现逐年下降的趋势。2018 年，教育部印发《办公厅关于严厉查处学位论文买卖代写行为的通知》，从严打击学位论文买卖行为，对学位论文作假行为"零容忍""一票否决"。

二、创建研究生教育评估体系的新形势和新任务

研究生教育评估工作取得许多成效，特别是在保质量、保底线与促规范方面卓有成效。党的十九大和全国教育大会对我国研究生教育评估工作提出了更高要求。探索建立、完善与高等教育强国建设相适应、符合基本国情和遵循教育规律的中国特色现代研究生教育评估制度，成为新时代赋予我国研究生教育的重要使命，成为努力办好人民满意的、更高质量、更加公平的社会主义现代化教育的基本要求。

1. 研究生教育发展面临新形势、新任务、新要求

习近平总书记在全国教育大会上就人才培养、教育体系、教师队伍建设、教育体制改革、党对教育工作的全面领导提出了明确要求，提出"在党的坚强领导下，全面贯彻党的教育方针，坚持马克思主义指导地位，坚持中国特色社会主义教育发展道路，坚持社会主义办学方向，立足基本国情，遵循教育规律，坚持改革创新，以凝聚人心、完善人格、开发人力、培育人才、造福人民

为工作目标，培养德智体美劳全面发展的社会主义建设者和接班人，加快推进教育现代化、建设教育强国、办好人民满意的教育。""要抓住机遇、超前布局，以更高远的历史站位、更宽广的国际视野、更深邃的战略眼光，对加快推进教育现代化、建设教育强国作出总体部署和战略设计。"十九大报告提出"加快一流大学和一流学科建设，实现高等教育内涵式发展"。面对新形势、新任务、新要求，基于评估工作对研究生教育的重大导向作用，亟须建立健全研究生教育评估机制，推动深化教育教学改革和提升研究生培养质量。

2. 研究生教育是实施创新驱动发展、建设现代化强国的重要支撑

研究生教育承担着高端人才供给和科学技术创新的双重使命，是国家人才竞争和科技竞争的集中体现，是建设创新型国家的核心要素。当前，我国正处于全面建成小康社会的决胜阶段，改革发展进入爬坡过坎的关键时期，创新驱动发展成为国家战略，其关键在于人才驱动。研究生教育作为教育和科技的结合，是培养拔尖创新人才的主要途径，是引领创新的重要力量，是我国实施创新驱动发展，推动经济转型升级的重要支撑。创建完善研究生教育评估体系，切实提高研究生教育质量，增强研究生教育的竞争力、吸引力和培养能力，有利于我国在全球经济、科技竞争中赢得主动，抢得先机。我国研究生教育已具相当规模，2017 年，研究生招生 80.61 万人，其中，全日制 69.19 万人。招收博士生 8.39 万人，硕士生 72.22 万人。在学研究生 263.96 万人，其中，在学博士生 36.2 万人，在学硕士生 227.76 万人。毕业研究生 57.80 万人，其中，毕业博士生 5.8 万人，毕业硕士生 52.0 万人。发展好、使用好世界规模第二的研究生教育，是实现创新驱动发展、建设现代化强国的直接奠基性工作。

3. 我国研究生教育的现状与新时代党中央的要求和人民的期望仍然存在较大的差距

我国研究生教育这些年来发展迅速、成绩巨大，但是起步晚、起点低，在新形势下，必须清醒地认识到仍存在以下诸多问题：一是科学的研究生教育质

量观有待树立，在专业教育与理想信念、培养规模与培养质量、服务需求与优化结构、借鉴移植与历史传承等方面仍需下功夫；二是现有培养模式无法充分满足研究生创新能力培养的需要，产学研协同培养机制仍待完善；三是导师队伍无法有力支撑高水平研究生培养，在评价机制、教学能力、师德师风等方面仍有许多工作要做；四是质量保障体系仍有待加强，在内部质量保障、自我评估制度、教育质量信息公开、外部质量评价与监管等方面仍需深化改革。这些问题的系统解决，需要立足国情，遵循教育规律，创建完善研究生教育评估体系，推动研究生教育教学改革创新，引导高等学校在不同领域、不同层次办出水平、办出特色，办好人民满意的教育。抓内涵、促质量日益成为研究生发展的主旋律，服务经济社会需求日益成为研究生发展的主方向。在新的历史时期，如何有效构建符合我国国情和研究生教育发展规律的质量保证与监督体系，成为研究生教育改革发展必须思考和解决的重大问题。

三、创新研究生教育评估体系的总体思路

随着治理理念的日益现代化和研究生教育发展，我国质量保障方式不断丰富与完善。全面落实习近平新时代中国特色社会主义思想和党的十九大精神，以习近平总书记在全国教育大会上重要讲话精神为指引，加快谋划动态监测体系建设、扎实推进定期评估工作制度、突出底线监督和创新评价指标，推动深化高等教育体制机制改革，引导高校合理定位、落实立德树人根本任务，形成动态监测、定期评估和督导复查相结合，创新研究生教育评估体系，分类推进、提升专业学位研究生的应用型能力和学术学位研究生的创新型能力，持续提高教育教学水平和人才培养质量。

1.加快谋划动态监测体系建设

按照全国教育大会关于要深化教育领域"放管服"改革、大幅减少各类检查、评估、评价的总体要求，整合现有评估工作、采用现代信息技术，减少对

高校正常工作的影响，全面研究影响研究生教育改革发展的核心问题和关键要素，建立研究生教育质量动态监测体系。重点监测内容包括：人才培养目标，要以立德树人为根本任务，对接国家战略需求、服务社会经济发展需要，分类建立与经济社会发展相适应、具有中国特色的学术学位和专业学位研究生培养模式；导师队伍建设，导师是研究生培养的第一责任人，也是立德树人任务的第一责任人，要通过监测来动态发现队伍建设优势和不足，帮助高校建立一支师德师风过硬、师资结构合理、指导能力优良的研究生指导教师队伍；课程评价标准，紧密围绕培养目标，优化研究生的课程体系框架，优选教学内容，突出课程实用性和综合性，增强理论与实际的联系。创新教学方法，加强案例教学、模拟训练等教学方法的运用。完善课程教学评价标准，转变课程考核方式，注重过程考核和能力考核；专业学位实习实践环节，加强实习实践基地平台建设，积极联合相关行（企）业，共同建立健全实践基地管理体系和运行机制，明晰各方责任权利。明确研究生实践内容和要求，健全实践管理办法，加强实践考核评价，保证实践质量。加强学术学位研究生创新能力培养。

2.扎实推进定期评估工作制度

在长期实践基础之上的制度创新，为教育督导找到了抓手，为我国研究生教育可持续发展打好了基础，不仅增强了决策的稳定性、工作的连续性，更让教育评估制度成为我国研究生教育事后监管的重要举措。持续推进博士硕士学位论文抽检和研究生专业学位水平评估，改变以往仅依靠论文抽检对专业学位研究生教育进行评估的单一模式，开辟新时期研究生教育评估"双轨并行"的新思路，形成学术学位以学术论文抽检为核心、专业学位以培养质量和水平评价为抓手的评估双模式，这对充分发挥教育督导职能，服务我国研究生教育具有重要意义，是检验专业学位研究生教育立德树人成效的创新举措。

3.突出底线监督和创新评价指标

落实习近平总书记在全国教育大会上的重要讲话精神，从根本上解决教育评价指挥棒问题，坚持对基本办学规范、办学条件和办学质量的监督，坚决对标研究生教育内涵式发展和人才培养质量提升，把立德树人成效作为检验教育战线一切工作的根本标准，注重对人才培养目标定位、研究生创新能力、学位授予质量和人才培养质量、社会满意度和质量保障体系建设等方面的评价，引导加快建立高水平人才培养体系，培养大批德智体美劳全面发展的高层次人才。加强师德师风建设和学风管理监督，全面落实《学位论文作假行为处理办法》《高等学校预防与处理学术不端行为办法》要求，严厉查处高校学位论文买卖、代写、抄袭等作假行为。

4.确保评估工作取得实效

强化评价结果使用，建立动态监测、定期评估、督导复查三位一体质量监督机制，通过开展"回头看"整改情况督导复查，督促学校做好整改落实，巩固动态监测和定期评估工作成果，形成内部与外部质量保障相结合、动态监测与周期评估相结合、定性评估与定量评估相结合的研究生教育评估体系，全面提升人才培养质量。充分认识质量文化在高等学校发展和建设中的基础性、关键性作用，将人才培养水平和质量作为评价高校研究生培养工作的核心内容，激励高校将质量文化内化为全校师生的共同价值追求和自觉行为，形成以提高人才培养水平为核心的质量文化。

发挥优势　紧扣特色　瞄准高端
提升高校智库服务经济社会发展能力 [*]

习近平总书记在全国教育大会上强调，要提升教育服务经济社会发展能力。高校作为智力和人才的重要聚集地，在智库建设方面具有天然优势和深厚积淀。高校智库建设是我国智库建设的重要组成部分，是高校服务党和政府决策的重要途径，是提升教育服务经济社会发展能力的重要载体。高校应充分发挥学科齐全、人才密集和对外交流广泛的独特优势，立足自身特色，努力打造一批党和政府信得过、用得上的新型智库，建成一批有较大影响力和国际知名度的高端智库，以实际行动贯彻落实党中央决策部署，回应国家对高等教育发展的新期待，更好服务国家经济社会发展。

改革开放以来，我国决策研究咨询机构和哲学社会科学研究部门紧紧围绕改革开放和社会主义现代化建设大局，出思想、出成果、出人才，为党和政府决策提供了有力智力支持，为国家改革发展稳定作出了重要贡献。随着党和政府科学决策水平不断提高、国家治理体系和治理能力现代化深入推进，大力加强中国特色新型智库建设、充分发挥智库在国家治理和对外交往中的重要作

* 原文刊载于《人民日报》2019 年 9 月 23 日第 7 版。

用，已成为摆在我们面前的一项战略性任务。但从总体上看，我国智库建设还面临一些亟待解决的问题，如缺乏整体规划、资源配置不够科学、组织形式和管理方式亟待创新、领军人物和杰出人才缺乏等，这些问题在高校智库建设中也不同程度地存在。新时代，必须坚持以习近平新时代中国特色社会主义思想为指导，把高校智库建设置于构建中国特色新型智库发展新格局的大背景下来考虑，努力在坚持党的领导、把握正确方向上下功夫，在坚持围绕中心、服务大局上下功夫，在坚持改革创新、体现中国特色上下功夫。为此，必须加强统筹谋划、创新体制机制、激发人才活力，发挥优势、紧扣特色、瞄准高端，多措并举推进高校智库建设。

加强顶层设计，聚焦主攻方向。科研管理体制创新和高端智库建设关系学校科研工作的动力、活力与方向，应作为学校重要的发展战略来研究和推动。要加强顶层设计、突出学校特色、凝练主攻方向，变"撒胡椒面""广种薄收"为"精准对焦"，集中精力攻难关。加强统筹谋划和制度建设，建立完善科研经费管理等一系列制度办法，从战略规划和行动落实上逐步完善科研管理工作，坚持一张蓝图绘到底，建立健全以信任为前提的科研管理机制，减轻科研人员负担，充分释放创新活力，调动科研人员的积极性主动性创造性，推动高校科研人员智力服务能力整体提升。

创新工作机制，打造协同创新平台。顶层设计确定后，建立健全科学的工作机制是实现目标的关键。要坚持为广大教师搭建高层次的协作平台，创新科研组织形式，扎实推进人才梯队建设，积极开展科研体制机制创新，自觉推动科研管理工作"放管服"改革，有效激发科研人员的创新潜力与活力，大力提升原始创新能力，多出高水平成果，为实现经济高质量发展提供智力支持。在具体工作模式上，着力打造协同创新平台，加强不同学科以至不同学校间的协同，助推学科融合与交叉研究，实现优势互补；遵循科研规律和科研人才成长规律，搭建涵盖各种科研形式、覆盖各层次学术人才的完备科研支持体系，系统开展科研梯队建设；根据社会发展和经济建设需要设立资助项目，助力学者开展针对性研究；建立健全激励机制，设计科学的科研考核体系，将智库成果纳入科研考核范围。

突出分类管理，落实个性化服务措施。依据各类依托机构定位、功能和作用的不同以及学校发展需要，对智库平台进行分类管理，努力形成定位清晰、管理有序的建设模式，聚焦国家经济社会发展的重大问题和需求，开展高层次的应用对策研究和战略咨询；加强对基础学科、基础理论研究项目的培育和扶持，提高基础理论研究整体水平，为应用型学科发展提供强有力的基础理论支撑；不断完善科研财务和管理服务工作机制，为科研人员在预算编制、经费支出和财务决算等方面提供专业化服务，提升科研管理实效。引导科研人员在立项阶段选准课题，侧重选取重大问题、热点问题、难点问题和苗头性、趋向性问题。推进成果报送渠道的系统性建设，积极与政府有关部门联系沟通，找到决策咨询和智库研究的契合点，以鲜明的问题导向开展有针对性的课题研究，努力以高质量研究成果更好地提供决策参考。

扩大对外交流，拓展中国智库的国际"朋友圈"。充分发挥高校对外交流合作的优势，以更宽广的视野加强高端智库建设，不断提升国际话语权，拓展中国智库的国际"朋友圈"。重点建设一批全球性问题和区域问题研究基地，着眼国际国内经济社会发展中的重大问题，立足重要研究领域的前沿，组织力量开展重大科研项目攻关，努力提出解决全球性问题和我国改革发展现实问题的有效方案。深耕密织国际合作网络，大力推进科研"走出去"，打造科研国际化协同研究平台。在提高质量和突出"中国特色、世界一流"上下更大功夫，建设一批社会科学专题数据库和实验室、软科学研究基地，强化全局性、前瞻性、战略性、储备性和基础性研究。

实施"五大发展战略"
加快推进"双一流"建设 *

　　2015 年 10 月，国务院印发《统筹推进世界一流大学和一流学科建设总体方案》，正式启动"双一流"建设，这是以习近平同志为核心的党中央着眼于提升我国教育发展水平、增强国家核心竞争力、奠定长远发展基础，对新时期高等教育重点建设作出的重大战略决策。2017 年 9 月，教育部、财政部、国家发展改革委公布了"双一流"建设高校及建设学科名单，中央财经大学成为国家首批"世界一流学科建设高校"，其中应用经济学入选"双一流"建设学科名单，学校建设发展迎来了新的重大的历史性机遇。

　　当今的世界正处于大发展大变革大调整的重要时期，高等教育面临的外部环境正在发生着深刻的变化，给高等教育的发展带来巨大冲击。我国高校必须以更加积极的姿态主动迎接挑战，着力深化管理体制、办学模式、学科建设、人才培养、科学研究等方面的综合改革，更好地适应外部环境的变化，更好地贯彻落实党的十九大提出的"加快一流大学和一流学科建设，实现高等教育内涵式发展"要求，在"双一流"建设的激烈竞争中赢得未来。

---

　　* 　原文刊载于《中国高等教育》2019 年第 12 期。

根据国内外高等教育发展趋势和国家社会经济发展需要，中央财经大学立足于 70 年的办学积淀，结合自身发展优势和特色，进一步明确了“把学校建设成为有特色、多科性、国际化的高水平研究型大学”的发展战略目标。学校在“双一流”建设方案中明确提出，近期目标是：到 2020 年左右，应用经济学力争进入世界一流学科行列，理论经济学和统计学进入国内一流学科前列。建校百年目标是：到 2050 年，学校经济学、管理学、统计学、法学、马克思主义理论等一批学科进入世界一流学科前列。学校整体成为“中国特色、世界一流”的国际名校。

为了实现这两大建设目标，学校正在以加强学科建设为基础，以培养一流人才为根本，以体制机制创新为重点，大力实施精英教育战略、协同创新战略、人才强校战略、国际化战略和依法治校战略，积极推动学校内涵发展。按照“中财大方案”，以“五大战略”为抓手，加快推进学校“双一流”建设，在财经类院校中树立起一面旗帜，已经成为学校一切工作的重中之重和学校安身立命的根本，并在全校师生中达成了广泛共识。

大力推进精英教育战略，全面提高教育教学质量

人才培养是大学的核心任务和中心工作。作为高校，要回归大学的本质职能，把“培养人”作为根本任务，把人才培养的质量和效果作为检验一切工作的根本标准。按照习近平总书记在全国教育大会上提出的“培养担当民族复兴大任的时代新人，培养德智体美劳全面发展的社会主义建设者和接班人”要求，学校牢固树立“一流”“精英”意识，确定了“培养德智体美劳全面发展，具有高尚的道德品质和强烈的社会责任感，具有宽厚的知识基础和精湛的专业知识，具有卓越的创新精神和实践能力、组织协调能力，具有广阔的国际视野的精英人才”的培养目标，加强人才培养体系建设，把高水平人才培养贯穿从入口到出口的各个环节，贯穿教育教学全过程。

一是坚持立德树人，德育为先，着力深化"三全育人"。结合财经类院校学生特点，把抓好马克思主义理论教育摆在首位，大力加强理想信念教育和国情教育，践行社会主义核心价值观。加强各类课程与思想政治课的协同培养，深化思想政治课教学法改革，用"问题链教学"点燃学生的头脑和心灵，打造"问题链"教学法的中财大品牌。

二是强化教师责任，质量为先抓培养。强化教师教书育人本业意识，坚守三尺讲台。让更多教授为本科生上课，投入到教书育人的工作中；搭建教师教学能力比拼平台，广泛开展教学比武，积极开展传帮带，做好教学名师培育、评选和宣传推广；积极推进教学方法改革，鼓励开展课程教学研究，推进信息技术、智能技术与教育教学的深度融合，提升课程吸引力，打造一批高阶性、创新性、挑战度的"金课"和优秀教材；加强过程管理，加强考核监测，健全教学质量监督、反馈和保障体系，激发学生的学习动力和专业志趣。

三是全程规划学生发展，提升服务学生创业就业水平。从学生进校开始进行职业生涯规划教育，将就业观和成才观的涵育和养成贯穿培养过程始终，引导毕业生到祖国和人民需要的地方去建功立业，将个人发展与国家需要相结合，树立起"行行建功、处处立业"的就业观念，形成"让青春在祖国最需要的地方闪光"的良好就业氛围，鼓励毕业生成长为推动我国经济社会向前向上发展的中坚力量；加强学生毕业离校就业后的评估、追踪，将信息反馈到招生、培养环节，形成培养全过程的有机闭环；提高就业指导部门的服务意识，为毕业学生提供更多的就业信息、更精准的就业创业服务，提升毕业学生的就业技能；主动对接用人单位，帮助学生实现好的就业，让每一位走出中财大校门的毕业生都成为宣传中财大的活名片。

着力推进协同创新战略，全面提升学科核心竞争力和科研实力

学科建设作为学校持续发展的龙头，是学校能够在高等教育竞争中立于不败之地的根本，抓好学科建设，就抓住了学校发展的牛鼻子。学校立足于办学定位和学科发展规律，努力优化学科布局，构建协调可持续发展的学科体系。一是立足传统稳固优势。以创建世界一流学科为核心，根据学科发展的主流、前沿及趋势，确定应用经济学等传统优势学科未来建设的目标、路径和配套措施，在此基础上加强传统优势学科建设。二是注重特色培育优势。特色就是质量和竞争力。立足学校办学特色，着力发掘、培育中财大的特色学科，形成中财大特色优势学科领域、学科群，努力在差异化竞争中取得领先优势。三是瞄准前沿培育新兴学科。主动对接国家战略需求，瞄准前沿问题，加强统筹管理，优化学科专业结构，以社会需求和学术贡献为导向，建立健全学科专业动态调整机制，积极培育交叉学科和新兴学科。学校目前申请到两个北京高等学校高精尖学科都是交叉学科或新兴学科，下一步将设立校内交叉学科培育项目，有针对性地进行资源支持，努力培育一批具有中财大特色、展示中财大优势的新兴、交叉学科。四是齐抓共管形成合力。进一步明确学院在学科建设中的主体地位，院长是学科建设的第一责任人。结合校院两级管理体制机制改革，促进重心下移、权力下放、权责统一。建立"稳定发展"的基础性经费、"择优支持"的竞争性经费和"鼓励争先"的奖励性经费相结合的"三位一体"的经费支持模式，更好地支持各学科建设单位加强学科建设。强化相关职能部门积极配合、主动服务意识，穿针引线搭建平台、引进资源，做好人才、资金、科研项目的对接，形成共同推进学科建设的合力。

科研水平是高水平研究型大学的重要标志，也是学校建设的重要抓手。学校紧密围绕"国家急需和世界一流"的任务目标，坚持服务国家重大需求与鼓励自由探索相结合，加强基础研究，力求产出若干项在国内外具有重大学术影响的理论成果；以重大现实问题为主攻方向，加强应用研究和智库建设，努力产出若干项对国家发展具有重大贡献的应用成果；通过协同创新、内涵发展和质量提升，全面提升学科核心竞争力和科研实力。一是创新科研体制机制。进一步做好"放管服",给予科研人员更多的自主权,以质量为导向改革和完善科研评价机制,增强科研人员的积极性、主动性和创造性。二是提升科研服务水平。提升科研处等部门的服务意识,优化工作流程,不让科研人员把精力全用在填写各种表格、考虑如何报销这些细枝末节的问题上。三是推动科研成果转化。进一步加强学校与政府、业界、科研机构的合作,鼓励将论文写在大地上,推动科研成果转化。

深入推进人才强校战略,全面提高人才队伍整体水平

人才是学校事业发展的基础和动力源头,是建设高水平研究型大学的核心。学校针对一流学者、学科领军人才和创新团队偏少,人力资源配置亟待优化等问题,努力在做优增量、激发存量上做文章。

一是在增量方面,有计划地引进高水平人才。紧贴学校"双一流"建设急需,主动出击,有计划、有步骤地引进一批高水平人才,巩固应用经济学学科高原地位、厚实理论经济学队伍,做强法学学科、管理学科群、统计学科和马克思主义学科,把师资、课程、教材、教学成果、论文、专著、科研项目和成果等做厚做尖。要求组织人事部门立足当下谋划长远,做好人才的引进计划和梯队建设,做好人才的排兵布阵。

二是在存量方面,激发干事创业的活力。深化教师职称评审制度改革和考核评价制度改革,建立完善科学的评价导向体系,按照奉献度和贡献度来设计评价导向政策体系,激发教师积极性和创造性。具体来说,要做到优劳优酬,充分体现奖励性绩效工资是教职工工作量及工作业绩的重要载体,激发教职工积极性;要做到项目规范,根据国家绩效工资改革要求,规范绩效工资发放项目;要注重公平,合理调整收入差距,引导教职工立足本职岗位,保质保量完成岗位职责和任务,在合理缩小收入差距的基础上,保护创收等工作的积极性。

"双一流"建设要置于国际视野下进行建设和考量，必须深入推进学校的国际化发展，这也是全球化背景下建设高水平研究型大学的必由之路。学校努力实行开放办学，找准对标学校，通过"请进来、走出去"，提升学校的整体国际化水平。

一是提升教学科研的国际化水准。引入教学科研的国际通行标准，引进国外先进的教育理念、精品课程与教材，在具备条件的学科推进专业、课程、项目、管理的国际认证，提高学科的全球竞争力。通过建立国际化教学科研平台，设立国际化教学科研项目，推进与国际知名高校的科研合作，积极参与国际学术对话与竞争，着力提升学校的国际学术影响力。

二是加大国际化人才的培养力度。建立健全学生国外访学制度和国际交流制度。扩大在校生海外学习的比例，进一步推进与更多国际知名大学联合培养，开展教师互派、学生互换、学分互认和学位互授、联授，着力培养一大批具有国际视野、通晓国际规则、能够参与国际事务与国际竞争的国际化人才。

三是改革完善国际学生招生与培养。建立健全校院两级国际学生招生与培养机制，建设国际学生生源基地，提高招生质量，扩大学生规模；完善国际学生培养方案，建设具有中财大特色的国际学生课程和教学体系。

加强制度建设是学校"双一流"建设的重要保障。学校以健全完善各项规章制度、创新管理体制机制为重点，不断规范内部治理体系。

一是推进校院两级管理体制改革。推行校院两级管理体制改革是建设现代大学管理制度的需要，是加快推进"双一流"建设的需要，是适应高等教育竞争的需要。学校于2004年发布了《关于实行校院两级管理体制改革的意见》，经过十多年校院两级管理体制的改革探索，学校在校院两级管理方面还存在一些薄弱环节，办学效益还没有充分发挥出来：权责方面，校院之间权责划分不尽合理，权责不对称；运转方面，办学重心下移不够，二级学院没有真正成为办学实体；目标与任务导向方面，校部与学院协同不够，学院目标任务不够清晰；条块管理方面，头重脚轻，条条碎片化、项目化，块块疲于应付、各自为战；合约与编制方面，编制内合约管理、定岗定编不健全，进人、职称指标、绩效分配等存在大锅饭问题；激励方面，教学科研、社会服务激励体系不够不健全，导向还需优化。为此，学校将"按照一院一策、院为实体、权责匹配、分类支持"的基本原则，稳妥推进改革，有效激发学院办学活力和内生动力，形成权责清晰、目标明确、制度规范、考核标准完善、激励体系健全、充满活力、富有效率、科学发展的校院两级管理体制机制。

二是强化制度建设与执行。坚持和完善党委领导下的校长负责制，不断完善以学校章程为核心的科学规范、层次清晰、切合实际、操作性强的制度体系。强化制度的约束刚性，着力推进管理中心下移，强化依法治校。

加快推进"双一流"建设，对中央财经大学而言既是机遇，更是挑战，需要凝聚全校师生员工的共识，全面加强战略布局和战略实施，广泛挖掘师生员工、中财大校友以及各方资源，调动大家参与"双一流"建设的积极性，强化综合改革创新，强化多方协同推进，最终实现学校"双一流"建设的愿景。

努力书写新时代高校改革发展奋进新篇章 *

　　党的十八大以来，以习近平同志为核心的党中央高度重视教育工作，习近平总书记站在新时代坚持和发展中国特色社会主义的战略高度，就教育改革发展提出了一系列新理念新思想新观点，形成了习近平总书记关于教育的重要论述，为加快推进教育现代化、建设教育强国、办好人民满意的教育指明了前进方向，提供了根本遵循。

　　习近平总书记对高等教育特别重视，先后考察了中国科学院大学、中南大学、北京大学、北京师范大学、中国政法大学、南开大学等众多高校，多次与师生们座谈，给高校教师、大学生们回信，在很多会议讲话中都对做好教育工作、发展高等教育事业提出了明确要求。习近平总书记关于教育的重要论述，标志着我们党对教育事业的规律性认识达到了新高度，是马克思主义基本原理与中国教育实践相结合的重大理论结晶，是习近平新时代中国特色社会主义思想的重要组成部分，必须始终坚持。

　　习近平总书记关于教育的重要论述，内涵丰富、思想深邃、博大精深，闪

---

　*　原文刊载于《中国高等教育》2019 年第 23 期。

耀着马克思主义真理的光芒，是我们做好教育工作的行动指南。本文认为，我们可以从三个维度来进一步深化认识。

一是从实现"两个一百年"奋斗目标和中华民族伟大复兴中国梦的战略高度，深刻领会习近平总书记对教育事业和高等学校寄予的殷切期望。高等教育是科技第一生产力、人才第一资源、创新第一驱动力的重要结合点，是一个国家发展水平和发展潜力的重要标志。当前，我们正处在全面建成小康社会决胜阶段，我们对高等教育的需要比以往任何时候都更加迫切，对科学知识和卓越人才的渴求比以往任何时候都更加强烈。学习习近平总书记关于教育的重要论述，就是要把习近平总书记对高校的殷切期望转化为办好中国特色社会主义大学的强大动力和切实行动，为实现"两个一百年"奋斗目标和中华民族伟大复兴的中国梦贡献高校应有的力量。

二是从高等教育改革发展的历史维度，深刻领会习近平总书记对教育事业和高等学校提出的新的要求。我国高等教育从发轫之初，就肩负着兴学强国的历史使命，就始终与民族共命运、与时代同步伐。新中国成立以来特别是改革开放以来，在我们党的坚强领导下，我国高等教育实现了跨越式发展，在提高人民教育水平、培养高素质人才、促进经济社会发展、繁荣发展哲学社会科学、提高国家科技创新能力等方面都发挥了重要作用，为我国取得世界瞩目的伟大成就提供了不可替代的、全方位的人才和智力支持。习近平总书记从历史发展的眼光，强调高等教育要为人民服务，为中国共产党治国理政服务，为巩固和发展中国特色社会主义制度服务，为改革开放和社会主义现代化建设服务，丰富和发展了教育方针。因此，深入学习贯彻习近平总书记关于教育的重要论述，是新时代推动高等教育改革发展的重要前提。

三是从扎根中国大地办教育、落实立德树人根本任务的现实角度，深刻领会习近平总书记对教育事业和高等学校的亲切关怀与重托。教育是国之大计、党之大计。我国高校承担着人才培养、科学研究、社会服务、文化传承创新和国际交流合作的重要使命，我国独特的历史、独特的文化、独特的国情，决定了我们必须走自己的高等教育发展道路，扎实办好中国特色社会主义高校。学习习近平总书记关于教育的重要论述，就是要按照习近平总书记的要求，坚持按照中国的特点、中国的实际办中国的事情，坚持社会主义办学方向，巩固马克思主义在高校的指导地位，扎根中国、融通中外，立足时代、面向未来，发展具有中国特色、世界水平的高等教育，努力培养好担当民族复兴大任的时代新人，培养好德智体美劳全面发展的社会主义建设者和接班人。

对高校而言，必须把认真学习贯彻落实习近平总书记关于教育的重要论述作为重要政治任务，与当前高校正在开展的"不忘初心、牢记使命"主题教育结合起来，深刻学习领会其重大意义和精神实质，用习近平新时代中国特色社会主义思想武装头脑、指导实践、推动工作。具体而言，高校应从四个方面坚决贯彻落实习近平总书记关于教育的重要论述。

一是要在增强"四个意识"上下功夫。坚持党的领导是中国特色社会主义教育的本质特征。我们要牢牢掌握党对高校的领导权，坚决落实党委领导下的校长负责制，使高校成为坚持党的全面领导、坚决做到"两个维护"的坚强阵地，使学校党委切实承担起管党治党、办学治校主体责任，充分发挥把方向、管大局、作决策、抓班子、带队伍、保落实的作用。

二是要在坚定"四个自信"上下功夫。改革开放以来的探索，我们最大的成果就是坚持走中国特色社会主义道路；在这样一条道路上形成了特定的规则，就是制度；形成了特定的思想作为指导，就是理论；形成了特定的环境，就是文化。对高校而言，要始终坚持马克思主义指导地位，坚持不懈培育和弘扬社会主义核心价值观，引导广大师生将其内化于心、外化于行，推动形成与学校精神相契合的优良风尚。要充分发挥大学的文化传承创新职能，充分挖掘学校的精神，把坚持"四个自信"落实到传承和弘扬学校光荣传统中，落实到学校教学、科研、管理、改革、建设、发展的方方面面。

三是要在落实"四个全面"上下功夫。统筹推进"五位一体"总体布局，协调推进"四个全面"战略布局，是党的十八大以来理论创新成果的重要内容。我们全党都要自觉地服从服务于全面建成小康社会、全面深化改革、全面依法治国、全面从严治党。对高校而言，首先要加强党的建设。没有一流的党建，就没有一流的大学。高校党员数量庞大，基层党组织集中，知识分子思想活跃，党建工作体量大、类型多、对象特殊。我们要站在厚植党的执政基础的高度，准确把握高校党建工作的特征，加强基层党组织建设，提高党建工作针对性和实效性，以党的建设全面加强带动学校深化改革发展。其次要深入推进全面从严治党。我们要在高校严肃党内政治生活，净化党内政治生态，匡正选人用人风气，解决师德师风问题，以优良的党风政风带动优良的校风教风学风，营造高校风清气正的政治生态，打造良好的教书育人环境。

四是要在体现"四个服务"上下功夫。办好中国特色社会主义大学，就要把"四个服务"的文章做好，这是我们的历史责任和使命。教育系统是我们党意识形态工作的重要基础、前沿阵地、独特战线，我们要坚决落实意识形态工作责任制，把旗帜高高举起来，把责任层层压下去，牢牢掌握党在高校意识形态领域的领导权。立德树人是学校的立身之本，我们要把加强思想政治工作贯穿教育教学全过程，坚持全员、全过程、全方位育人，不断提高学生思想水平、政治觉悟、道德品质、文化素养，让更多学生成为又红又专、德才兼备、德智体美劳全面发展的人才。服务社会是高校的重要职能，我们要充分发挥学科齐全、人才集中和对外交流广泛的独特优势，以更加开放的心态和更加广阔的视野办大学，加快推进学校"双一流"建设，瞄准国家重大战略和国民经济重大问题，回应国家对高等教育发展的新期待，更好地服务国家经济社会发展。

今年是新中国成立 70 周年，也是中央财经大学建校 70 周年。学校建校70 年来，一直与祖国同呼吸共命运，为国家经济建设和社会发展培养了近 14

万名财经类高素质人才，为国家建设发展作出了积极贡献，成为全国财经类院校的一面旗帜，被誉为"中国财经管理专家的摇篮"。学校也在70年的改革发展中，磨砺出"忠诚、团结、求是、创新"的校训精神，培育出龙马奋进的学校文化。进入新时代，学校的建设发展、承担的历史使命与党和国家的需求与期盼更加紧密地联系在一起。学校将进一步深入学习贯彻习近平新时代中国特色社会主义思想，深刻学习领会习近平总书记关于教育的重要论述，大力实施"精英教育战略、协同创新战略、人才强校战略、国际化战略和依法治校战略"，着力深化综合改革，全面推进"双一流"建设，加快把学校建设成为有特色、多科性、国际化的高水平研究型大学，努力为国家经济社会发展作出新的更大贡献。

抓好高校工作八个维度
助力新时代教育强国建设 *

　　党的十八大以来，以习近平同志为核心的党中央站在中华民族伟大复兴的高度，对教育事业作出一系列重大决策部署。习近平总书记紧紧围绕"培养什么人、怎样培养人、为谁培养人"，系统回答了教育工作的方向性、根本性、全局性、战略性问题，为新时代中国特色社会主义教育发展提供了根本遵循。教育部党组书记、部长陈宝生在中央财经大学调研时提出，新时代高等学校的工作应该从八个维度正确看待，即"特色看学科、水平看专业、实力看老师、质量看学生、形象看生态、动能看改革、发展看班子、根本看党建"。陈宝生部长同时强调，高校要以这八个方面为抓手，统筹推进高校事业发展，为建设教育强国、推进教育现代化贡献力量。陈宝生部长的"高校八看八抓"，是对习近平总书记关于教育的重要论述的生动阐释，言简意赅、全面生动，深刻揭示了高等教育发展的内在规律和基本逻辑，揭示了新时代高校工作的价值观和方法论，具有很强的针对性和指导性。

---

　*　原文刊载于《中国高等教育》2020 年第 13 期（封面文章）。

一、全面加强党的建设　为学校发展领航定向

根本看党建。党政军民学，东西南北中，党是领导一切的。加强党建是做好学校工作的根本保障。高校要旗帜鲜明地讲党建，毫不松懈地抓党建，切实推动党建工作高质量、高水平发展。其一，强化理论武装。马克思主义及其中国化理论成果内涵丰富、思想深邃，高校师生必须全面、系统、持续学习，原原本本学、与时俱进学、结合实际学，切实掌握贯穿其中的马克思主义立场观点方法，自觉对表对标、及时校准偏差，补足理论短板、强化理论武装。其二，旗帜鲜明讲政治。高校要把加强党的全面领导落实到办学治校的方方面面，坚决落实好党委领导下的校长负责制。要把立德树人成效作为检验学校一切工作的标准，担当起为党育人、为国育才的历史使命。要把讲政治内化到学校的每一项工作中，教学要强调学术研究无禁区、课堂讲授有纪律，科研工作要坚定"四个自信"、为经济社会发展服务。其三，锻造高素质干部队伍。在干部识别上，高校要把敢不敢扛事、愿不愿做事、能不能成事作为识人标准、评判依据，大胆使用勇于担当、敢于斗争、善作善成、实绩突出的干部。在干部管理上，要坚持严管厚爱，建立科学的容错机制，保护干部干事创业的积极性，鼓励创新、宽容失误。要选好用好优秀年轻干部，让年轻干部在实践中锻炼、在斗争中成长。其四，提升基层党组织组织力。要突出基层党组织的政治功能，着眼于履行党的政治责任，为党的政治路线服务。要严格党员教育管理，引导广大党员发挥先锋模范作用，把全面从严治党要求落实到"神经末梢""肌体细胞"之中，真正将每个支部建设成为坚强战斗堡垒，让每名党员成为先锋模范。要严肃党内生活，严格落实"三会一课"、组织生活会、民主评议党员、谈心谈话、评先评优等基本制度，通过组织生活严明党的纪律、查找解决问题、锤炼党性修养，推动基层党员在思想上认同组织、政治上依靠组织、工作上服从组织、感情上信赖组织。要狠抓干部考核，逐级严明责任，层

层传导压力，推动各级党员领导干部履职尽责担当，把基层党建各项工作任务落实落地。要选优配强党支部书记，继续落实好"双带头人"制度，挑选政治过硬、业务精湛、敢于担当、作风正派的党员担任党支部书记。其五，狠抓党风廉政建设。高校要严明党的纪律，加强警示教育，强化广大党员领导干部的红线意识。要运用好监督执纪"四种形态"，按照治病救人的理念，抓常抓早抓小，防微杜渐。要完善巡察常态化工作机制，做到全覆盖、无死角。要严格落实中央八项规定精神，旗帜鲜明反"四风"，在形成不敢腐的压力震慑基础上，引导广大党员干部筑牢"不想腐"的思想基础。要大力弘扬清新朴实文风，积极践行一线规则，大兴调查研究之风，深入师生一线了解情况，及时回应师生关切。

形象看生态。学校有好的政治生态，党员干部才有干事创业的动力，教师才能安心开展教学科研工作，学生才能健康快乐成长。首先，打造风清气正的政治生态。高校的政治生态综合体现了党风、政风、校风，集中反映了政治生活状况以及政治发展环境，必须要抓好。高校要加强学习，推动各级领导班子自觉用习近平新时代中国特色社会主义思想武装头脑，确保党员领导干部头脑清醒，做政治上的明白人。学校党委要切实肩负起管党治党、办学治校的政治责任和主体责任。要坚持以党的政治建设为统领，增强推进党的政治建设的自觉性和坚定性，把牢社会主义办学方向。要坚持全面从严治党，做到横向到边、纵向到底。要继续严格执行党章党规，严肃党内政治生活，强化党内政治生活的政治性、时代性、原则性和战斗性。要加强党内政治文化建设，弘扬和践行忠诚老实、公道正派、实事求是、清正廉洁等价值观，以良好政治文化涵养风清气正的政治生态。其次，推动思政工作创新发展。思想政治工作关乎办学方向、关乎育人根本。高校要建强思政工作队伍，不断优化年龄、学员结构，聚焦队伍核心能力，加强培训与锻炼。要优化思政工作机制，按照"三全育人"工作要求，结合学校历史传统与发展特色，充分发挥课程、科研、实践、文化、网络、心理、管理、服务、资助、组织等工作的育人功能，完善育人机制，强化实施保障。要大力推进思政教育的供给侧改革，把鲜活案例和生动实践融入思政教育，加强对知识分子及学生的政治引领，提升思政工作实效。再次，营造良好学术生态。高校是学术研究的最重要阵地，师生都要切实遵守学术规范。要让学术回归学术，提倡实事求是的优良学风，克服唯数量、唯级别的倾向。要坚决反对学术腐败，杜绝抄袭剽窃等学术不端行为，引导师生做真学问、求真知识。最后，繁荣校园文化。校园文化的本质是一种人文环境和文化氛围。一方面，要及时提炼办学历程中积淀的精神与文化，激发学生爱校荣校情；另一方面，要增强师生的主人翁意识，引导师生积极参与学校建设，在实践中了解学校，增强对学校的归属感。

二、坚持内涵式发展　为学校发展蓄力赋能

特色看学科。学科建设是高校立命之本。首先，要预见学科发展方向。高校要准确把握学科发展的历史、现状和未来发展方向，掌握学科发展存在的问题和困难，找准学科发展的路径。要密切关注国家重大战略急需，瞄准科学发展前沿和重大生产及社会实践问题，突出预见性、前瞻性。其次，要明确比较优势。每个高校都有自己的相对优势和特色学科，高校要理性分析学校的基础学科、优势学科、特色学科，推动高地变高原、高原变高峰。再次，要积极培育新增长点。高校要突破原有学科界限，实现各学科间资源共享，开展重大项目联合攻关，通过大力推进学科交叉与融合，培育新的学科增长点。

水平看专业。评价一个大学的办学水平，要看专业是否为国所需、立足前沿、引领方向。高校要把专业建设牢牢抓在手里，抓出水平、抓出成效。高校专业建设必须把握好三个问题。首先，必须考虑国之所需。充足的人才储备是中华民族伟大复兴的基础，高校专业设置必须与国计民生、国家发展急需相配套，培养可用之才、能用之才。其次，必须立足发展前沿。人才培养是有规律

的，呈现长周期和延迟性的特点。高校专业设置必须加强预判，在回应国之所需的基础上，发挥能动性，立足科技和理论创新前沿，引领经济社会发展。最后，必须兼顾必设"冷门专业"。许多"冷门专业"肩负着文化传承的使命，是必不可少的。高校在专业布局时，必须做好"宏观调控"，扶持社会热度不高但却意义重大的专业，让"冷专业"升温，确保人才培养满足社会需要。

动能看改革。改革是教育事业发展的根本动力。首先，加强制度建设，推进治理体系和治理能力现代化。党的十九届四中全会吹响了开辟"中国之治"新境界的号角。具体到高校，一方面要完善治理体系，以学校章程为总纲，按照于法周延、于事有效的原则，建立起一套体现中央要求、群众期盼、学校实际、新鲜经验的制度体系；另一方面要提升制度刚性，积极探索制度的执行监督机制，把制度执行和监督贯穿学校治理全过程，坚决杜绝在制度执行上做选择、搞变通、打折扣的现象，严肃查处有令不行、有禁不止、阳奉阴违的行为，确保制度人人遵守、时时生威、处处有效。其次，强化问题意识，推动制约发展的关键问题破题解扣。问题意识是发现问题、解决问题的一种思想自觉，是动力更是方法。高校要及时准确发现问题，全面正确认识问题，科学分析研判问题，找到问题的根源、症结和源头，抓住问题的关键和要害，积极精准解决问题，推动学校事业健康发展。

三、全面加强队伍建设　为学校发展夯实基础

发展看班子。学校要发展，班子是关键。一个好的领导班子是办好一所学校的前提和保证。一是加强领导机制建设。党委领导下的校长负责制是党对高校领导的根本制度，是高校坚持社会主义办学方向的重要保证。在具体工作中，高校要依法落实党委、校长职权，正确处理党委与行政、集体领导与个人分工负责、党委书记和校长之间的关系。要认真落实民主集中制，严格执行"三重一大"事项的决策程序，按照集体领导、民主集中、个别酝酿、会议

决定的原则，完善并严格执行领导班子议事规则与决策程序，形成党委统一领导、党政分工合作、协调运行的工作机制。二是加强领导班子建设。要提升班子成员把握方向的能力，始终坚持社会主义办学方向，坚持不懈抓好思想政治工作，培养和造就既有理想信念之"魂"又有民族精神之"根"的社会主义建设者和接班人。要提升班子成员驾驭学校发展的能力，牢固树立正确的政绩观，努力打造一支综合素质高、年龄结构合理、廉政勤政的干部队伍，营造风正、气顺、心齐、劲足，讲团结、谋发展、促和谐的良好干事创业氛围，推进学校教育事业持续、快速、健康发展。要增强班子成员破解难题、应对突发事件的能力，切实提高站位，正确处理好改革、发展、稳定的关系，善于化解各种矛盾，以功成不必在我的精神境界和功成必定有我的历史担当推动学校工作。

实力看老师。广大教师是打造中华民族"梦之队"的筑梦人。高校要全面提高教师队伍综合素质、专业化水平和创新能力，着力打造一支师德高尚、业务精湛、结构合理、充满活力的高素质专业化创新型教师队伍。第一，提升教师硬实力，学为人师。教学是教师的本分，高校必须严把入口关，将教学能力作为第一能力进行考察，同时加强教师培训，引导教师更新教学理念、积极运用新技术。科研与教学相辅相成，高校要引导教师开展一流的科学研究，向学生传授前沿知识，培养学生探索研究能力。此外，还要引导教师积极主动服务社会，坚持问题导向和需求导向，打造高水平智库，不断提升服务国家经济社会发展的能力，努力创建和发展中国特色学派，提升理论自信。第二，提升教师软实力，行为世范。教育是塑造灵魂、塑造生命、塑造人的事业，职业的特殊性决定了教师必须是道德高尚的人。高校要引导教师率先垂范、以身作则，以正确的世界观、人生观、价值观引导学生，帮助学生扣好人生的第一粒扣子。教师要自觉抵制社会浮躁之气，对教师职业保持忠诚与热爱，自觉坚守精神家园，坚守人格底线，不让金钱、物欲侵蚀校园。

四、落实立德树人根本任务　为党育人为国育才

质量看学生。培养什么人，是教育的首要问题。我国是中国共产党领导的社会主义国家，这就决定了我们的教育必须把培养社会主义建设者和接班人作为根本任务，培养一代又一代拥护中国共产党领导和我国社会主义制度、立志为中国特色社会主义奋斗终身的有用人才。这是教育工作的根本任务，也是教育现代化的方向目标。高校要牢牢抓住人才培养这个中心，在提高办学质量上下大功夫，矢志培养德智体美劳全面发展的社会主义建设者和接班人。一是引导学生坚定理想信念。理想指引人生方向，信念决定事业成败。青年的理想信念关乎国家的未来。青年理想远大、信念坚定，是一个国家、一个民族无坚不摧的前进动力。高校要引导学生牢固树立马克思主义信仰、中国特色社会主义信念，到人民群众中去，到新时代新天地中去，让理想信念在创业奋斗中升华，让青春在创新创造中闪光。二是引导学生勤学习强本领。梦想从学习开始，事业靠本领成就。青年一代生逢伟大时代，既是追梦者，也是圆梦人。高校要引导青年学生珍惜韶华、不负青春，好好珍惜在校时光，用知识和素质打造迎接未来挑战、引领时代发展的"金刚不坏"之身，努力学习掌握科学知识，提高内在素质，锤炼过硬本领，成为担当民族复兴大任的时代新人。

践行伟大建党精神　推动高等教育高质量发展[*]

今年是中国共产党成立 100 周年。7 月 1 日，习近平总书记在庆祝中国共产党成立 100 周年大会上发表重要讲话，回顾了党百年奋斗的光辉历程和伟大成就，指出了开创未来的"九个必须"。习近平总书记的讲话高屋建瓴、思想深邃、内涵丰富、催人奋进，通篇充满了历史的纵深感，处处闪耀着马克思主义真理的光芒，是我们总结党百年奋斗辉煌历程的经典政治文献，是引领实现中华民族伟大复兴的伟大政治纲领，显示出强大的道路自信、理论自信、制度自信和文化自信。习近平总书记首次提出"伟大建党精神"，深刻阐释了中国共产党发展的基本经验，描绘了中国共产党人的精神谱系的根基，揭示了中国共产党发展壮大的精神密码。全党要继续弘扬光荣传统、赓续红色血脉，永远把伟大建党精神继承下去、发扬光大。

一、理想信念是共产党人的政治灵魂，初心使命是共产党人的永恒主题

理想信念是共产党人的政治灵魂。坚持真理、坚守理想，始终是共产党人

* 原文刊载于《中国高等教育》2021 年 8 月第 15/16 期。本文为 2019 年度北京市习近平新时代中国特色社会主义思想研究中心重大项目（项目编号：19LLZD08）的阶段性成果。

安身立命的根本；对马克思主义的信仰，对社会主义和共产主义的信念，是共产党人的政治灵魂。中国共产党从成立起，就把为共产主义、社会主义而奋斗确定为自己的纲领。在革命战争年代，中国共产党人的理想信念表现在为推翻帝国主义、封建主义、官僚资本主义反动统治，完成新民主主义革命而奋斗；在社会主义革命和建设时期，表现在为建立、巩固和完善社会主义制度、推进社会主义现代化而奋斗；在改革开放和社会主义现代化建设新时期，表现为"敢教日月换新天"，勇敢闯出中国特色社会主义道路的胆识和魄力；在新时代，表现在为全面建设社会主义现代化国家新征程而努力奋斗。人无信不立，没有理想信念，理想信念不坚定，精神上就会"缺钙"，就会得"软骨病"。政党也是如此，有了统一且坚定的理想信念，组织才有组织力和号召力，才能确保组织里的同志志不改、道不变，也才能确保组织的路线正确、目标达成。100 年来，共产主义远大理想激励了一代又一代共产党人英勇奋斗，成千上万的烈士为了理想献出了宝贵生命；100 年来，也正是这个理想，让中国共产党越过一个个激流险滩、高山险峰，取得了不朽功勋。

初心使命是共产党人的永恒主题。中国共产党的百年历史，就是一部践行初心、担当使命的历史。不忘初心、牢记使命，是中国共产党永葆先进性和奋斗精神的根本要求，也是担负时代和历史重任的现实需要。建立中国共产党、成立中华人民共和国、推进改革开放和中国特色社会主义事业，是五四运动以来我国发生的三大历史性事件，是近代以来实现中华民族伟大复兴的三大里程碑。在这三大历史性事件和三大里程碑中，我们能够清楚地看到中国共产党的初心和使命。中国共产党 100 年历史的主题主线，就是为了实现民族独立、人民解放和国家富强、人民幸福。我们党干革命、搞建设、抓改革，都是为了让人民群众过上幸福的生活、美好的生活，都是为了推进中华民族伟大复兴。100 年来，正是因为一代代中国共产党人用行动践初心、以生命赴使命，我们党才能团结带领人民战胜一个又一个风险挑战，创造一个又一个人间奇迹。

二、艰苦奋斗是共产党人的政治本色，人民至上是共产党人不变的坚持

艰苦奋斗是共产党人的政治本色。在斗争年代，两万五千里长征，越高山峻岭，跨激流险滩，翻雪山过草地；曾经的北洋军阀、国民党反动派、日本帝国主义、美帝国主义，都是全方位领先我们的敌对力量、强大敌人，他们不可一世，武装到牙齿，但最终也被中国共产党和伟大的中国人民打败。新中国成立后，山河百废待兴，建设一个新中国，任务是极端艰巨的。我们党迎难而上，团结带领人民完成社会主义革命，确立社会主义基本制度，推进社会主义建设，完成了中华民族有史以来最为广泛而深刻的社会变革。进入改革开放新时期，艰苦奋斗是中国共产党领导人民摆脱贫困、追赶时代的强大精神力量。结束长期封闭状态后，我们很快意识到和世界的差距很大。中国如何摆脱落后的状态，赶上时代，是当时的共产党人思考的最大问题。中国共产党人立足中国基本国情，以巨大的政治勇气和理论担当，提出并科学回答了"什么是社会主义、怎样建设社会主义"这个重大理论和实际问题，成功开创了一条中国特色社会主义新道路。党的十八大以来，中国特色社会主义进入了新时代，我们比历史上任何时期都更接近、更有信心和能力实现中华民族伟大复兴的目标。当前，我们的发展内外部环境纷繁复杂，面临的困难与挑战前所未有，但中国共产党带领全国人民发扬艰苦奋斗精神，脱贫攻坚战取得了全面胜利，疫情防控阻击战取得重大战略成果，2020 年经济正增长，顺利实现第一个百年奋斗目标。艰苦奋斗是共产党人的政治本色，中国共产党能够带领中国人民逢山开路、遇水搭桥，攻克难关、战胜挑战，化解风险、摧毁敌人的关键，就是中国共产党人不怕一切艰难困苦，不畏任何强大敌人，敢于斗争，敢于胜利。

人民至上是共产党人不变的坚持。中国共产党始终坚持以人民为中心的价值追求，党的根基在人民、血脉在人民、力量在人民，人民至上是共产党人不变的坚持。在百年奋斗历程中，我们党始终树立全心全意为人民服务的根本宗

旨，坚定"江山就是人民，人民就是江山"的价值选择，秉持"我将无我，不负人民"的崇高情怀，坚持以人民为中心的发展理念，赢得了各族人民的衷心拥护和坚定支持。中国共产党把为人民谋利益、谋幸福作为党的全部工作的出发点和落脚点；努力落实人民主体地位，实现人民当家作主，保证人民权利，实现人民利益；把人民赞成不赞成、人民高兴不高兴、人民满意不满意、人民答应不答应作为判断党的工作成败得失的价值标准；与人民同甘共苦、命运与共，与人民保持血肉联系，是共产党人生存之本，是共产党人优良的传统作风。中国共产党为人民而生、因人民而兴，人民的真心拥护、人民的坚决支持，是党的事业成功的关键。百年来中国共产党创造历史伟业，实现中国社会巨大进步，使中华民族命运根本改变，本身就是党领导人民浴血奋斗的结果。人民使中国共产党获得了无坚不摧的力量；人民是党不断走向胜利的力量源泉，人民是党执政的最大底气。

三、从四个方面落实和践行好伟大建党精神

伟大建党精神是中国共产党的精神之源，是共产党人的精神原乡。当前，我国踏入全面建设社会主义现代化国家新征程，我们要深刻领会伟大建党精神的精神实质和丰富内涵，坚定不移把伟大建党精神继承下去、发扬光大，以伟大建党精神指导工作，适应新形势，迎接新挑战，解决新问题，以永不懈怠的精神状态和一往无前的奋斗姿态走好第二个百年奋斗目标新的赶考之路，努力创造不负革命先辈期望、无愧于历史和人民的新业绩。作为高等学校，要从四个方面落实和践行好伟大建党精神。

一是在坚持社会主义办学方向上狠着力。中国的高校是党领导下的高校、是中国特色社会主义高校，坚持社会主义办学方向是学校所有工作的基本遵循，立德树人是学校的立身之本。要坚守政治定力，更加紧密地团结在以习近平同志为核心的党中央周围，继续推进马克思主义中国化，增强"四个意

识"、坚定"四个自信"、做到"两个维护"。

要在强化党的领导上下功夫。坚持党的领导是中国特色社会主义教育的本质特征，要从讲政治的高度，突出党对高校的全面领导，牢牢掌握党对高校的领导权，坚决落实党委领导下的校长负责制，使高校成为坚持党的领导的坚强阵地，使学校党委切实承担起管党治党、办学治校主体责任，充分发挥把方向、管大局、作决策、抓班子、带队伍、保落实的作用。要在强化"四个自信"上下功夫。道路自信源于历史必然，理论自信源于理论科学，制度自信源于制度优势，文化自信源于传统光荣。要坚持不懈培育和弘扬社会主义核心价值观，引导广大师生将其内化于心、外化于行，推动形成与学校精神相契合的优良风尚。要充分发挥大学的文化传承创新功能，充分挖掘学校的精神，把坚持"四个自信"落实到传承和弘扬学校光荣传统中，落实到学校改革建设发展中，落实到教学、科研、管理等方方面面，教育引导青少年学生弄清楚中国共产党为什么"能"、马克思主义为什么"行"、中国特色社会主义为什么"好"等基本道理，坚定不移听党话、跟党走，在全面建设社会主义现代化国家伟大实践中建功立业。要坚决落实意识形态工作责任制，把旗帜高高举起来，把责任层层压下去，牢牢掌握党在高校意识形态领域的领导权。

二是在为党育人、为国育才中彰显初心使命。不忘初心方得始终，牢记使命方能致远。中国共产党"为中国人民谋幸福、为中华民族谋复兴"的初心使命，在教育领域的具体表现就是"为党育人、为国育才"。中国共产党自成立起就高度重视教育工作，把教育作为民族振兴、社会进步的重要基石。教育有鲜明政治属性，这一点，古今中外，概莫能外。

要坚持以马克思主义为指导，全面贯彻党的教育方针，坚持教育为人民服务、为中国共产党治国理政服务、为巩固和发展中国特色社会主义制度服务、为改革开放和社会主义现代化建设服务；要把加强思想政治工作贯穿教育教学全过程，坚持全员全过程全方位育人，努力解决好"培养什么人、怎样培养人、为谁培养人"这个根本问题，要把培养德智体美劳全面发展的社会主义建设者和接班人作为根本任务，不断提高学生思想水平、政治觉悟、道德品质、文化素养，让更多学生成为又红又专、德才兼备、全面发展的人才。

三是在艰苦奋斗、无畏担当中锤炼斗争本领。当前，中国日益走近世界舞台中央，敌对势力从未停止对我们进行渗透，意识形态等领域的斗争形势仍然十分严峻，要注意各种敌对势力西化、分化带来的政治风险，西方保护主义、单边主义带来的经济风险，各种民族分裂势力、宗教极端势力、暴力恐怖势力加紧活动带来的安全风险。

要毫不动摇加强党的建设。没有一流的党建，就没有一流的大学。高校党员数量庞大，基层党组织集中，知识分子思想活跃，党建工作体量大、类型多、对象特殊。要站在厚植党的执政基础的高度，准确把握高校党建工作的特征，加强基层党组织建设，切实解决高校党的基层组织弱化问题，提高党建工作针对性和实效性。要持之以恒推进全面从严治党。要严肃高校党内政治生活，净化党内政治生态，匡正选人用人风气，解决师德师风问题。以优良的党风带动校风教风学风，营造高校风清气正的政治生态，打造良好的教书育人环境。要旗帜鲜明强化斗争精神。要树立敢于斗争、善于斗争的鲜明导向，引导广大干部，特别是领导干部要保持铮铮铁骨，保持共产党人的风骨、气节、操守、胆魄。组织部门要把斗争精神和斗争本领作为干部培训的重要内容，作为考核考察识别干部的重要方面，作为选拔任用干部的重要依据，作为管理干部的重要约束，作为树立标杆典型的重要条件。要慎之又慎增强风险意识。要保持政治定力，坚定必胜信念，增强风险意识、底线思维，不断提高防范风险、抵御风险的能力，做好热点问题、突发事件的舆论引导，夯实永远奋斗的信仰基石，把不懈奋斗、永远奋斗的政治品格发扬光大。

四是在办好人民满意教育征程中立新功。教育兴则国家兴，教育强则国家强。党和国家高度重视高等教育，党的十八大以来，以习近平同志为核心的党中央对高等教育工作作出一系列重大决策部署。当前，创新驱动发展战略的加速实施，对加快提升劳动者素质和受教育水平提出新要求，人民群众对优质高等教育的期待越来越高、越来越多样化。

要坚定不移走中国特色社会主义教育发展道路，走适合自己的教育发展道路，这是办好人民满意的教育的内在要求。要不断深化教育综合改革，力争在关键领域和重要环节取得突破性进展，要坚持目标导向和问题导向相结合、顶层设计和基层探索相结合、综合改革和重点突破相结合、改革创新和于法有据相结合，四梁八柱的改革框架搭建起来，推动改革红利不断显现。要切实提升服务经济社会发展能力，聚焦重大现实问题，致力于提出解决世界性问题和我国改革发展现实问题的有效中国方案；从我国改革发展实践中提出新观点、构建新理论，努力构建中国特色、中国风格、中国气派的学科体系、学术体系、话语体系。

加快构建中国特色哲学社会科学体系要出好三张牌[*]

——主基调、主阵地和关键棋

党的十八大以来，以习近平同志为核心的党中央高度重视哲学社会科学发展。习近平总书记提出"加快构建中国特色哲学社会科学学科体系、学术体系、话语体系"的重大论断和战略任务，为推动哲学社会科学创新发展指明前进方向、提供重要遵循。高校要发挥优势、守正创新，加快构建中国特色哲学社会科学"三大体系"。

把握主基调。对于高校而言，构建中国特色哲学社会科学"三大体系"既是重大理论研究任务、学科建设任务、人才培育任务，更是重大政治任务和战略任务，要把握主基调、打好主动仗。习近平总书记指出："哲学社会科学事业是党和人民的重要事业，哲学社会科学战线是党和人民的重要战线。"加强和改进党对哲学社会科学工作的领导，是繁荣发展我国哲学社会科学事业的根本保证。必须加强和改进党对哲学社会科学工作的领导，牢牢坚持马克思主义指导地位，以习近平新时代中国特色社会主义思想为指导，以构建中国特色哲

---

* 原文刊载于《人民日报》2020年6月29日第9版，《新华文摘》2020年第19期转载。

学社会科学"三大体系"为目标，以研究重大理论和现实问题为根本任务，以为党育人、为国育才为重要使命，根据高校发展目标和发展定位，着眼长远布局、积极主动作为。当今世界正经历百年未有之大变局，我国正处于实现中华民族伟大复兴的关键时期，各种深层次矛盾和问题日益凸显，各类风险挑战不断增多。面对新形势新任务，必须把构建中国特色哲学社会科学"三大体系"放到"两个大局"中去思考、放到"两个一百年"奋斗目标中去谋划，强化担当作为、回应时代呼声。

扎根主阵地。形成鲜明的中国特色、中国风格、中国气派，是构建中国特色哲学社会科学"三大体系"的必然要求。如果理论研究总是跟在别人后面亦步亦趋，没有自己的特色和风格，不仅难以形成中国特色哲学社会科学"三大体系"，更无法为中国特色社会主义伟大实践提供智力支持。高校要坚持从我国实际出发，旗帜鲜明地坚持马克思主义指导地位，不断推进马克思主义中国化、时代化、大众化，毫不动摇地把学习贯彻习近平新时代中国特色社会主义思想贯穿高校哲学社会科学教学和研究全过程。为我们党治国理政提供思想和智力支持，是我国高校的重要职能，也是高校哲学社会科学肩负的重要使命。这就要求高校在构建中国特色哲学社会科学"三大体系"过程中，把工作重心放到研究我们党治国理政面临的重大理论和现实问题上来，放到提出解决问题的有效思路和科学方法上来，真正做到为人民做学问、为国家建良言。中华民族博大精深的优秀传统文化、独具特色的思想理论体系，为构建中国特色哲学社会科学"三大体系"提供了强大思想支撑，我们要善于从历史中获取开启未来的智慧。当代中国正经历着我国历史上最为广泛而深刻的社会变革，也正进行着人类历史上最为宏大而独特的实践创新，这为中国特色哲学社会科学研究提出了许多新的课题。我们要扎根现实沃土、着眼现实问题，主动承担起时代赋予我们的光荣使命。

下好关键棋。加快构建中国特色哲学社会科学"三大体系"，当前需要在以下几个方面重点发力。一是不断深化对习近平新时代中国特色社会主义思想的研究阐释。习近平新时代中国特色社会主义思想是具有原创性贡献的科学理论体系，贯穿着科学的思想方法和工作方法，是发展的、开放的理论体系。深入学习贯彻习近平新时代中国特色社会主义思想，是一项长期的政治任务。对于高校而言，要充分发挥人才密集、研究力量雄厚的优势，在做好研究阐释工作的基础上，大力推进习近平新时代中国特色社会主义思想进教材、进课堂、进头脑。通过设立主题出版项目等形式，不断推出学术研究精品和理论创新成果。二是讲好中国故事，推动哲学社会科学走出去。习近平总书记指出："在解读中国实践、构建中国理论上，我们应该最有发言权，但实际上我国哲学社会科学在国际上的声音还比较小，还处于有理说不出、说了传不开的境地。"高校必须增强紧迫感、使命感，以构建中国特色哲学社会科学"三大体系"为重点，结合学校学科布局特点，积极推动哲学社会科学走出去，让世界了解"学术中的中国""理论中的中国""哲学社会科学中的中国"。三是充分发挥高校哲学社会科学育人优势。习近平总书记指出："高校哲学社会科学有重要的育人功能，要面向全体学生，帮助学生形成正确的世界观、人生观、价值观，提高道德修养和精神境界，养成科学思维习惯，促进身心和人格健康发展。"构建中国特色哲学社会科学"三大体系"，要充分发挥哲学社会科学的思想引领和价值引导作用。通过课堂教学和学术研究等渠道，推动思想政治工作落实落地、见功见效，在充分发挥哲学社会科学育人功能的同时，不断提升高校哲学社会科学教学的能力和水平。

推进教育数字化 *

　　教育是国之大计、党之大计。强国必先强教，中国式现代化需要教育现代化的支撑。在党的二十大报告中，习近平总书记站在党和国家事业发展全局的高度，对办好人民满意的教育作出重要部署，强调要"推进教育数字化，建设全民终身学习的学习型社会、学习型大国"。这为我们推动教育变革和创新、加快建设教育强国指明了前进方向、提供了根本遵循。

　　当今世界，科技进步日新月异，互联网、云计算、大数据等现代信息技术深刻改变着人类的思维、生产、生活、学习方式。如何因应信息技术的发展，推动教育变革和创新，建设"人人皆学、处处能学、时时可学"的学习型社会，培养大批创新人才，是人类共同面临的重大课题。作为"数字中国战略"的一部分，推进教育数字化是贯彻落实科教兴国战略、人才强国战略、创新驱动发展战略的重要先手棋。我们必须深刻认识教育数字化的重要意义，准确把握推进教育数字化的重要抓手。

　　建设学习型社会、学习型大国的重要支撑。习近平总书记指出："要完善

＊　原文刊载于《人民日报》2023 年 4 月 27 日理论版。

全民终身学习推进机制，构建方式更加灵活、资源更加丰富、学习更加便捷的终身学习体系。"构建服务全民的终身学习体系，是加快推进教育现代化、建设教育强国、办好人民满意的教育的战略任务。在数字教育时代，要主动、积极适应数字化、智能化、终身化、融合化发展趋势，集聚全社会优质学习资源，搭建全民终身学习公共服务平台，满足社会成员多样化、个性化学习需求，建设学分银行，让人人皆学、处处能学、时时可学成为现实，让教育成为伴随每个人一生的教育、平等面向每个人的教育、适合每个人的教育、更加开放灵活的教育。

实现教育公平、高质量发展的重要途径。习近平总书记指出："坚持以人民为中心发展教育，加快建设高质量教育体系，发展素质教育，促进教育公平。"促进教育公平不是削峰填谷，关键在补齐短板、提高质量。教育数字化可以利用新的技术手段，快速高效地把分散的优质教育资源聚合起来，在突破时空限制的基础上实现跨学校、跨区域、跨国家的传播分享，从而实现优质教育资源的覆盖面不断扩大，消除教育发展不平衡不充分的数字鸿沟。比如，数字化线上教育可以作为学校教育和课堂教学的补充和延伸，让我国城乡学生共享全国名师、名家、名校、名课资源。我们要通过教育数字化，逐步缩小区域、城乡数字差距，大力促进教育公平，让亿万孩子同在蓝天下共享优质教育。

推动教育转型发展、改革创新的重要动力。习近平总书记指出："数字技术正以新理念、新业态、新模式全面融入人类经济、政治、文化、社会、生态文明建设各领域和全过程，给人类生产生活带来广泛而深刻的影响。"当前，数字化正引领教育变革和创新的新浪潮，催生了数字教育新业态，必将持续深刻影响教育发展，既给教育事业发展带来了新挑战，也为教育变革和创新提供了难得的机遇。我们要树立数字思维，深刻认识教育数字化将催生新的教育场景和教育形式，实现教育整体水平提升。要基于大数据和人工智能，促进自主学习和因材施教，形成基于全过程数据的教育评价机制，积极推动数字教育的技术、模式、业态和制度创新，以教育数字化支撑和引领教育现代化，让数字教育惠及所有学习者。

面向未来，我们要切实发挥数字技术优势，加快构建新一代数字教育平台及内容，大力推进教育数字化，充分利用数字技术发展带来的教育红利，为教育现代化贡献更多数字化力量。具体来看，需要从以下几方面着力：一是明标准。健全教育数字化标准规范体系，从顶层设计层面构建统一、标准、规范的管理、运行、监督体系，让数字教育的发展更加规范有序、更好共建共享。二是强基础。数字教育以技术为依托，以网络为基本载体。要推进教育新型基础设施建设，同时加强统筹协调、互联互通，避免出现信息孤岛。三是抓内容。教育数字化不是简单地把教学内容从线下搬到线上，而是要系统推进教育全生态的升级发展。这就要求我们创新数字教育资源供给模式，丰富数字教育资源和服务供给，在教学空间、教学过程、教学评价、教育治理等方面下功夫，实现全过程、全要素、全时空、全领域的转型，以高质量的教育内容为数字教育稳健发展提供有效支撑。四是严监管。建立教育数字化产品和服务进校园审核制度，提升相关部门协同监管能力。五是保安全。强化关键信息基础设施保障，既提升个人信息保护水平，又保证平台安全运行和数据信息安全。

办好人民满意的高等教育 *

　　坚持人民至上，是中国共产党百年奋斗的一条重要历史经验。始终把人民放在心中最高位置，带领人民创造更美好生活，是我们党始终不渝的追求。教育关系一个民族和国家的前途命运，关系千家万户的切身利益。高等教育是党的教育事业的重要组成部分。我们要始终牢记为党育人、为国育才的职责使命，全面贯彻党的教育方针，始终坚持社会主义办学方向，全面落实立德树人根本任务，把人民至上的理念落实到高等教育的具体工作中，为办好人民满意的高等教育作出更大贡献。

　　习近平总书记指出："让老百姓过上好日子是我们一切工作的出发点和落脚点。"对于中国共产党人而言，"人民"二字重于千钧。回望百年波澜壮阔的党史，我们党领导人民推翻"三座大山"、建立新中国，是为了人民根本利益；领导人民开展社会主义革命和建设、改变一穷二白的国家面貌，也是为了人民根本利益；领导人民实行改革开放、推进社会主义现代化，还是为了人民根本利益。人民至上从来不是一句口号，而是体现在一代代共产党人的接续奋斗

---

　　*　原文刊载于《人民日报》2022年3月23日理论版。

中。党的十八大以来，以习近平同志为核心的党中央坚持以人民为中心的发展思想，持续保障和改善民生、不断增进民生福祉，把人民至上的理念具体地、现实地体现到治国理政的方方面面。我们党团结带领人民打赢脱贫攻坚战，历史性地解决绝对贫困问题，如期实现全面建成小康社会的第一个百年奋斗目标。坚持人民至上、生命至上，取得抗击新冠疫情斗争重大战略成果。着力解决人民群众在收入分配、就业、教育、社会保障、医疗卫生、住房保障等方面的急难愁盼问题，人民群众获得感、幸福感、安全感显著增强。顺应人民对高品质生活的期待，着眼促进人的全面发展和全体人民共同富裕，不断推动幼有所育、学有所教、劳有所得、病有所医、老有所养、住有所居、弱有所扶取得新进展。

教育是民生之基。高等教育是一个国家发展水平和发展潜力的重要标志，寄托着亿万家庭对美好生活的期盼。新中国成立以来，我国高等教育走过了从小到大、从弱到强的不平凡历程，办学规模、培养质量、服务能力实现历史性跃升。党的十八大以来，在以习近平同志为核心的党中央坚强领导下，我国高等教育与祖国共进、与时代同行，创造了举世瞩目的发展成就。我国已建成世界上最大规模的高等教育体系，高等教育毛入学率由 1977 年的 2.6% 提高到 2020 年的 54.4%。习近平总书记指出："今天，党和国家事业发展对高等教育的需要，对科学知识和优秀人才的需要，比以往任何时候都更为迫切。"进入新时代，人民群众对高质量高等教育的需要日益增长，对高等教育发展提出了更高期待。坚持人民至上，办好人民满意的高等教育，必须回答好培养什么样的人、如何培养人以及为谁培养人这个根本问题，推动高等教育内涵式发展，不断提升高等教育质量，把人民群众是否满意作为评价标准，积极回应人民群众对高质量高等教育的期待。

努力落实立德树人根本任务。引导学生牢固树立共产主义远大理想和中国特色社会主义共同理想，深入学习贯彻习近平新时代中国特色社会主义思想，深刻领会"两个确立"的决定性意义，增强中国特色社会主义道路自信、理论自信、制度自信、文化自信。加强思想政治教育，办好思想政治理论课这一落实立德树人根本任务的关键课程，重视思政课教师队伍建设，及时更新教学内容、丰富教学手段、不断改善课堂教学状况，在改进中加强、在创新中提高，将思想政治工作体系贯穿人才培养全过程、各方面、各环节。用中华优秀传统文化、革命文化、社会主义先进文化培根铸魂、启智润心，教育引导学生扬爱国情、立强国志、践报国行，听党话、感党恩、跟党走，增强做中国人的志气、骨气、底气，把自身的理想同祖国的前途、把自己的命运同民族的命运紧密联系在一起，在时代沃土上挥洒汗水、勤奋耕耘。

努力把学生培养成为党和国家事业发展需要的栋梁之才。把握高等教育发展规律，研究分析并主动对接国家重大战略以及各地区、各行业、各领域的需求，在服务需求中形成优势、办出特色，不断提高人才培养质量。优化学科专业结构，创新体制机制，促进知识学习与科学研究、能力培养有机结合。倾听学生、家庭、社会对教学科研各项工作的意见建议，强化育人的制度保障，为学生的学术研究、社会实践以及创新创业提供更广阔平台和更坚实支撑，努力让学生成为党和国家事业发展需要的栋梁之才。

努力引导学生砥砺奋斗之志、增强奋斗精神。教育引导学生充分认识到，在实现中华民族伟大复兴的征程上，必然会面临许多艰巨繁重的任务，不可避免会遇到各种艰难险阻甚至惊涛骇浪。无论是实现民族复兴的伟大目标，还是创造个人的出彩人生，都需要艰苦奋斗。教育引导学生树立高远志向，历练敢于担当、不懈奋斗的精神，以勇于奋斗的精神状态、乐观向上的人生态度，做到知行合一、刚健有为、自强不息，为干事创业储备力量，让人生在奋斗中焕发夺目光彩，用实际行动为全面建设社会主义现代化国家贡献力量，在接续奋斗中实现中华民族伟大复兴的中国梦。

全面提高人才培养能力　做好新时代育人工作 *

2022 年 4 月 25 日，习近平总书记在中国人民大学考察时强调，"为谁培养人、培养什么人、怎样培养人"始终是教育的根本问题。要坚持党的领导，坚持马克思主义指导地位，坚持为党和人民事业服务，落实立德树人根本任务，传承红色基因，扎根中国大地办大学，走出一条建设中国特色、世界一流大学的新路。高校的根本任务是立德树人。一流大学要有一流的育人体系，培养一流人才方阵，坚持全员全过程全方位育人，担负起为党育人、为国育才的职责使命，为全面建成社会主义现代化强国、实现中华民族伟大复兴中国梦提供源源不断的高质量人才支撑。

一、把握培养方向，坚定育人初心

引领学生成为实现中华民族伟大复兴的追梦者。青年理想远大、信念坚定，是一个国家、一个民族无坚不摧的前进动力。大学是学生立志定向的最好时期。要帮助学生扣好人生"第一粒扣子"，筑牢理想信念之基，树牢正确价

---

　*　原文刊载于《光明日报》2022 年 5 月 13 日理论版。

值观，涵养学生家国情怀、人类情怀，引导他们坚定马克思主义信仰和中国特色社会主义共同理想，立志于用所学、所长服务国家、民族和人民，服务中国特色社会主义事业，积极投身于实现中华民族伟大复兴中国梦的生动实践中，立志成为担当民族复兴大任的时代新人，与新时代同向同行，用实际行动践行"请党放心、强国有我"的新时代青年宣言。

培养学生成为全面建设社会主义现代化强国的筑梦者。梦想要在一代又一代人的接续奋斗、真干实干中实现，新时代也对青年能力素质提出了新的更高要求。要帮助学生树立"不学习、无以立"的意识，帮助他们学习掌握马克思主义立场观点方法，奠定扎实的专业理论基础，让学生在校园学到真学问、掌握真本领。同时也要培养学生博学广览的习惯，注重培养学生的人文素养和科学精神，拓宽学生的人生格局和视野眼界，提升学生洞察社会、驾驭全局、躬身实践的能力，帮助学生练就一身"钢筋铁骨"，在全面建设社会主义现代化强国新征程中接稳接好历史的接力棒。

帮助学生成为中国特色社会主义事业的开拓者。习近平总书记在纪念五四运动 100 周年大会上寄语青年："新时代中国青年要勇做走在时代前列的奋进者、开拓者、奉献者，毫不畏惧面对一切艰难险阻，在劈波斩浪中开拓前进，在披荆斩棘中开辟天地，在攻坚克难中创造业绩，用青春和汗水创造出让世界刮目相看的新奇迹！"作为社会上最富活力、最具创造性的群体，青年学生更应该是中国特色社会主义事业的开拓者和生力军。要着力培育学生的创新意识，激发学生创造活力，为他们在新时代的风浪中开拓前进，在新时代的天地中施展拳脚奠定坚实基础。

二、遵循培养规律，坚定育人重心

坚持"全社会"育人。习近平总书记指出："办好教育事业，家庭、学校、政府、社会都有责任。"学生在校期间，校园的一草一木、一砖一瓦都始终伴随着学生的学习和生活，都可以成为"育人元素"；学校校史校情的挖掘以及校园文化氛围的塑造，都潜移默化地影响着学生情趣培养和性格陶冶；校园全体教职员工的一言一行、一举一动都对学生的行为产生示范效应，特别是服务学生的"一线窗口"以及学生的身边人，都要强化育人人人有责、人人履责的意识观念，努力成为"育人者""引路人"。

坚持"全过程"育人。将立德树人贯穿教育教学全过程和学生成长成才全过程，实现育人无时不在、无时不有。贯穿教育教学全过程就是要把育人与育才紧密结合、灵活穿插，实现寓教于乐、寓教于学。要推动思政课程与课程思政同向同行，使各类课程与思想政治理论课形成协同效应，真正实现思想与学识同步提升。贯穿学生成长成才全过程就是要充分认识和把握学生在不同成长阶段的特点和规律，因时而教、因人而教，让学生在每个成长阶段、不同的成长环境都能得到适时适当的教育。

坚持"全方位"育人。实现培养德智体美劳全面发展的社会主义建设者和接班人的目标，实现学生全面发展，需要各个部门、各门课程、各个环节协同发力、同频共振，坚持立德与立智相互融合，体育、美育和劳育相互贯通，切实践行五育并举。要真正做到以实现全方位育人为出发点和落脚点，敢于打破不同课程之间、不同专业之间甚至不同院校之间的传统壁垒，突破既有思维逻辑，创新方式方法，从不同层次引导学生、从不同角度培育学生、从不同方面历练学生，真正实现对学生的全方位培养。

三、坚持培养目标，坚定育人中心

抓住育人的大需求。习近平总书记指出："人才培养一定是育人和育才相统一的过程，而育人是本。"育人不是简单的"流水线"作业，要及时了解新时代大学生的特点，明白学生所思、所想、所求，不能"一本教案走天下"，要摒弃"千人一面"的教育模式。一方面，在现在的教育模式和体系下，师生之间的接触更加多样化，除了课堂授课，更有座谈研讨以及社会服务、社会实践等线上线下、多种多样的教育模式，要在充分利用这些模式的基础上进一步了解学生的自身需求，根据学生自身性格兴趣爱好以及特长灵活施策，有针对性的重点培养；另一方面，由于学生在一定成长阶段存在知识和认知上的一些局限，要在想学生所想基础上做到想学生所未想，紧跟国家战略调整以及经济社会形势变化提前帮助学生做好学业和职业规划，不仅要给学生提供有针对性的意见建议，更要为之提供有效的实现路径。

培养育人的"大先生"。习近平总书记指出："建设政治素质过硬、业务能力精湛、育人水平高超的高素质教师队伍是大学建设的基础性工作。"教师是离学生最近、面向学生时间最长的群体，一名好的老师既要有扎实的知识功底作为基础，也要有广博的视野和宽阔的胸怀；既要做到亦师亦友，更要做到良师益友；既授人以鱼，又授人以渔；既能够在生活中给予学生关心，也能够在学习中给予学生指导。要按照"四有"标准加强高校教师队伍建设，引导教师热爱并坚守三尺讲台，自觉做教书育人的"大先生"。

打造育人的大环境。高校作为人才培养的"主阵地"，要统筹好育人的"供给端"与"需求端"，既要做好管理者，也要做好服务者，避免形成学生群体和教师群体的信息孤岛。既要深入教师一线，及时调研了解教师所思所想，也要深入学生一线，及时了解学生所求所盼，同时要做教师与学生之间的"催化剂"，精准对接统筹施策。要深入学习贯彻习近平总书记关于教育的重要论述，坚持和加强党对学校工作的全面领导，牢牢把握社会主义办学方向，紧盯新时代新形势新任务，不断强化以师生为中心的服务理念，持续提升校园治理水平和治理能力，为学生的成长成才和教师的教书育人打造风清气正的校园环境。

源源不断培养造就哲学社会科学人才 *

习近平总书记在党的二十大报告中全面部署"实施科教兴国战略，强化现代化建设人才支撑"，强调"坚持为党育人、为国育才，全面提高人才自主培养质量，着力造就拔尖创新人才"。我国进入了全面建设社会主义现代化国家、向第二个百年奋斗目标进军的新征程，我们比历史上任何时期都更加接近实现中华民族伟大复兴的宏伟目标，也比历史上任何时期都更加渴求人才。全面建设社会主义现代化国家、全面推进中华民族伟大复兴，必须更加重视人才自主培养。

国家发展靠人才，民族振兴靠人才。一个国家的发展水平，既取决于自然科学发展水平，也取决于哲学社会科学发展水平。在深入实施新时代人才强国战略、加快建设世界重要人才中心和创新高地的历史进程中，我们既要下大气力全方位培养自然科学人才，也要培养造就大批哲学社会科学人才。习近平总书记指出："坚持和发展中国特色社会主义，需要不断在实践和理论上进行探索、用发展着的理论指导发展着的实践。在这个过程中，哲学社会科学具有不

---

* 原文刊载于《人民日报》2022 年 10 月 25 日理论版。

可替代的重要地位，哲学社会科学工作者具有不可替代的重要作用。"加强哲学社会科学人才培养，既是我国自身发展的需要，也是我国参与国际合作和竞争的需要。从国内看，当代中国正经历着我国历史上最为广泛而深刻的社会变革，也正在进行着人类历史上最为宏大而独特的实践创新，坚持和发展中国特色社会主义理论和实践提出了大量亟待解决的新问题，需要有理想、有抱负的哲学社会科学人才立时代之潮头、通古今之变化、发思想之先声，积极为党和人民述学立论、建言献策，担负起历史赋予的光荣使命。从国际看，在世界百年未有之大变局加速演进、世界进入新的动荡变革期的今天，迫切需要回答好"世界怎么了""人类向何处去"的时代之题，需要有越来越多的哲学社会科学人才拿出更多能够体现中国立场、中国智慧、中国价值的研究成果。

习近平总书记指出："我国拥有世界上规模最大的高等教育体系，有各项事业发展的广阔舞台，完全能够源源不断培养造就大批优秀人才，完全能够培养出大师。我们要有这样的决心、这样的自信！"高校是我国哲学社会科学"五路大军"中的重要力量，必须积极担当作为，源源不断培养造就哲学社会科学人才，在为2035年基本实现社会主义现代化提供人才支撑、为2050年全面建成社会主义现代化强国打好人才基础方面作出更大贡献。

加强党的领导。习近平总书记指出："加强和改善党对哲学社会科学工作的领导，是繁荣发展我国哲学社会科学事业的根本保证。"哲学社会科学事业是党和人民的重要事业，哲学社会科学战线是党和人民的重要战线。高校要源源不断培养造就哲学社会科学人才，必须加强党的领导，坚持马克思主义指导地位，全面贯彻习近平新时代中国特色社会主义思想。高校党委要加强政治领导和工作指导，一手抓繁荣发展、一手抓引导管理，深化管理体制改革，形成既能把握正确方向又能激发科研活力的体制机制。坚持尊重劳动、尊重知识、尊重人才、尊重创造，实施更加积极、更加开放、更加有效的人才政策，深化人才发展体制机制改革，积极为人才松绑，完善人才管理制度，做到人才为本，信任人才、尊重人才、善待人才、包容人才。完善人才评价体系，加快建立以创新价值、能力、贡献为导向的人才评价体系，形成并实施有利于哲学社会科学人才潜心研究和创新的评价体系。

扎根中国大地。习近平总书记指出："哲学社会科学工作者要做到方向明、主义真、学问高、德行正，自觉以回答中国之问、世界之问、人民之问、时代之问为学术己任，以彰显中国之路、中国之治、中国之理为思想追求，在研究解决事关党和国家全局性、根本性、关键性的重大问题上拿出真本事、取得好成果。"高校要以我们正在做的事情为中心，大力培养能够从我国改革发展实践中挖掘新材料、发现新问题、提出新观点、构建新理论的哲学社会科学人才。培养能够传播中国声音、中国理论、中国思想的哲学社会科学人才，充分发挥哲学社会科学在融通中外文化、增进文明交流中的独特作用。培养为人民服务、为中国共产党治国理政服务、为巩固和发展中国特色社会主义制度服务、为改革开放和社会主义现代化建设服务的哲学社会科学人才，不断为党和人民事业发展提供智力支持。

推进守正创新。习近平总书记指出："创新是哲学社会科学发展的永恒主题，也是社会发展、实践深化、历史前进对哲学社会科学的必然要求。"高校要始终坚持把马克思主义基本原理同中国具体实际相结合、同中华优秀传统文化相结合，立足中华民族伟大复兴战略全局和世界百年未有之大变局，在不断推进马克思主义中国化时代化中培养哲学社会科学人才。始终坚持不忘本来、吸收外来、面向未来，坚持古为今用、洋为中用，融通各种资源，在不断推进知识创新、理论创新、方法创新中培养哲学社会科学人才。注重树立问题导向，无论是面对关系我国国计民生的重大课题，还是面对关系人类前途命运的重大问题，都要让发现问题、筛选问题、研究问题、解决问题的过程成为守正创新的过程、成为培养哲学社会科学人才的过程。

第五篇

高校党建探索

本篇是作者关于高校党的领导和思想政治理论课建设的一些思考。加强党对教育工作的领导是我国教育事业发展的根本经验。作为高校党委书记，作者立足本职，牢牢把握社会主义办学方向，围绕"为谁培养人、培养什么人、怎样培养人"这一主线，聚焦高校党建、党对高校工作的领导、高校思想政治理论课建设等，从使命责任、工作定位、创新举措等各个方面进行了系统的探索思考和总结。

抓牢抓好"高校八看"
全力书写新时代高校工作奋进之笔 *

  党的十八大以来，习近平总书记从新时代坚持和发展中国特色社会主义的战略高度，就教育改革发展提出了一系列新理念新思想新观点，形成了习近平总书记关于教育的重要论述，为加快推进教育现代化、建设教育强国、办好人民满意的教育提供了根本遵循。习近平总书记在全国高校思想政治工作会议、全国教育大会、学校思想政治理论课教师座谈会上发表重要讲话，考察多所高校并和师生座谈，给高校教师、大学生回信等，都对高等教育发展提出了明确要求，为做好高校工作指明了方向。2019 年 11 月 28 日，教育部党组书记、部长陈宝生在中央财经大学调研时指出，新时代高等学校的工作应该从八个维度正确看待，即"特色看学科""水平看专业""实力看老师""质量看学生""形象看生态""动能看改革""发展看班子""根本看党建"。陈宝生部长的"高校八看"，是对习近平总书记关于教育的重要论述的生动阐释，言简意赅、全面生动，深刻揭示了高等教育发展的内在规律和基本逻辑，不仅告诉了我们"怎么看"，也告诉了我们"怎么办"，具有很强的针对性、指导性和实践性。

---

* 原文刊载于《中国高等教育》2019 年第 24 期。

抓牢抓好"高校八看"，要从加强党对高校全面领导的角度深化认识，坚持党建和业务相统一。坚持党的领导是中国大学区别于其他国家大学的最本质的特征，是中国特色社会主义大学最重大的政治原则。要坚持党对高校一切工作的领导，坚决落实党委领导下的校长负责制，充分发挥学校党委把方向、管大局、作决策、抓班子、带队伍、保落实的作用，推动高校党委切实担起管党治党、办学治校主体责任。要牢牢抓住学校领导班子成员特别是党政"一把手"这个关键少数，切实加强领导班子思想建设、能力建设和作风建设，打造好高校发展的"一线指挥部"。要准确把握高校党建工作的特点，瞄准当前工作中的薄弱环节，旗帜鲜明抓党建、毫不松懈抓党建，将党建工作与落实"不忘初心、牢记使命"制度相结合，与学校业务工作深度融合，努力营造风清气正的政治生态和良好育人环境，把高校打造成坚持党的全面领导、坚决做到"两个维护"的坚强阵地。

抓牢抓好"高校八看"，要从坚持四个服务发展方向的角度深化认识，坚持改革和发展相统一。高等教育要为人民服务，为中国共产党治国理政服务，为巩固和发展中国特色社会主义制度服务，为改革开放和社会主义现代化建设服务，这是新时代中国特色高等教育必须回答好的时代课题。要聚焦国家重大战略需求、紧密围绕加快推进"双一流"建设全面深化学校改革，推动学校实现以提高质量为核心的内涵式发展。要根据自身特色和办学定位，统筹学校整体发展，优化学科布局和专业设置，突出学校办学特色，提升学校办学水平。要深入推进人事制度和分配制度改革，充分调动广大教师的积极性，大力加强高层次领军人才和团队建设，努力打造一支德才兼备的高素质教师队伍。要加强大学章程建设，强化学术委员会建设，以处理好党委和行政、行政和学术、学校和院系关系为重点，深入推进学校管理体制改革，加快提升高校治理体系和治理能力现代化水平。

抓牢抓好"高校八看"，要从落实立德树人根本任务的角度深化认识，坚持办学治校与教书育人相统一。教育是国之大计、党之大计。高等教育肩负着培养德智体美劳全面发展的社会主义建设者和接班人的重大任务，要按照回归常识、回归本分、回归初心、回归梦想的要求，改革人才培养模式，努力培养担当民族复兴大任的时代新人。要始终坚持马克思主义指导地位，坚持社会主义办学方向，扎根中国大地办大学。要坚持不懈弘扬社会主义核心价值观，着力培育大学文化和大学精神，引导广大师生内化于心、外化于行，推动形成与之相契合的优良风尚。要把加强思想政治工作贯穿教育教学全过程，坚持全员、全过程、全方位育人，努力解决好培养什么人、怎样培养人、为谁培养人这个根本问题，不断提高学生思想水平、政治觉悟、道德品质、文化素养。

高校要做党史学习教育排头兵*

在全党开展党史学习教育，是党中央作出的重大决策部署。习近平总书记在党史学习教育动员大会上强调指出，"全党同志要做到学史明理、学史增信、学史崇德、学史力行，学党史、悟思想、办实事、开新局，以昂扬姿态奋力开启全面建设社会主义现代化国家新征程，以优异成绩迎接建党一百周年。"习近平总书记在党史学习教育动员大会上的重要讲话，深刻阐述了党史学习教育的重大意义，深刻阐明了党史学习教育的重点和工作要求，为开展好党史学习教育指明了方向，提供了根本遵循。高校是培养社会主义建设者和接班人的摇篮，深入学习、研究和运用党史，充分发挥党史以史鉴今、资政育人的作用，是高校的崇高使命和重大责任。

推进党史学习教育要提高政治站位。要切实增强"四个意识"、坚定"四个自信"、做到"两个维护"。县处级以上领导干部要率先垂范，坚定对共产主义的信仰和对中国特色社会主义的信念，把握党史的本质和主流，增强走中国特色社会主义道路的自觉性和坚定性。普通党员和群众要自觉学习，深刻认识

---

* 原文刊载于《中国高等教育》2021 年第 7 期。

历史和人民选择中国共产党、选择社会主义道路的必然性，不断坚定"四个自信"。高校要把党史学习教育放到落实立德树人根本任务的高度上来推动。在百年奋斗历程中，中国共产党人构筑起了伟大的精神谱系。高校要利用好宝贵的教育素材，弘扬革命先烈和先进人物的崇高精神，引导学生答好人生考题，锤炼奉献社会和服务人民的良好品格，为全面建设社会主义现代化国家、实现中华民族伟大复兴中国梦而不懈奋斗。

推进党史学习教育要提高干事创业凝聚力。我国现在教育总体水平已经跃居世界中上行列，已建成世界规模最大的高等教育体系。回首历史，中国高等教育取得今天的成绩，是一代代人矢志不渝、团结奋进的结果。中国共产党历来重视团结问题，把团结视为事业发展的基础。历史经验表明：只有上下一心、精诚团结，发展才有凝聚力、向心力，前进才有推动力。高校是知识分子高度集中的地方，要引导师生学习中国共产党带领中华民族战胜一切艰难险阻的伟大力量，要引导师生发扬红色传统，赓续共产党人的精神血脉，团结推动学校事业又好又快发展。

推进党史学习教育要做"学史明理、学史增信、学史崇德、学史力行"的排头兵。要学史明理，强化思想理论武装。学史明理解决的是方法论问题。通过党史学习教育，师生能够系统掌握马克思主义中国化的理论成果，把高校打造成马克思主义的坚强阵地。要学史增信，推进"两个维护"具体化。学史增信解决的是把方向问题。"两个维护"是马克思主义政党独特优势的重要体现，是党和国家事业取得历史性成就的根本保证，要引导师生把"两个维护"融入血脉，付诸行动。要学史崇德，办好人民满意教育。学史崇德解决的是价值观问题。通过党史学习教育，强化高校为党育人、为国育才的使命担当，更好地承担起塑造灵魂、塑造生命、塑造新人的时代重任。要学史力行，推动事业发展开新局。学史力行解决的是落脚点问题。通过党史学习教育，增强广大干部的为民情怀，加快建设高质量教育体系，推动"十四五"时期教育高质量发展开好局、起好步。

历史是最好的教科书，也是最好的清醒剂。高校要切实担当起党史学习教育排头兵的光荣使命，确保学习教育成果转化为提振精神、攻坚克难的强大动力，转化为推动高等教育发展的具体行动和实际成效，推动工作再上新台阶，以优异成绩庆祝建党一百周年。

把握重点明方向　学深悟透求实效 *

2021 年 2 月 1 日，习近平总书记在同党外人士共迎新春时宣布：中共中央决定，今年在全党开展中共党史学习教育，激励全党不忘初心、牢记使命，在新时代不断加强党的建设。2 月 16 日，中共中央印发《关于在全党开展党史学习教育的通知》，就党史学习教育作出部署。《通知》强调，各级党委（党组）要把开展党史学习教育作为一项重大政治任务，高度重视、精心组织。2 月 20 日，党中央召开党史学习教育动员大会，习近平总书记在讲话中强调，全党同志要做到学史明理、学史增信、学史崇德、学史力行，学党史、悟思想、办实事、开新局，以优异成绩迎接建党一百周年。习近平总书记在动员大会上的重要讲话，深刻阐述了党史学习教育的重大意义，深刻阐明了党史学习教育的重点和工作要求，对党史学习教育进行了全面动员和部署，为开展好党史学习教育指明了方向，提供了根本遵循。要认真学习领会，坚决贯彻落实，切实把思想和行动统一到习近平总书记重要讲话精神和党中央部署要求上来。党史学习教育要重点把握好"为何学""谁来学""学什么""怎么学""学得好"等 5 个

---

* 原文刊载于《北京教育（德育）》2021 年第 3 期。

重点问题。

一、深刻认识开展党史学习教育的重大意义，重点解决"为何学"的问题

习近平总书记指出，我们党历来重视党史学习教育，注重用党的奋斗历程和伟大成就鼓舞斗志、明确方向，用党的光荣传统和优良作风坚定信念、凝聚力量，用党的实践创造和历史经验启迪智慧、砥砺品格。党的十八大以来，从党的群众路线教育实践活动到"三严三实"专题教育，从"两学一做"学习教育到"不忘初心、牢记使命"主题教育，党内的集中教育接续开展，每一次教育，都是在为共产党人"补钙""加油"，用党的创新理论最新成果武装头脑、指导实践、推动工作。

当今世界正经历百年未有之大变局，我国发展的内部条件和外部环境正在发生深刻复杂的变化。在庆祝我们党百年华诞的重大时刻，在"两个一百年"奋斗目标历史交汇的关键节点，在全党集中开展党史学习教育，正当其时，十分必要。在新时代，抓住中国共产党成立 100 周年这个重要节点开展党史学习教育，是牢记初心使命、推进中华民族伟大复兴历史伟业的必然要求；是坚定信仰信念、在新时代坚持和发展中国特色社会主义的必然要求；是推进党的自我革命、永葆党的生机活力的必然要求。

对于教育系统而言，开展党史学习教育是建设高质量教育体系、建设教育强国的迫切需要，是纵深推进教育系统全面从严治党、不断提升党建质量的内在要求。具体到学校来讲，党史学习教育的必要性至少要从以下两个方面来考虑。

第一，开展党史学习教育是凝心聚力推进"双一流"建设的迫切要求。习近平总书记指出，"一代人有一代人的责任，中华民族伟大复兴曙光在前、前途光明"，我们也要"深刻认识红色政权来之不易，新中国来之不易，中国特色社会主义来之不易"。为国而生、与国同行的中财大取得今天的成绩也十

分不易，这里产生了学术泰斗、业界宗师，还为新中国培养了第一批红色理财专家，学校成长为公认的财经类"头部高校"。但也必须清醒地看到，学校离既定的目标还有较大差距，绝没有躺在成绩簿上睡大觉的资格。当前，竞争愈发激烈。学校"双一流"建设的目标还没有实现，建设目标也绝不是"轻轻松松、敲锣打鼓"就能实现的。在这个关键当口，容不得任何停留、迟疑、观望，必须不忘初心、牢记使命，一鼓作气、继续奋斗。红色基因是中国共产党人特有的革命精神，也是中财大的精神底色。在这样的历史时点，我们要强调"将革命进行到底的精神"，发扬老一辈中财大人的革命精神和奋斗精神；要用好"历史这支最好的营养剂"，铭记光辉历史、传承红色基因，在新的起点上把一代代中财大人开创的事业不断推向前进。

第二，开展党史学习教育是锚定目标落实立德树人根本任务的客观需要。立德树人是学校一切工作的根本出发点和落脚点，开展"四史"学习教育，对于落实好立德树人根本任务、解决好"培养什么人、怎样培养人、为谁培养人"这个根本问题具有重要指导意义。习近平总书记指出"历史是人类最好的老师"。在一百年的非凡奋斗历程中，一代代共产党人形成了井冈山精神、长征精神、遵义会议精神、延安精神、西柏坡精神、红岩精神、抗美援朝精神、"两弹一星"精神、特区精神、抗洪精神、抗震救灾精神、抗疫精神等伟大精神，筑起了中国共产党人的精神谱系。这些精神都值得大书特书、一讲再讲。我们要用好这些宝贵的教育素材，在课堂上把国家的人物形象和民族的脊梁担当树立起来，使之成为青年学生的学习榜样；要把革命烈士、英雄人物、先进模范凝结出的光荣传统和优良作风全方位、多角度呈现出来，使之成为中财大的精神风尚；我们要引导青年学生通过党史学习，答好"我是谁、为了谁"以及"我从哪里来，应该到哪里去"的人生大考题，做到明大德、守公德、严私德，锤炼奉献社会和服务人民的良好品格，永葆赤子之心，张扬迈进新征程、奋进新时代的精气神，为全面建设社会主义现代化国家、实现中华民族伟大复兴的中国梦而不懈奋斗。

二、明确党史学习教育面向的人群，重点解决"谁来学"的问题

习近平总书记一再强调"学习党史、国史，是坚持和发展中国特色社会主义、把党和国家各项事业继续推向前进的必修课。这门功课不仅必修，而且必须修好"。这门课，是我们每一个中国人的必修课。中国古语讲"前事不忘，后事之师""以人为鉴可以知得失，以史为鉴可以知兴替""欲灭其国，必去其史"，足见学习历史的重要性。党中央印发的《关于在全党开展党史学习教育的通知》中明确要求，党史学习教育要以县处级以上领导干部为重点，党员、干部不管处在哪个层次和岗位，都要全身心投入，做到学有所思、学有所悟、学有所得。《中共教育部党组关于教育部直属高校开展党史学习教育的指导意见》指出，要"紧密结合学校实际，针对学校党政机关、教职员工队伍、广大青年学生不同特点，分类提出学习教育任务要求"。换句话讲，此次党史学习教育，在以处级以上领导干部为重点的基础上，还要面向全体师生员工。我们要紧密结合学校实际，把党史学习教育贯穿学校各项事业发展全过程，针对学校职能部门、直属单位、教学单位、教职员工队伍、广大青年学生不同特点，分类提出学习教育任务要求，精心组织教育活动。

第一，从领导干部的角度来讲，学好党史是治党治国、治校理教的需要，是提升领导干部个人品德和工作能力的需要。党史蕴含着十分丰富的治理经验，包含着许多国家、社会、民族及个人成与败、兴与衰、安与危、正与邪、荣与辱、义与利、廉与贪的道理。我们的领导干部要在学党史的过程中深刻理解、把握其科学含义和精神实质，始终以辩证唯物主义和历史唯物主义的观点和方法来全面了解党的历史，把握党史的本质和主流；要积极学习马克思主义的立场观点方法，坚定对马克思主义、对党的领导的信念，增强走中国特色社会主义道路的自觉性和坚定性。

第二，从普通党员和群众的角度来讲，学好党史能使我们更好地了解中国共产党从哪里来、将往哪里去。中国共产党的历史是党带领全国各族人民坚持不懈的创业史和发展史。在百年接续奋斗中，我们党团结带领人民开辟了伟大道路，建立了伟大功业，铸就了伟大精神，积累了宝贵经验，创造了中华民族发展史、人类社会进步史上令人刮目相看的奇迹。学好了这段历史，我们就能深刻认识历史和人民选择中国共产党、选择社会主义道路的必然性，从而不断增强"四个自信"，增强我们做中国人的骨气和底气。

三、准确把握党史学习教育的重点内容，重点解决"学什么"的问题

关于学什么，中央的文件有六个方面的明确要求，即要深刻铭记中国共产党百年奋斗的光辉历程；深刻认识中国共产党为国家和民族做出的伟大贡献；深刻感悟中国共产党始终不渝为人民的初心宗旨；系统掌握中国共产党推进马克思主义中国化形成的重大理论成果；学习传承中国共产党在长期奋斗中铸就的伟大精神；深刻领会中国共产党成功推进革命、建设、改革的宝贵经验。学习党的历史，不是为了学习而学习，学史是为了明理、为了增信、为了崇德、为了力行。

第一，要通过学习领悟理论创新的伟大力量。中国共产党带领人民革命、建设、改革的历史，就是我们党的理论创新发展的历史。我们党是马克思主义政党，坚持马克思主义的根本指导地位，体现了我们党的理论自信；锲而不舍推进马克思主义中国化、时代化、大众化，彰显了我们党的理论自信。一百年来，我们党坚持把马克思主义基本原理同中国实践相结合，产生了毛泽东思想、邓小平理论、"三个代表"重要思想、科学发展观等一系列重大理论成果；随着中国特色社会主义进入新时代，习近平新时代中国特色社会主义思想再次开辟了马克思主义发展新境界，为新时代新征程提供了科学指引。我们要通过学习，深刻领会马克思主义是如何深刻影响和改变中国、改变世界的，感悟马

克思主义的真理力量和实践力量；要深入理解把握习近平新时代中国特色社会主义思想的科学性和真理性，系统掌握贯穿其中的马克思主义立场观点方法，坚持不懈用马克思主义及其中国化最新成果武装头脑、指导实践、推动工作。

第二，要通过学习把握历史发展规律和大势。时代大势，浩浩荡荡。习近平总书记讲："只要把握住历史发展规律和大势，抓住历史变革实际，顺势而为，奋发有为，我们就能够更好前进"。当前，中国特色社会主义进入新时代，中华民族伟大复兴战略全局和百年未有之大变局，是我们这代人所面临的世界大势。通过学习，我们要从历史长河、时代大潮和全球风云中领会国家发展的方位，坚定中华民族伟大复兴势不可挡的信心；要找准学校在建设教育强国中的定位，进一步强化教育强国和报国的使命担当；要找准个人的发展方向，把个人的理想追求融入党和国家事业之中，用英雄精神照亮前行的道路，把爱国爱党爱校情怀融入日常的学习、工作、生活的点滴里，将个人的奋斗叠加成国家的进步，为党、为祖国、为人民多作贡献。

第三，要通过学习深化对党的性质和宗旨的认识。习近平总书记强调，要深刻认识中国共产党的性质、宗旨和最高理想最终目标。我们需要在具体的历史背景下去反思近代中国为什么会产生中国共产党？中国共产党怎样改变了中国、影响了世界？中国共产党为中国人民、中华民族、人类文明进步事业作出了什么样的伟大历史贡献？只有这样，我们才能真正理解中国共产党为人民而生、因人民而兴，始终代表最广大人民的根本利益；才能真正领会到中国共产党人把为人民谋幸福、为中华民族谋复兴作为初心使命，始终坚持以人民为中心，全心全意为人民服务的崇高境界。我们要通过学习，站稳人民立场，增强宗旨意识，坚持一切为了师生，一切依靠师生，始终把师生放在心中最高位置，把师生的期盼作为奋斗目标；要积极落实一线规则，践行群众路线，真正了解透、体察准师生"急难愁盼"的问题，推动学校改革发展成果更多、更好地惠及全体师生，推动学校事业取得更大进步，迈上更高台阶。

第四，要通过学习提高应对风险挑战的能力。习近平总书记讲："党的经验不是从天上掉下来的，也不是从书本上抄下来的，而是我们党在历经艰辛、饱经风雨的长期摸索中积累下来的，饱含着成败和得失，凝结着鲜血和汗水，充满着智慧和勇毅"。当前，国家发展面临着复杂的国际国内形势，学校的发展也在爬坡过坎中前进。我们要认真学习党在不同时期成功应对风险挑战的丰富经验，系统总结学校发展过程中的经验教训，不断增强斗争意识、丰富斗争经验、提升斗争本领。要通过学习抖擞精神状态和奋斗姿态，强化直面矛盾和问题的担当，提升自我革命的勇气，在工作中坚持真理并不断修正错误，在挫折中奋起，在失误中学习，不断增强自我净化、自我完善、自我革新、自我提高的能力，持续推进事业发展。

第五，要通过学习强化艰苦奋斗的革命精神。认真回顾走过的路，才能不忘初心、继续前行。世界上没有哪个党像我们这样，遭遇过如此多的艰难险阻，经历过如此多的生死考验，付出过如此多的惨烈牺牲。据民政部门和组织部门不完全统计，从 1921 年 7 月 1 日成立中国共产党，到 1949 年 10 月 1 日成立中华人民共和国，可以查到姓名的牺牲革命者就有 370 多万。2021 年 2 月 25 日，习近平总书记庄严宣告，我国脱贫攻坚战取得了全面胜利，完成了消除绝对贫困的艰巨任务，这是我们党带领全国各族人民创造的又一个彪炳史册的人间奇迹。在脱贫攻坚斗争中，有 1800 多名同志牺牲，把自己的全部奉献给了脱贫攻坚的伟大事业，生动诠释了共产党人的初心使命。这些牺牲者的付出和贡献不应该被忘记，也不会被忘记。我们要深刻铭记党走过的光辉历程、付出的巨大牺牲、展现的巨大勇气、彰显的巨大力量。在学习中，要用这样的勇气与力量激励师生，教育引导广大师生保持这种革命者的大无畏和奋斗精神，发扬红色传统、传承红色基因，赓续共产党人的精神血脉。

第六，要通过学习凝聚奋进开拓的创业共识。我们党历来重视团结问题，把团结视为事业发展的基础。习近平总书记强调，旗帜鲜明讲政治、保证党的团结和集中统一是党的生命，也是我们党能成为百年大党、创造世纪伟业的关键所在。延伸到学校来讲也是如此，学校之所以能够取得今天的成绩，是一代代中财大人矢志不渝、团结奋进的结果，没有团结一致，也就没有学校的今天。学校"双一流"建设方案提出，到2050年把学校建设成为"中国特色、世界一流"的国际名校。那个时候，正是学校建校一百年的时点。教育是百年大计，从这个角度上来讲，我们当前做的都是学校的百年基业，是功德无量的。历史经验表明，只有上下一心、精诚团结，学校才有凝聚力、向心力，发展才有推动力。人心散了，队伍就会垮掉，更谈不上发展。当前，学校正在组织制定"十四五"规划，学校今年也将召开第七次党代会。制定规划和召开党代会的过程就是凝聚共识、积蓄力量的过程，我们要将党史学习和党代会筹备、"十四五"规划制定结合起来，坚持问计于师生，积极向学校教师、学生以及校友、校外专家等征求意见建议，汇聚中财大智慧。要加强学校发展愿景、整体规划、学院规划、专项规划和关键环节改革专题等的联动，推动立体改革，实现协同发展。

四、严格落实学习要求，重点解决"怎么学"的问题

第一，明确学习目标。具体来说，要把握四项具体目标：一是学史明理，强化思想理论武装。学史明理解决的是方法论的问题。恩格斯深刻指出："马克思的整个世界观不是教义，而是方法。它提供的不是现成的教条，而是进一步研究的出发点和供这种研究使用的方法。"要通过学习，系统掌握马克思主义中国化的理论成果，深入学习贯彻习近平新时代中国特色社会主义思想，特别是习近平总书记关于教育的重要论述，提高思想理论水平。二是学史增信，推进"两个维护"具体化。学史增信解决的是把方向的问题。"两个维护"是马克思主义政党独特优势的重要体现，是党和国家事业取得历史性成就的根本保证。要通过学习，坚定对马克思主义的信仰、对社会主义和共产主义的信

念、对中国特色社会主义的信心，把"两个维护"融入血脉，付诸行动。三是学史崇德，落实立德树人使命。学史崇德解决的是价值观的问题。通过学习，要强化为党育人、为国育才的使命担当，坚定传播知识、传播思想、传播真理的信仰，致力于塑造灵魂、塑造生命、塑造新人，办好人民满意的教育，培养担当复兴大任的时代新人。四是学史力行，推动事业发展开新局。学史力行解决的是落脚点的问题。通过学习，要进一步增强为民情怀，提高把握新发展阶段、新发展理念、新发展格局的政治能力、战略眼光、专业水平，切实为师生办实事，加快建设高质量教育体系，推动"十四五"教育事业开好局、起好步。

第二，用好理论书籍。开展党史学习教育是一项重大政治任务，也是一次重要的理论提升契机。我们要紧紧围绕学懂弄通做实党的创新理论，坚持学习党史与学习新中国史、改革开放史、社会主义发展史相贯通，认真学习中央指定的书目。

第三，丰富学习方式。一是坚持个人自学。党员、干部要以自学为主，及时跟进学习习近平总书记最新重要讲话精神和中央指定的学习材料、参考材料。二是集中学习研讨。学校两级党组织要采取理论学习中心组学习、举办读书班等形式开展集体学习。二级党组织要指导各党支部做好学习安排，组织师生党员以"三会一课"、主题党日活动等形式，开展主题突出、内容丰富、特色鲜明、形式多样的学习活动。三是开展导学、联学、研学。要发扬马克思主义优良学风，在做好自学的基础上，发挥好导学、联学的作用，做好实地研学；要充分用好北京革命旧址等红色资源开展学习，组织师生瞻仰参观革命遗址遗迹、革命博物馆、纪念场馆，强化党性修养。四是讲好专题党课。"七一"前后，学校党委领导班子成员、各级党组织负责人、先进典型要安排讲授一次党史学习专题党课。要积极推荐各级党组织负责人参加教育部"明理增信、崇德力行"庆祝建党百年示范"微党课"展播，发出中财大声音。五是实现协同学习。要把开展党史学习教育同深入学习贯彻习近平总书记关于教育的重要论述、党中央对教育的决策部署结合起来，同庆祝建党100周年总体安排、"四史"学习教育、巩固拓展"不忘初心、牢记使命"主题教育成果结合起来，同学习"两会"精神结合起来，同推进服务乡村振兴结合起来，同推进"三全育人"、提升立德树人质量结合起来，同统筹疫情防控和谋划"十四五"改革发展结合起来，同校史研究阐释、校史校情教育结合起来。

第四，拓展学习载体。一是要充分发挥思想政治理论课程主渠道作用和思想政治工作主阵地作用。要提升学科建设和研究队伍支撑保障作用、科研项目和研究平台引领作用；要坚持思政课程与课程思政同向同行，充分利用思政课程和课程思政改革创新成果，将党史学习教育内容有机融入思想政治理论课、专业课、通识教育课和创新创业教育课，普及党史知识，推动党史学习教育深入课堂、深入教材、深入人心。二是要发挥网络空间的作用。要推动党史学习教育与新媒体有效结合，线上线下同步开展学习活动。一方面要做好党员干部的专题学习、专题党课、专题民主生活会、专题培训等，另一方面要用好"学习强国""宣讲家网""共产党员网"等网络教育平台载体，开设网络学习专题，通过各种方式教育引导广大党员干部树牢正确党史观，知史爱党、知史爱国，持续推动学习教育走深走实。三是要有效运用学校相关资源。充分挖掘学校发展史中的红色基因，丰富和凝练中财大精神，进一步深化校史学习研究，将校史、学科史与党史有机结合，产出一批有影响力的研究成果；以学校习近平新时代中国特色社会主义思想研究中心为平台和抓手，围绕建党100周年强化党史研究阐释，产出有影响力的高质量研究成果；发挥《高校马克思主义理论教育研究》期刊阵地育人功能，加大党史教育研究宣传力度，产出有显示度的高质量研究成果。四是要开展党史宣讲。组建学校宣讲团，组织师生开展宣讲，引导师生知史爱党、知史爱国、知史爱校。

第五，营造浓厚氛围。要紧扣建党100周年重大主线，充分运用主流媒体和学校各类平台，通过新闻报道、言论评论、典型宣传等形式，开展全覆盖、全方位、全媒体的党史学习宣传教育，深入宣传党中央精神和教育部党组、北京市委的有关安排，宣传党史学习教育的重大意义、目标任务和基本要求。按照北京教育系统"永远跟党走"主题教育活动的要求，设计一批师生喜闻乐见的活动，扎实开展"三同四起来"（"三同"即学校小课堂与社会大课堂"同频共振"，第一课堂和第二课堂、思政课程和课程思政、教师与学生"同向同行"，引导广大师生立志听党话、跟党走，坚定不移地与以习近平同志为核心的党中央"同心同路"；"四起来"即学起来、唱起来、讲起来、做起来）系列活动，激发师生的爱党爱国爱校情。要选树先进典型，宣传推广各部门、各单位开展学习教育的好做法、好经验、好成果；要做好党代会和"七一"表彰大会的筹备工作，营造"学党史、悟思想、办实事、开新局"的浓厚氛围，充分展示学校在党史理论阐释中的贡献，展示学校基层党组织建设经验，展示学校为党育人、为国育才的良好风貌，展示学校广大师生听党话、跟党走的行动自觉。

第六，掌握时间节奏。党史学习教育贯穿 2021 年全年，要把学习习近平新时代中国特色社会主义思想贯穿始终，把学史明理、学史增信、学史崇德、学史力行贯穿始终，把学党史、悟思想、办实事、开新局贯穿始终。要注意把握好三个阶段的学习重点。第一阶段是从动员大会到"七一"庆祝中国共产党成立 100 周年大会。以全面学习党史为重点，深入了解党的百年奋斗史，深化对马克思主义中国化成果特别是习近平新时代中国特色社会主义思想的理解。第二阶段是从"七一"庆祝大会到党的十九届六中全会。重点学习习近平总书记在庆祝中国共产党成立 100 周年大会上的重要讲话精神，通过专题学习、交流研讨、宣传阐释、基层宣讲，掀起学习贯彻的高潮。第三阶段是从党的十九届六中全会到总结大会。认真学习党的十九届六中全会精神和习近平总书记在党史学习教育总结大会上的重要讲话精神，不断深化对党的历史的系统掌握，明确继承传统、立足当前、开创未来的实践要求。

五、压实工作责任，重点解决"学得好"的问题

第一，提高政治站位。开展党史学习教育，是党的政治生活中的一件大事。全校上下必须迅速行动起来，切实把这项工作摆上重要议事日程，抓紧抓好。要把党史学习教育作为加强学校党的建设、思想政治工作的重要契机，高度重视、精心组织，对标中央、教育部和北京市的要求，结合学校工作实际，高标准高质量完成学习教育各项任务。各级党组织负责人要带头学、带头讲、带头做，扛起第一责任人职责，既要率先垂范学习，主动接受教育；又要站在一线，靠前指挥，层层传导压力，从严抓好落实。

第二，强化组织领导。学校党史学习教育领导小组负责学习教育活动的统筹推进，分类指导。领导小组下设办公室和若干工作组，具体负责日常组织实施工作。党史学习教育领导小组各成员单位要各司其职，形成工作合力。各二级党组织要严格落实主体责任，把学习教育紧紧抓在手上，要强化政治引领，明确学习要求、学习任务，推进内容、形式、方法的创新，结合实际作出安排部署，不断增强针对性和实效性。两级党委理论学习中心组要坚持高标准、高质量，在党史学习教育中走在前、作表率。

第三，把握正确方向。历史观正确与否，关系人心聚散、国家兴亡、民族盛衰。要坚持马克思主义历史观，以关于历史问题的两个决议，即《关于若干历史问题的决议》《关于建国以来党的若干历史问题的决议》，以及党中央决策部署为依据，把握党的历史发展的主题主线、主流本质，正确认识和科学评价党史上的重大事件、重要会议、重要人物。要增强政治判断力、政治领悟力、政治执行力，教育引导党员从党史中汲取正反两方面历史经验，加强思想引导和理论辨析，更好地正本清源、固本培元。要旗帜鲜明反对历史虚无主义，严格落实意识形态责任制，坚决抵制歪曲和丑化党的历史的错误倾向，引导广大师生员工树立正确的历史观、民族观、国家观、文化观。

第四，坚持务实作风。要坚持一手抓学习教育，一手抓工作落实，力戒形式主义和官僚主义，不能停留在讲故事、听故事层面，要防止照本宣科、浅尝辄止，防止肤浅化碎片化。要沉下心来学，联系实际学，确保规定动作做到位、不走样，并结合实际让自选动作有特色、有深度，凝聚起深入推动教育改革发展的强大动力。要突出长效机制，把党史学习教育纳入庆祝建党100周年总体安排，纳入巩固拓展主题教育成果总体安排，纳入基层党组织书记抓党建述职评议考核，继续践行一线规则，将党员干部深入一线的做法制度化，与群众建立有温度、实实在在的联系。

第五，推动落实见效。党史学习教育要与实际工作融会贯通，突出学习实效，避免"学是学、干是干"两张皮。此次党史学习教育把学史力行作为落脚点，强调办实事、开新局，是富有深意的。我们要深入落实教育评价改革要求，统筹推进学校育人方式、办学模式、管理体制、保障机制改革，切实把学习教育成效转化为工作动力。要切实把学习党史同总结工作经验、观照现实、推动工作、解决实际问题结合起来，紧紧围绕落实立德树人根本任务，促进学校改革发展稳定，解决涉及师生切身利益的"急难愁盼"问题、"卡脖子"问题，推动解决群众最关心、最直接、最现实的利益问题，实实在在为师生办实事、解难题。要把"我为师生办实事"实践活动作为党史学习教育重要内容，开好专题民主生活会，检验"我为师生办实事"实践活动成效。学校全体中层干部要在心里建一本台账，时常反思自己为师生办了几件实事。

第六，加强学习督导。学校将对学习教育活动进行全程督促指导，组建巡回指导组，采取联络指导、随机抽查、调研访谈等方式，对各二级党组织开展学习教育情况进行督导；同时配合教育部党组、北京市委巡回指导组工作，及时发现和解决问题，推动中央精神落地落细落实。

历史是最好的教科书，也是最好的清醒剂，我们要树立大历史观，从历史中获得启迪，从历史经验中提炼出克敌制胜的法宝，把学习党史同实际工作有机结合起来。我们要发扬"为民服务孺子牛、创新发展拓荒牛、艰苦奋斗老黄牛"的精神，增强工作的系统性、预见性、创造性，更好应对前进道路上各种可以预见和难以预见的风险挑战；我们要围绕学校战略布局，抓重点、带全面，落实好学校"双一流"建设方案、"十四五"教育事业发展规划，做好学校 2021 年四大方面、25 项工作任务，以新担当、新作为奋力推动"十四五"开好局、起好步，确保学习教育成果转化为提振精神、攻坚克难的强大动力，转化为推动学校发展的具体行动和实际成效，推动工作再上新台阶，以优异成绩迎接建党 100 周年。

同志们，奋斗百年，初心不改，让我们收拾行装再出发，从百年党史、百年奋斗史中汲取力量，让初心融入血脉、把使命扛在肩头，勇往直前，接续奋斗，在全面建设社会主义现代化国家新征程上书写更加辉煌的中财大篇章。

深入学习贯彻中央人才工作会议精神
奋力开创新时代高校人才工作新局面[*]

党的十八大以来，习近平总书记高度重视人才工作，亲自谋划、亲自部署、亲自推动，作出一系列重要论述和指示批示，推出一系列重大举措，指导推动新时代人才工作取得历史性成就、发生历史性变革。2021 年 9 月，中央人才工作会议在北京召开，彰显出以习近平同志为核心的党中央对新时代人才资源战略价值的深刻认识，展现出我们党实施新时代人才强国战略的坚定决心。

一、深刻理解新时代人才工作的科学内涵

中央人才工作会议上，习近平总书记发表重要讲话，从党和国家事业发展全局的战略高度，全面回顾了党的十八大以来的人才工作成就，深入分析了人才工作面临的新形势新任务，深刻回答了为什么建设人才强国、什么是人才强国、怎样建设人才强国的重大理论和实践问题，为我们做好新时代人才工作提供了根本遵循。

---

*　原文刊载于《中国高等教育》2022 年 8 月第 15/16 期。

高校是培养人才的主要基地与汇聚人才的战略高地。中央人才工作会议上特别强调了高校在培养和集聚高水平人才方面的作用，对"双一流"建设高校提出了明确要求。如何充分发挥高校在高质量人才培养、高层次人才聚集、高水平科研创新中的主力军作用，全方位培养、引进、用好人才，为实现高水平科技自立自强、建设世界重要人才中心和创新高地提供有力支撑，是高校必须深入思考、竭力解决的问题。

二、准确把握新时代高校人才工作的时代背景

新时代人才工作是顺应我国发展趋势的必然要求。21世纪以来，全球新一轮科技革命、产业变革加速演进，社会信息化和文化多样化深入发展，各国都在谋求国际竞争的核心战略优势。各国综合国力的竞争归根结底是人才资源的竞争，人才越来越成为推动社会经济发展的战略性资源。"国家发展靠人才，民族振兴靠人才"。我国对科技创新和战略人才的渴求比以往任何时候都更加强烈。在中华民族实现伟大复兴的关键时期，如何在激烈复杂的国际竞争中占得先机、强化国家战略科技力量，如何在危机中育先机、于变局中开新局，加快建立人才资源竞争优势尤其是顶尖人才竞争优势是关键。新时代人才工作在新的历史起点上对高校人才工作提出了新要求。高校要主动参与、积极作为，发挥创新平台和人才资源优势，深化人才体制机制改革，提升社会服务水平，以高质量人才工作为国家和经济社会发展作出应有贡献。

新时代人才工作是推进"双一流"建设的必然要求。教师是教育发展的第一资源，是国家富强、民族复兴、人民幸福的重要基石。建设政治素质过硬、业务能力精湛、育人水平高超的高素质教师队伍是大学建设的基础性工作。作为人才培养的主要基地与汇聚人才的战略高地，高校的人才队伍直接决定了其办学能力和总体竞争力。一流的人才是一流大学和一流学科建设的核心要素，是引领"双一流"建设向纵深发展的"源头活水"。一流的人才培养、一流的科学研究、一流的学科建设、一流的教育管理等必须紧紧围绕和依靠一流的师资队伍、一流的学科领军人才和创新团队。2022 年 2 月，第二轮"双一流"建设高校及建设学科名单公布，新一轮"双一流"建设启动，明确要求落实立德树人根本任务；更加突出"双一流"建设培养一流人才、服务国家战略需求、争创世界一流的导向，深化体制机制改革，统筹推进、分类建设一流大学和一流学科，在关键核心领域加快培养战略科技人才、一流科技领军人才和创新团队，为全面建成社会主义现代化强国提供有力支撑。面对新任务新要求，做好新时代人才工作，深化体制机制改革，以中国特色、世界一流为核心，建设一支有中国特色的、具有竞争优势的、符合国家战略需求的高校人才队伍，具有重要的现实意义。

三、奋力开创新时代高校人才工作新局面

在当前大国竞争激烈、"卡脖子"问题凸显的背景下，在新一轮"双一流"建设的目标下，高校人才队伍建设仍然面临诸多挑战，如何找到恰当的突破口，实现高校人才队伍由大到强、由量到质的转变，培养出党和国家事业急需的新时代"大先生"和战略人才，这是高校人才工作必须要思考的重要命题，也是时代赋予高校的使命。

一是抓党建，贯彻落实党管人才原则。"党管人才"是人才工作的第一原则，必须发挥党总揽全局、协调各方的领导核心作用，加强党对人才工作的全面领导。高校人才工作通过"领导""服务"和"引领"三个关键词来落实这一原则。"领导"是构建高校党管人才的工作格局：党委统一领导，发挥宏观谋划和顶层设计作用，组织人事部门牵头抓总，科研、教务、财务等职能部门密切配合，各二级单位及党组织主动作为，全校广泛参与。"服务"是充分发挥党的政治优势、组织优势和密切联系群众的优势，增强人才服务意识和保障能力。人才工作是"管理"，更是"服务"，要构建人才服务统筹协调机制、人才综合服务保障机

制；要继续落实党委领导班子联系服务专家制度，积极为人才松绑，完善人才管理制度，做到人才为本，信任人才、尊重人才、善待人才、包容人才。"引领"是政治引领、团结引领。高校党建和人才工作的一项重要内容就是人才的思想政治工作和团结工作，要引领人才坚定理想信念、增进政治认同，激励人才在新时代建功立业，矢志爱国奉献；要注重从高层次人才中发展党员，搞好团结。"党管人才"原则内涵丰富，需要高校在实践中不断探索落地举措。

二是抓战略，坚持人才引领发展的战略地位。坚持人才引领发展的战略地位，这是做好人才工作的重大战略。创新驱动本质上是人才驱动，高校竞争本质上是人才竞争，必须把人才作为学校发展的首要战略资源。人才工作的战略性，体现为几个方面：一是战略谋划。围绕国家发展和经济社会需求，以建设世界一流大学为目标，制定与之匹配的人才发展长远目标和中短期目标，积极服务于建设世界重要人才中心和创新高地。二是战略布局。高校要结合学校建设目标，做好人才顶层设计。人才的学科布局要紧贴学科发展规划和"双一流"建设目标，在一流建设学科上精益求精，集中优势人才资源，在有潜力的优势学科上，给足支持，引领发展。层次布局要根据人才成长规律，科学设置人才支持计划，科学设置激励措施，力争做到覆盖广泛、布局合理、孵化有序，构成人才发展的"雁阵格局"。三是战略主动。人才工作要有预见性、前瞻性，要有超前眼光和开阔视野，不能光顾"低头拉车"而无暇"抬头看路"。要放眼新形势，着眼未来，培养和引进新人才，服务国家重大战略需求，引领经济社会发展；要占据主动权，主动挖掘和发现有潜力的后备人才，提前做好对接培养工作。

三是抓改革，深化人才发展体制机制改革。人才发展体制机制改革，既要"破"还要"立"。敢于打破阻碍人才发展的体制机制障碍，勇于进行制度创新，探索建立既符合学校特色又有竞争比较优势的人才发展体制机制。改革首先要"问"，树立问题意识，坚持问题导向，把问题作为研究制定政策的起点，把工作的着力点放在解决最突出的矛盾和问题上。其次要"活"，用好用活各类人才。政策要灵活，不照本宣科，不搞教条主义。对待急需紧缺的特殊人才，要有特殊政策，不要求全责备，不要论资排辈，不要都用一把尺子衡量，让有真才实学的人才英雄有用武之地。近年来，各高校一直提倡在职称评审、项目推荐、评奖评优等过程中打破论资排辈的局面，用实力说话。这个路子还要继续优化。再次要"敢"，大胆起用青年人才。青年是科研的主力军，要把培育国家战略人才力量的政策重心放在青年人才上，放手让青年人才"挑大梁、当主角"。各类人才培养引进支持计划要向青年人才倾斜，完善优秀青年人才全链条培养制度，扩大支持规模，优化支持方式。最重要的是要"实"，把各项政策落到实处。要深化人才评价改革。继续完善代表作评价制度，以创新能力、质量、实效、贡献为导向，坚决破除唯论文、唯帽子、唯职称、唯学历、唯奖项"五唯"现象；继续完善校内外同行评审制度，坚持"小同行"评价，让专业的人来评价专业；完善分类评价制度，基础理论要注重理论创新贡献，应用研究要注重对经济社会的适用效果，合理设置评价周期。要盘活各类人才资源，发挥国家人才项目入选者的牵引作用，完善校内人才项目对接培养体系。国家级高层次人才的引领示范作用要进一步加强，通过创新团队建设、学术指导等方式，发挥"传帮带"作用，引领青年教师职业发展。要营造更加宽松的人才发展环境。科研经费管理上，积极响应国家政策，用包干制激发科研活力，以信任为基础，赋予科学家更大经费支配权、更大资源调度权；在户口、住房、子女上学等问题上，竭力争取，积极为人才解决后顾之忧，让科研人员专心科研。

四是抓站位，培养新时代"大先生"和战略人才。人才工作的站位和导向要符合国家战略、符合新时代需要。对高校而言，要把"育人"和"科研"结合起来，把培养新时代"大先生"和建设国家战略人才力量结合起来。培养"大先生"，是把师德师风作为第一标准，激励人才争做为人师表、立德树人的师德表率，培养一批为党育人、为国育才的新时代教学名师。与此同时，积极参与国家战略人才力量建设，充分利用高校人才聚集平台优势，面向国家重大战略需求，发现和培养更多战略专家。要充分发挥高校学科优势，坚持"四个面向"，挖掘和培养理论功底深厚，视野开阔，具有前瞻性判断力、跨学科理解力，能够领衔战略性重大项目的战略科学家，深度服务国家发展紧迫性需要。各级各类人才也要有使命意识和国家队意识，不拘泥于小利，不局限于小我，面向民族复兴、承担时代使命，扎根中国大地，解决中国问题，提出中国方案，争做新时代引领者。聚焦"卡脖子"关键核心技术领域，加强科研攻关，推动原创性、引领性、颠覆性技术创新，努力在研究事关党和国家全局性、根本性、关键性的重大问题上拿出真本事、取得好成果。

问题链教学法让思政课活起来 *

办好思政课，是培养担当民族复兴大任的时代新人、培养德智体美劳全面发展的社会主义建设者和接班人的重要保障，事关中国特色社会主义事业后继有人。习近平同志在学校思想政治理论课教师座谈会上的重要讲话，从党和国家事业发展全局出发，深刻阐述了办好思政课的重大意义，深刻回答了学校思政课建设一系列重大理论和实践问题，为进一步推动思政课改革创新指明了方向、提供了遵循。中央财经大学在马克思主义学院组建教学研究团队，探索出问题链教学法，努力让思政课活起来，为各高校进一步办好思政课提供了有益借鉴。

一、问题链教学法的主要特点

习近平总书记强调，推动思想政治理论课改革创新，要不断增强思政课的思想性、理论性和亲和力、针对性。问题链教学法是指在思政课教学中，教师依据教学目标将教学内容设置成以问题为纽带、以知识形成发展和培养学生思

---

* 原文刊载于《人民日报》2019 年 5 月 24 日理论版。

维能力为主线、以师生合作互动为基本形式的新型教学模式。问题链教学法旨在增强思政课的思想性、理论性和亲和力、针对性，通过激发学生思维活力推动思政课教学提质增效。

实施问题链教学法，关键在设置问题，要领在问题成链。一是注重设置贴近学生学习和生活实际的问题。教师要紧密结合不同阶段、不同专业学生的特点，通过问题创设出恰当的情景，依靠问题让思政课吸引学生、打动学生，进而教育学生、引导学生。二是注重问题之间形成逻辑链条。通过设置学生感兴趣的问题激发学生的求知欲望，通过设置开放性问题培育学生的创新思维，让问题环环相扣、层层深入，注重问题之间形成严密完整的逻辑链条，让学生感受到逻辑的魅力和真理的力量。三是注重教师与学生围绕问题互动。围绕问题，教师悉心引导、学生积极参与，为学生探求真知、增长才干营造良好氛围。

中央财经大学问题链教学法实施以来，较好解决了思政课"要么远离学生、要么迎合学生"的难题，让学生愿意学、有收获，让老师乐于教、有成就。2018 年，问题链教学法荣获高等教育国家级教学成果奖一等奖。

二、问题链教学法的功能作用

习近平总书记强调，推动形成全党全社会努力办好思政课、教师认真讲好思政课、学生积极学好思政课的良好氛围。实践证明，问题链教学法让教师有热情教、学生有兴趣学，能够实现思政课教与学良性互动、相得益彰，让广大师生拥有更多获得感和成就感。

提高学生参与度。问题链教学法的一个重要方面，就是着眼于增强思政课亲和力，不断提高学生参与度。它一改以往思政课的单向灌输教学模式，初步形成"主体与主体"的互动模式，把教学内容和学生关切紧密结合起来。通过解答问题引导学生穿越理论障碍和思想迷雾，使教学从抽象走向具体、从概念走向事实；让学生由课堂的"旁观者"变为课堂的"主人翁"，感受深邃思想、深刻理论的魅力，从而调动学生学习的自觉性和主动性。为了提高学生参与度，授课教师提前精选问题，精心设计小组研讨教学环节；学生积极参加分组辩论，思想受到启发，认识得以深化。

增强教学针对性。问题链教学法的关键在设置问题，问题的质量关系到教学的效果。以问题为切入点和突破口，把教学内容转化为学生思考的问题，转化为对社会现实问题的有效回应，让高校思政课回归现实、贴近生活，是提升思政课教学效果、增强思政课教学针对性的重要手段。特别是在设置问题链时，兼顾思政课教材重点难点和学生关注点，找准教材内容和学生思想之间的结合点，在教学结合点上精心设置层层递进的问题链。在设置问题链时，必须旗帜鲜明坚持正确政治方向，不能为了片面迎合学生的兴趣而偏离教学大纲和教材，而是要牢牢守住底线和原则。

保证教学连贯性。问题链教学法的一个鲜明特点是能保证教学连贯有序。通过对教学主题进行细化、分解而形成的问题体系，环环相扣、层层递进，在教学过程中不断展开，彰显出科学理论的逻辑力量。为此，教学研究团队编写出版了"高校思政课'问题链'教学详案系列丛书"，教案的设计和编写严格按照明确起点、正确引导、逻辑递进的原则，把那些最终可以导向教材观点和结论的问题作为教学起点，所有问题的选择和设置最终都是为了实现教学目标，确保整个教学形成严密的逻辑闭环。

三、问题链教学法的实施路径

实施问题链教学法，应遵循提高政治站位、强化问题意识、增强内在逻辑、推进方式创新的路径有效推进，坚持在改进中加强、在创新中提高，切实让思政课活起来。

提高政治站位。高校必须旗帜鲜明讲政治，牢记为党育人、为国育才的初心，不折不扣地落实"让有信仰的人讲信仰"的要求。思政课教师政治要强，善于从政治上看问题，在大是大非面前保持政治清醒。问题链教学法以夯实思想基础为指向，致力于在学生心灵埋下真善美的种子，引导他们扣好人生第一粒扣子。坚持学术研究无禁区、课堂讲授有纪律，在教学目标设定、课程内容设置、教材选用等各个环节都始终坚持正确政治导向。

强化问题意识。问题链教学法注重强化问题意识、坚持问题导向，突破过去那种照本宣科、把教材观点作为教学起点的教法，以学生感到困惑的问题、教材观点和结论背后隐藏的问题为起点，沿着解疑释惑的认知路径展开教学，沿着层层递进的问题链深化教学。这样做，既体现了思政课教学的针对性，又彰显了逻辑的力量、理论的魅力，有力提升了教学效果。

增强内在逻辑。问题链教学法在设置问题体系时，围绕授课内容将各个问题串连成一个逻辑链条，形成相互联系、层层深化的"问题簇"，问题与问题间、问题与答案间、问题内部各要素间有着清晰的内在逻辑关系。为确保问题体系和逻辑路径科学合理，中央财经大学围绕教学主题组建项目化教学团队，教师不断加强对教学问题的类型、性质和特点的逻辑分析与研究，提高解答问题的能力。

推进方式创新。高质量教学内容和多样化教学方式相结合，才能让教学取得事半功倍的效果。中央财经大学着眼于大思政格局，搭建以问题链教学法为核心的"主课堂 +"立体教学模式，推动主课堂与拓展课堂无缝对接。在实践课堂方面，以"行走的课堂"为总题，以课堂实践为主体，以暑期实践和专业嵌入实践为两翼，创设"一主两翼"实践教学模式，推动教学向课外延伸拓展。在网络课堂方面，打造"小马乐道"微信公众号、"形教视窗"等网络平台，录制慕课、教辅片、魅力微课系列等。在人文课堂方面，围绕思政课教学目标开设思政选修课、人文通识课。

推动思想政治理论课建设守正创新 [*]

3 月 18 日，习近平总书记在学校思想政治理论课教师座谈会上发表重要讲话，深刻回答了学校思政课建设一系列重大理论和实践问题，为新时代高校思想政治理论课建设指明了方向，提供了根本遵循。高校应以永远在路上的执着和韧劲，不断提高思政工作的针对性、实效性，把思政课办出特色、办成精品、形成品牌，努力培养担当民族复兴大任的时代新人，办好中国特色社会主义大学，推进党和国家事业发展。

1. 加强党的领导是办好思政课的根本保证

我们党历来高度重视教育工作。加强党的全面领导，坚持马克思主义指导地位，把思想政治工作贯穿学校教育管理全过程，是我们党在领导教育事业实践中总结出的重要经验，是做好教育工作的根本保证。

习近平总书记强调，办好中国的事情，关键在党。在党的领导下，高校必须旗帜鲜明地回答好培养什么人、怎样培养人、为谁培养人这个根本问题，全

---

* 原文刊载于《光明日报》2019 年 6 月 20 日。

面贯彻党的教育方针，坚守为党育人、为国育才的初心和使命。高校党委对学校工作实行全面领导，必须不断增强"四个意识"、坚定"四个自信"、做到"两个维护"，切实担负起做好思想政治工作的政治责任和领导责任。加强统筹谋划，将思想政治理论课建设纳入学校教育事业发展的总体规划，将从严管理和科学治理结合起来，切实把思想政治理论课建设作为学校党委工作的重要议程和学校意识形态工作的重要内容，摆上重要议程。抓住制约思政课建设的突出问题，在工作格局、队伍建设、支持保障等方面采取有效措施，建立党委统一领导、党政齐抓共管、有关部门各负其责、全社会协同配合的工作格局，推动形成全党全社会努力办好思政课、教师认真讲好思政课、学生积极学好思政课的良好氛围。

高校的马克思主义学院（或思政教学部，下同）坚持马院"姓马""姓党"，把马院打造成学校思想理论战线的坚强阵地，把马院教师培养锻炼成思想理论战线的光荣战士。根据思政课建设规律，结合学生成长需求，制定符合实际的思政课建设工作方案，着力在加强研究、科学规划、系统设计上下功夫，为思政课建设的长远有序发展打下坚实基础。对于高校其他各人才培养单位来说，必须树牢抓思想政治工作是本职、不抓是失职、抓不好是渎职的意识，把思想政治工作当作主责主业抓牢抓实，促使广大教师结合专业课程和专业特点对学生进行积极正确的思想价值引领，使"思政课程"与"课程思政"二者有机结合、效用相互配合，形成思政课程与"课程思政"同向同行、共同发力的大思政格局。

2.全面提升思政课教师队伍建设水平

习近平总书记强调"办好思想政治理论课关键在教师"，并对思政课教师提出了"政治要强、情怀要深、思维要新、视野要广、自律要严、人格要正"的殷切期望和要求。为此，高校党委需把思政课教师队伍建设摆在学校教育事业发展和人才队伍建设的重要位置，不断优化师资配备，为实现思政课中班教学、小班研学提供充足的师资保障；认真执行思政课教师任职资格准入制度，严把政治关，真正把坚守政治信仰、站稳政治立场、把准政治方向的教师选进来；加强思政课教师的实践教育，帮助其在实践中了解国情、增进认同、提高境界、加深情怀、丰富思想；建立以需求为导向的思政课教师发展综合保障体系，构建起立体化、多层次、全方位的思政课教师培养体系，帮助其不断增长才干、更新思维、扩展视野、树立自信；以教学改革和科研创新为抓手，以优秀团队建设为核心，搭建促进思政课教师全方位提高和发展的快车道，努力培养一批课上得好、深受学生欢迎的教学能手和积极提供决策支持、具有较大影响力的科研骨干；加强思政课教师的思想政治素质考核，强化纪律规矩意识，严把课堂教学纪律关，督促思政课教师在遵循"研究无禁区，教学有纪律"原则的前提下，自觉弘扬主旋律，积极传递正能量；加强思政课教师师德师风建设，帮助其成为"学为人师、行为世范"的教师榜样；在生活待遇、职称评审、荣誉嘉奖等方面给予思政课教师队伍合理充分的考虑，使教师能够安于从教、乐于从教。

3. 落实"八个相统一"，推进思政课建设守正创新

思政课是高校落实立德树人根本任务、对学生进行思想政治教育的主渠道。推进思政课建设守正创新，需要把习近平总书记"八个相统一"的重要要求坚决落到实处。

坚持政治性和学理性相统一。思想政治理论课是政治性和学理性的高度统一，必须把讲政治摆在首位。思政课教师应自觉坚定作为党的教师的身份意识，坚定共产主义信仰；应树立掌握理论、敬畏讲台的意识，决不允许在课堂上出现"杂音"和"噪音"；高校应鼓励思政课教师精心设计问题，启发学生思考，创新授课方式，将逻辑缜密、体系严谨的学术话语转变为学生容易接

受、易于理解的话语，用马克思主义的朴素真理感召学生，用理性的力量引导学生，春风化雨、润物无声地滋养学生。

坚持价值性和知识性相统一。思政课不仅要传授政治理论、历史等知识，还要传播正确的价值观，具有鲜明的价值取向。能否将正确的价值观根植学生内心，使学生树立起价值自信和价值自觉，是思政课成败的基本判断标准。同时，思政课包罗万象、内容丰富，有严谨的学科框架、科学的方法论，有基本的行为规范和科学的思维范式，是一门系统的科学，具有很强的知识性。为此，必须坚持把社会主义核心价值观的养成融入到思政课教育教学过程中，在充满魅力的马克思主义理论体系的指导下，结合对现实问题的追问与探寻，于无声中为学生播下信仰的种子，浇灌价值的雨露。思政课不能是空洞乏味的"挥拳"与"呐喊"，应力求在"有意义"的同时也能"有意思"。

坚持建设性和批判性相统一。建设性分两个维度，一个维度是做好思政课建设，不断完善思政课整体设计，构建科学合理的教材教学体系、学科支撑体系、人才培养体系、综合评价体系和条件保障体系。另一个维度是做好学生"三观"建设，思政课是为学生人格和价值观"塑形"的伟大工程，思政课教师要以饱含家国情怀的人格魅力感染和影响学生，将真善美的种子种进学生心里。批判性也分两个维度，一个维度是培养学生的批判精神，马克思主义理论就是在理性质疑和批判的基础上发展起来的，思政课教学过程中要保护学生的好奇心，引导学生理性批判。另一个维度是旗帜鲜明坚持真理，弘扬正气。面对各种错误观点和思潮，思政课教师不能在课堂上藏着掖着、含糊不清，必须立场坚定地亮剑发声、批驳谬误、驱除邪气。

坚持理论性和实践性相统一。马克思说："理论只要说服人，就能掌握群众；而理论只要彻底，就能说服人。"思政课从根本上说是做人的工作，不能单纯灌输，必须以理服人。思政课从内涵上讲是说理的课，关键是要提升思想性和理论性，把马克思主义的基本原理、方法论讲清楚，把人类社会的发展规律讲清楚，使学生乐于学、学得进、学得好。思政课在坚持理论性的同时还必须重视实践性。理论作用于实践并在实践中发展创新才有生命力，科学的理论在实践中才能绽放智慧的光芒。把思政小课堂与社会大课堂结合起来，让学生在社会的熔炉中得到思想的洗礼、品格的锤炼。

坚持统一性和多样性相统一。思政课有统一标准，思政课教师根据教学目标、课程设置、教材使用、教学管理等方面的统一要求加强思政课建设，确保教学的规范性、科学性、合理性，坚决杜绝打折扣、搞变通。同时，思政课开展的对象、环境、场景复杂多样，差异性很大，思政课教学需因地制宜、因时制宜、因材施教。思政课教师应充分了解学生需求，做学生的贴心人，根据专业、年级、个性特点量身定做教学方案，让学生感受到教师对个体的充分尊重。坚决摒弃"一套方案吃天下，一个教案管长远"，精准制导、靶向施教，精准用力，有效推动教与学的互动，提升教学效果。

坚持主导性和主体性相统一。教师和学生都是教学活动的主角，是不能割裂的有机统一体。教师"教"与学生"学"之间的关系是教师主导性与学生主体性的关系。在思政课教学中，教师必须对教学效果负责，不能完全听凭学生喜好。在课程内容设置、流程安排、节奏把握等方面要起主导作用，占据主动，掌控全场，通过系统的、有计划的知识传授、言传身教等方式，达到引导学生成长的教学目的。在此基础上，充分发挥学生的主体性作用，激发学生的积极性、主动性和创造性，让学生切实参与到教学的各个环节中。

坚持灌输性和启发性相统一。马克思主义是一个庞大的理论体系，不会自发地在学生头脑中生成，学生在学习的时候需要专业化的指导，确保方向正确、节奏得当。思政课教师应准确把握灌输教育的内涵，不能照本宣科，也不能填鸭式教学，而是应认真组织学生开展系统化的学习和思考，用马克思主义的理论和方法武装头脑，形成健康稳定的"三观"，最终学会明辨是非，习得解决问题的能力。思政课教师还应高度重视启发式教育，不能"一支粉笔打天下"，也不能成为 PPT"点读机"，而是积极开展教育规律研究，引导学生发现问题、分析问题并解决问题，让学生自己寻找内心困惑的答案，在启发感悟中升华思想和境界。

坚持显性教育和隐性教育相统一。一方面，思政课在培根铸魂方面有着不可替代的显性教育功能。因此，应尊重思政课教学规律，加强科学的教学设计，鼓励思政课教师运用好网络技术和新媒体平台，探索创新教学模式；培育思政课乃至思政工作方面的大师、名师，塑造思政课程品牌，将思政课打造成学生爱听、老师愿讲、有影响力的"金课"。另一方面，注重思政课潜移默化的隐性教育作用，不断深化全员、全过程、全方位育人改革，推进立德树人融入思想道德教育、文化知识教育、社会实践教育各环节，把思政工作体系贯通于学科体系、教学体系、教材体系、管理体系，形成一体化育人格局；注重挖掘其他专业类课程的思想政治教育资源，打造全课程育人体系，实现各类课程与思政课有效对接，思政课程与课程思政同向同行，形成协同效应，切实解决部分教师只教书不育人，不愿做、不会做学生工作的问题。

切实办好网上思政课 *

在以习近平同志为核心的党中央坚强领导下，经过全党全军全国上下艰苦努力，当前已初步呈现疫情防控形势持续向好、生产生活秩序加快恢复的态势。在这场严峻的斗争中，高校面对青年学生一时难以到校上课的实际，要用心用情办好网上思政课，引导青年学生增强中国特色社会主义道路自信、理论自信、制度自信、文化自信，厚植爱国主义情怀，努力成为担当民族复兴大任的时代新人。

一、把思政小课堂与社会大课堂结合起来

办好网上思政课，要把思政小课堂与社会大课堂结合起来，将师生亲见亲闻亲为的鲜活事例贯穿于思政课教学，进一步提升思政课的思想性、理论性和亲和力、针对性，让青年学生潜移默化地受到教育。

新冠疫情发生以来，以习近平同志为核心的党中央始终把人民群众生命安全和身体健康放在第一位，精准研判、迅速部署，全面开展疫情防控工作。各

---

* 原文刊载于《人民日报》2020 年 3 月 12 日理论版。

级党组织和广大党员、干部冲锋在前、顽强拼搏，充分发挥战斗堡垒作用和先锋模范作用。广大医务工作者、人民子弟兵奔赴一线，成为"最美逆行者"。广大群众积极配合相关防控措施，为疫情防控作出了重大贡献。在党中央统一指挥下，29个省区市和新疆生产建设兵团、军队等调动大量医疗与生活物资紧急驰援湖北，火神山医院和雷神山医院在很短时间内建成并交付使用，19个省份对口支援湖北省武汉市以外地市，等等。疫情防控工作取得的成效充分展现了中国力量、中国精神、中国效率，让世界各国人民看到一个负责任大国出色的政治领导能力、组织动员能力和贯彻执行能力，彰显了中国共产党领导和中国特色社会主义制度的显著优势。

源于事实的理论解析最有说服力。办好网上思政课，要将党中央决策部署、各地区各部门联防联控措施成效、疫情防控中涌现的先进人物和典型事迹等作为案例融入思政课教学，讲好中国抗击疫情故事。结合青年学生的思想困惑，循循善诱，把事实和道理讲清楚讲透彻，让青年学生好理解、易接受，教育引导青年学生更加坚定众志成城、同舟共济打赢疫情防控人民战争、总体战、阻击战的信心和决心，不断增强使命感和责任感，让爱国主义精神在青年学生心中牢牢扎根。

二、促进青年学生身心健康成长

突如其来的新冠疫情，给高校思政课教学带来较大影响。高校要深入学习领会习近平总书记关于疫情防控的重要讲话、重要指示精神和党中央决策部署，根据教育部对疫情防控期间思政课线上教育教学的统一部署和安排，切实办好网上思政课，促进青年学生身心健康成长。

高校思政课教师应按照"停课不停教、停课不停学"的要求，在教学内容、教学方式、教学管理等方面不断改革创新，特别是准确把握青年学生认知规律和接受心理，用心用情加强"五个引导"，启发青年学生深入理性思考、保持身心健康、获得成长力量。一是引导正视疫情。这次疫情对我们来说是一次危机，也是一次大考。对青年学生而言，正常的学习和生活受到较大影响。要教育引导青年学生用全面、辩证、长远的眼光看待我国发展，变压力为动力、善于化危为机。二是引导理性发声。网络信息纷繁复杂，要教育引导青年学生依法依规文明用网，善于甄别各类信息，理性思考分析问题，辨明是非，不信谣不传谣，积极弘扬主旋律、传递正能量。三是引导尊重科学。面对疫情，科学防治至关重要。应教育引导青年学生在做好自身防护的同时，积极宣传普及疫情防控知识，用科学理性的声音引导身边人正确看待疫情、增强防护能力。四是引导尊重生命。教育引导青年学生敬畏自然、尊重生命，认识到人与自然是生命共同体，只有保持自然界的生态平衡，人类社会才能实现可持续发展。五是引导自觉自律。受疫情影响，当前教育教学以学生居家学习为主。要教育引导青年学生自觉服从学校安排，增强自律意识，加强自我约束，养成良好自学习惯，努力做到延迟返校不误学业、自我提高不误成长。

三、激励青年学生自觉担当作为

思政课无实践则空，无理论则浅。只有两者协调统一、相互促进，才能提升青年学生的获得感，并激励他们自觉担当作为。

网上思政课教学要坚持理论和实践相统一，瞄准青年学生的思想共鸣点、情感触发点，用科学理论阐释实践，用实践案例增进理性认识，既重"理论教化"，更重"观念内化"，让青年学生真学真懂、真信真用。在这次疫情防控阻击战中，各级党组织和广大党员、干部冲锋在前、顽强拼搏，广大医务工作者义无反顾、日夜奋战，人民解放军指战员闻令而动、敢打硬仗，广大群众众志成城、守望相助，广大公安民警、疾控工作人员、社区工作人员等坚守岗位、日夜值守，广大新闻工作者不畏艰险、深入一线，广大志愿者真诚奉献、不辞辛劳，展现了中华儿女临危不惧、迎难而上、奋勇拼搏、敢于担当的优秀品质，为办好网上思政课提供了大量鲜活的素材。在教育系统，科研工作者协同作战，加强科研攻关；青年学生争当志愿者、宣传防疫知识、积极响应居家隔离的号召，用实际行动彰显了新时代青年的使命担当。要通过网上思政课教育引导青年学生进一步接触社会、了解国情，充分挖掘青年学生的身边典型和榜样，讲好他们的感人事迹、动人故事，教育引导青年学生强化责任、敢于担当，做到知行合一、身体力行，把爱国情、强国志、报国行自觉融入坚持和发展中国特色社会主义事业、建设社会主义现代化强国、实现中华民族伟大复兴中国梦的奋斗中。

坚持和加强党对高校的全面领导 *

党政军民学，东西南北中，党是领导一切的。习近平总书记指出："加强党对高校的领导，加强和改进高校党的建设，是办好中国特色社会主义大学的根本保证。"中共中央政治局召开会议审议《中国共产党普通高等学校基层组织工作条例》时强调，必须毫不动摇坚持和加强党对高校的全面领导，不断加强和改进高校党的建设。站在"两个一百年"奋斗目标的历史交汇点上，继续毫不动摇地坚持和加强党对高校的全面领导，推动高校党建与高等教育深度融合，确保党的教育政策和党中央决策部署在高校有效贯彻落实，对于提高高等教育质量、建设教育强国具有重大意义。

坚持和加强党对高校的全面领导，是马克思主义政党独特优势在教育领域的重要体现，是办好中国特色社会主义大学的根本保证。总结我国高校发展的历史经验，最重要的一条就是坚持和加强党对高校的全面领导。新中国成立不久，我们党就提出"教育工作必须由党来领导"。改革开放后颁布的《高等教育法》明确指出："国家举办的高等学校实行中国共产党高等学校基层委员

---

* 原文刊载于《人民日报》2021 年 3 月 25 日理论版。

会领导下的校长负责制。"党的十八大以来，以习近平同志为核心的党中央高度重视高校党的建设工作。习近平总书记发表一系列重要讲话，深刻回答了事关高校党的建设的方向性、根本性问题。习近平总书记在全国教育大会上发表重要讲话，系统总结了推进我国教育改革发展的"九个坚持"，其中第一条就是"坚持党对教育事业的全面领导"。目前，我国已建成世界上规模最大的高等教育体系，加快推进"双一流"建设，推动高等教育实现内涵式发展。实践充分证明，什么时候党对高校的领导得到全面加强，高等教育事业发展就很顺利；什么时候党对高校的全面领导弱化，高等教育事业就难以实现健康发展。在新的历史起点上办好中国特色社会主义大学，要坚持和加强党对高校的全面领导，坚决维护党中央权威和集中统一领导，不折不扣地贯彻落实党的教育方针。

坚持社会主义办学方向。习近平总书记指出："我们的高校是党领导下的高校，是中国特色社会主义高校。"办好中国特色社会主义高校、落实立德树人根本任务，坚持社会主义办学方向是根本，任何时候都不能有丝毫动摇。高校要毫不动摇地坚持马克思主义指导地位，把增强"四个意识"、坚定"四个自信"、做到"两个维护"作为检验坚持和加强党对高校全面领导的重要标准。深入学习贯彻习近平总书记关于教育的重要论述，始终坚持社会主义办学方向，落实立德树人根本任务，坚持教育为人民服务、为中国共产党治国理政服务、为巩固和发展中国特色社会主义制度服务、为改革开放和社会主义现代化建设服务。坚持扎根中国大地办教育，同生产劳动和社会实践相结合，加快推进教育现代化、建设教育强国、办好人民满意的教育，努力培养担当民族复兴大任的时代新人，培养德智体美劳全面发展的社会主义建设者和接班人。

落实立德树人根本任务。习近平总书记指出："高校立身之本在于立德树人。"高校教师不仅承载着传播知识、传播思想、传播真理的功能，还承载着塑造灵魂、塑造生命、塑造新人的重任。当前，世界百年未有之大变局正加速演进，我国正处在实现中华民族伟大复兴关键时期。高校必须统筹两个大局、心怀"国之大者"，把党的全面领导贯穿办学治校、教书育人全过程，把培养德智体美劳全面发展的社会主义建设者和接班人作为根本任务，真正做到为党育人、为国育才。把思想政治工作作为学校各项工作的生命线紧紧抓在手上，深化高校思想政治理论课改革，统筹教师、教材、教学各环节，更新教学内容、丰富教学手段，把传授知识与思想教育结合起来，把系统教育与专题教育结合起来，把理论武装与实践育人结合起来。统筹课程思政与思政课程建设，构建全面覆盖、类型丰富、层次递进、相互支撑的课程体系。

服务经济社会高质量发展。习近平总书记指出："实现中华民族伟大复兴，教育的地位和作用不可忽视。我们对高等教育的需要比以往任何时候都更加迫切，对科学知识和卓越人才的渴求比以往任何时候都更加强烈。"实现中华民族伟大复兴，要靠教育、靠人才。进入新发展阶段，高校必须融入党和国家发展大局，推动学科建设与产业发展、社会需求、科技前沿紧密衔接，全面提升人才培养、科学研究、社会服务、文化传承创新和国际交流合作能力，为服务经济社会高质量发展奠定坚实基础、提供有力支撑。面向国家和区域发展需要，提升科学研究能力，加强战略性、全局性、前瞻性问题研究，集中攻关解决"卡脖子"问题。推进教育治理体系和治理能力现代化，继续加强高等学校章程建设、健全治理结构、完善制度体系、优化工作流程、加强依法治校，推进高校管理科学化、规范化，充分释放办学活力，提升高校发展效能。

扎实推进大中小学思政课一体化建设 *

中国共产党历来高度重视人才培养工作，进入新时代新征程，党和国家事业发展对人才培养提出新要求，对学校思政工作也提出新的更高要求。习近平总书记反复强调，要高度重视对青年一代的思想政治工作，完善思想政治工作体系，不断创新思想政治工作内容和形式。党的二十大报告强调，"落实立德树人根本任务，培养德智体美劳全面发展的社会主义建设者和接班人"，"全党要把青年工作作为战略性工作来抓，用党的科学理论武装青年，用党的初心使命感召青年"。

党的十八大以来，以习近平同志为核心的党中央先后召开全国高校思想政治工作会议、全国教育大会、学校思想政治理论课教师座谈会等系列重要会议，高度重视学生思政教育并越来越注重其整体推进。思政教育关系人的世界观、人生观、价值观，具有渐进式、发展性特点，需要持续用力，需要大中小学统筹协调推进。推进大中小学思政课一体化建设，既是深入贯彻落实新时代党的教育方针的现实需要，也是推进人才培养工作的思想基础，更是完成立德

---

* 原文刊载于《光明日报》2022 年 12 月 8 日第 6 版。

树人根本任务的重要保证。

加强党的领导。习近平总书记强调，办好中国的事情，关键在党。实践一再证明，只有牢牢掌握党对教育工作的领导权，加强党对思政课建设的领导，才能确保学校正确的政治方向，确保学校用科学理论培养人、用正确思想引导人，培养好德智体美劳全面发展的社会主义建设者和接班人。应进一步明确大中小学各级党组织的主体责任，加强对思政工作的统领，科学谋划好学校思政教育有关工作。党组织要切实负起责任，把思政工作当成主责主业来抓，牢固树立抓思政工作是本职、不抓是失职、抓不好是渎职的意识，切实推动思政工作取得实效。学校领导要带头走进课堂，带头推动思政工作，带头联系思政课教师。

注重学习提升。把思政教育做活、做好，不断提升思政教育参与者的思想、理念、水平与能力是关键。一是注重学习的深化。学深学透是前提、是基础。通过开展融入式、嵌入式和渗入式的学习，提升学习效果。在学习中，要着力解决理论学习浅尝辄止、内容空泛、呆板生涩、不生动不解渴的问题，杜绝流于口号表态、做官样文章的问题，解决从理论到理论、从概念到概念、脱离实际、照搬照念不接地气的问题。二是注重内容的消化。消化吸收是重点、是关键。不消化吸收，就无法转化为思想上和行动上的自觉。要通过学习，把新理论、新思想内化为自身的思想养分，以马克思主义立场、观点、方法为指引，改造主观世界，提升精神境界。三是注重实践的转化。推动工作是目的、是根本。理论只有结合实际，解决实际问题才会有生命力。要把学习的成果转化为立德树人和提高学校思政工作效果的实招。

打造有力队伍。大中小学广大教职员工是为党育人、为国育才的辛勤园丁、灵魂工程师。习近平总书记强调，办好思想政治理论课关键在教师，关键在发挥教师的积极性、主动性、创造性。思政教育也是如此，思政教育是否成功，能否取得实效，有没有一支得力的工作队伍是关键。要按照习近平总书记提出的"六种素养"的标准和要求，按照"四个相统一""四有好老师""四个引路人"的要求，落实政治学习、培训轮训、实践锻炼等工作制度，着力提升教师的思想政治素质；完善选拔、培养、激励机制，形成一支专职为主、专兼结合、数量充足、素质优良的工作力量，推动思政工作队伍专业化职业化建设；引导思政工作队伍深入学生，与学生交朋友，了解学生的兴趣点，熟悉学生的话语体系，让学生听得进、信得过、靠得住；加强典型培育和宣传推广，积极搭建平台，倾斜资源，让有想法、有能力、学生喜欢、工作效果好的老师突显出来，提升学校思政工作的示范效应和影响力。

一体化推进。学生成长有其规律，只有充分了解学生的成长发展规律，才能有的放矢开展思政工作，才能把党和国家对人才的要求，特别是对人才的思想道德要求点滴浸润到学生心中。明确这个前提，是新时代大中小学思政课一体化建设不可忽视的基础性前提，也是直接关系到大中小学思政课一体化建设能否达到预期育人目标的实践要求。要以注重、适应和促进学生全面成长发展为落脚点，一体化、持续推进思政教育。做好大中小学思政教育的衔接，从理念、人员、教材等重要领域出发，持续用力。

理顺工作机制。要在不同学科间构建横向"大思政"体系，发挥学校思政教育的整体合力，避免思政教育"碎片化"问题。具体到大中小学思政课一体化建设工作中，要深化全员、全过程、全方位育人改革，把思政工作体系贯通学科体系、教学体系、教材体系、管理体系，形成一体化育人格局。充分发挥思政课主渠道作用，通过思政课引导学生树立正确的理想信念、学会正确的思维方法；通过生动、深入、具体的纵横比较，在思政课上把一些道理讲明白、讲清楚；不断增强思政课的思想性、理论性和亲和力、针对性，以透彻的学理分析回应学生，以彻底的思想理论说服学生，用真理的强大力量引导学生。深入挖掘其他专业类课程的思想政治教育资源，实现各类课程与思政课有效对接，做到思政课程与课程思政同向同行，打造全课程育人体系，形成课程育人的协同效应，切实解决部分教师只教书不育人，不愿做、不会做学生工作的问题。

重视监测评价。要把以往的"软指标"变成"硬约束"，杜绝思政教育只传达不研究、只学习不落实、只表态不行动，停留在口头上、会议上、表面文章上的情况。在这方面，一是明责要细。按照"谁主管、谁负责"的原则，对照中央和教育部的要求，一件一件梳理，一项一项细化，制定责任清单，将责任压给学校、划分到人。二是压责要实。使责任环环相扣、压力层层传导；把责任压到领导头上，充分发挥领导班子"关键少数"的作用；把责任压到每个人肩上，做到事事有人负责、人人都在负责。三是问责要严。通过严肃问责来解决"敷衍塞责"的问题，倒逼各级领导干部真抓实干，确保各项任务铆实盯紧，不跑偏，不走样。

做好大中小学思政课一体化建设意义重大，要以永远在路上的执着和韧劲，把大中小学思政工作做得更有针对性、更有实效性，努力做出特色，办成精品，形成品牌，努力培养担当民族复兴大任的时代新人，培养德智体美劳全面发展的社会主义建设者和接班人，为推进党和国家事业发展作出新的更大的教育战线贡献。

第六篇

其他

本篇收录的是作者关于助学贷款、教育投资及从政感悟的几篇文章。作者曾从事多个岗位的工作，随着岗位变化，作者研究的重点也在不断转移，但在改革大潮中探寻各种问题解决之道的同时，作者也一直不断就自身的领导能力、领导作风、领导品格这一主题进行思考，关注具备过硬的作风和卓越的能力很好地履行自身责任，本篇的文章亦是作者一贯修身律己的心声。

对完善我国助学贷款的几点建议 [*]

我国助学贷款政策极大地增加了贫困学生的入学机会，对促进教育机会平等化作出了重要贡献，已成为高等教育体制中不可缺少的部分。从美国的成功经验可以看到，我国的助学贷款政策还需在以下方面作出努力。

继续加大政府或准政府级别的担保力度。由于我国助学贷款的本金从一开始就是直接来自于商业银行，因此，要使银行规避市场风险，就很有必要直接或间接引入政府或准政府级别的担保机制。当前，建立国家助学贷款风险补偿专项资金的方式，在建立政府或准政府担保上前进了一大步，但仍存在一些问题。首先，助学贷款作为政策性贷款，风险补偿金由助学贷款管理中心计算，并不是全额担保，政府没有完全承担贷款风险。各省在招标时明确的风险补偿基金比例一般在 7% 左右，这个担保比例根本无法保证贷款安全，所以银行就是中了标，如果从纯商业经营角度考虑，也不可能表现出太高的积极性。其次，风险补偿金由高校承担 50%，将高校纳入到准政府级别的再担保体系内。国家明确规定了国家助学贷款为无担保贷款，高校只是学生申请贷款的介绍人

---

* 原文刊载于《光明日报》2005 年 4 月 12 日。

和见证人，而不是担保人，因此高校也不应当承担有关贷款的连带责任，只应承担管理责任。要建立完善国家助学贷款体系，就要进一步完善政府职责，加大政府对助学贷款的担保力度，甚至引入完全意义上的政府担保。

在政府的主导下，建立和完善个人信用体系。建立并完善个人信用体系并不能看到多少经济效益，但是其可能带来的巨大社会效益将使政府和社会成为最大的受益者。对于助学贷款来说，单单依靠银行自身是无法建立起完善的个人信用体系的，必须以政府为主导，逐步构建全国联网的高校学生信用系统，并指导和监督助学贷款的各个参与者各司其职，推动体制创新，辅之以大学生的信用意识教育和信用指导。上海市、深圳市已在个人信用体系方面，取得很大进展，可借鉴其成功经验，先行试点，然后逐步推广。

明确高校的责任和义务，健全助学贷款管理机制。进一步明确和细化高校在助学贷款体系中的责任和义务，并制订可操作性强的惩罚细则，因校方原因影响贷款偿还的应由校方承担相应的责任。仅靠一些原则性规定，可操作性不强，难以调动学校的积极性。一定要建立切实可行的失信惩罚机制，建章立制，通过体制创新引入更加合理的考评机制，将高校和助学贷款的偿还率有机结合，加强高校对助学贷款工作的组织领导，激励高校改进工作作风和工作方法，对学生进行循循善诱，增强诚信教育的主动性和积极性。

适当加大贷款额度，逐步延长还贷期限。最新政策规定贷款学生可在毕业后一到两年开始还款，6年内还清所有贷款，减轻了学生的还款压力，但对我国许多农村家庭来说，全年家庭收入即使加上6000元贷款，也无力支付一个大学生每年的学习和生活费，除贷款外，还要东拼西凑借钱支持孩子上学。在目前大学就业形势恶化、起薪不断降低的情况下，学生毕业后面临着赡养父母、买房结婚和维持正常消费能力的压力，按时足额归还贷款的困难很大。应通过适当增加贷款额度，进一步延长还贷期限等方法，并制订更加灵活的还贷政策，满足相当一部分贫困学生的实际需要。

加强助学贷款政策的宣传力度。助学贷款发展缓慢，政策宣传的不力是重要原因。通常情况下，资助贫困生政策的宣传仅仅停留在高校层面，一是招生咨询时，向学生家长宣传；二是在高校内部向新生宣传。范围太窄。近几年，新闻媒体对国家助学贷款等资助政策也进行了不少宣传报道，但是，贫困地区大都信息闭塞，很多优秀学生因不知道对贫困生的资助政策，往往还没有来得及进大学校门，就决定放弃了。所以，除了新闻媒体和高校加大宣传力度之外，还要解决政策宣传中的断层，在高中学生中进行国家助学贷款等相关政策的宣传，让更多贫困学生在中学阶段就了解资助政策，这样在他们因经济问题而求学困难时，就知道该向哪里求助。高校的宣传工作也应更加灵活多样，丰富多彩，比如在寄发录取通知书时附加详细的政策说明等等。

治国兴邦　人才为本 *
——提高中国领导干部五大能力

领导干部应着力培养改革创新能力、话语表达能力、文字撰写和材料综合能力、组织协调能力和妥善处理人际关系的能力。

当今世界，人才资源已成为最主要的战略资源。治国兴邦，人才为本。近年来，党中央、国务院对领导干部素质提出了新的更高的要求。根据领导干部队伍现状，结合落实科学发展观的需要，当前应注重提高干部改革创新等五个方面的素质和能力，努力建设一支政治坚定、业务精湛、开拓创新、作风过硬的领导干部队伍。

一、改革创新能力

党的十七大强调，要把改革创新精神贯彻到治国理政的各个环节，重视提高各级领导干部的改革创新能力和领导决策水平。具体地说，要具有科学判断形势能力、驾驭市场经济能力、应对复杂局面能力、依法执政能力和立足大局

---

* 　原文刊载于《瞭望》2008 年第 28 期。

开拓创新能力。

做到这些，首先需要摆脱僵化的思想观念、不合时宜的做法的桎梏，不断进行理论创新和实践创新，具有"经世之学""济世之才"，识大体，有远见，善于用科学发展观的要求去谋事、想事、做事、成事。这样才能着眼经济全球化发展大势，着眼落实科学发展观、构建社会主义和谐社会大局，借鉴国内外一切发展经验和文明成果，结合本地区本单位实际，不断更新观念，创新发展模式，破解发展难题，提高发展质量和效益。

同时，坚持理论与实践相结合，在实践中不断探索，增长智慧，提高创新能力。防止用静止的、片面的、孤立的眼光分析和研究客观事物，防止就局部论局部、就眼前论眼前地去解决实际问题。如果目光短浅、墨守成规，或是固步自封，我们的事业就缺乏发展生机和活力。

"凡事预则立，不预则废。"未来很远，但是我们的目光应更远。衡量一个领导干部是否改革创新、与时俱进的根本标准，主要看施政方略是否符合广大人民群众的根本利益，是否符合发展社会主义市场经济的客观规律，是否符合本地区经济社会可持续发展的要求，是否符合科学发展观。

二、话语表达能力

这是领导干部的一项基本功。这不仅指日常言谈话语的表达，结合领导干部工作特点，还应具备三方面的素养。

其一，脱稿演讲。在经贸洽谈、投资合作、会见来宾、重大礼仪、中外交流等场合，应具备这一能力。这不仅是一个领导干部个人气质与修养的外在表现，在一定程度上也是一个单位甚至一个地方的形象塑造。只有加强这方面的修养和历练，才能不断塑造激情、亲切、风趣、幽默的演讲风格与魅力。应善于结合工作所在地所从事的职业，了解有关历史、风俗、传说、典故，丰富知识，开拓视野，储备"才学"，做到"诵史鉴，考掌故，慷慨论天下事"。

其二，半脱稿演讲。在部署工作时，要使指示、决定、措施、要求等更具号召力、鼓动性，可结合实际，借鉴有关经验、分析正反典型，即兴发挥，让大家喜闻乐见，产生共鸣，使动员效果事半功倍。因此，领导干部需要熟悉和掌握新形势下党的执政理念、执政规律、执政方式和政府经济调节、市场监管、社会管理与公共服务的基本要求，只有胸有成竹，部署工作任务时才能激浊扬清，条分缕析，激发智慧，更好地统一群众思想和行动。

其三，不脱稿讲话。在传达上级文件、会议精神或宣读通报、通令、命令等场合，应避免出现念错字、断错句、语言不畅等现象，因此，应加强文化知识、语法修辞、文学常识方面的学习与积累。

提高话语表达能力，应减少不必要的应酬，不断加强政治、经济、文化、历史、社会等方面知识的学习，做到勤勉笃实，博览群书，"学而不厌，诲人不倦"。广博的知识，对于领导者从政为人，能起到有力的辅助作用。也只有博学多才，才能有较强的话语表达及理解能力，也才能将上级文件精神及时、准确、翔实地传达到位，落实到底，防止出现不应出现的常识性错误。

三、文字撰写和材料综合能力

机关部门运筹帷幄，领导把关定向，多靠文稿形式实现。文字撰写和材料综合能力，直接影响领导者的组织领导和指导工作能力的发挥，而且还直接影响群众士气。

无论是撰写讲稿，还是组织起草其他材料，批改机关部门、下属单位报送的文稿，都要求领导干部有一定的文字功底和业务指导能力。这就要求领导干部有一定的政治理论基础、市场经济理论、本职业务素质、相关法律法规和经济全球化知识，具备观察、分析和解决问题的思想理论基础、业务能力和广阔视野。否则，就难以提出指导性、操作性强的书面意见。不能所有讲稿都由机关或秘书代拟，所有报送材料都批示"同意""不同意"或圈阅。应有独到见解，指点迷津。

"工欲善其事，必先利其器。"只有平时注重学习，才能在起草或修改文稿时，得心应手，厚积薄发，使一些文件更具有指导性、全面性、前瞻性。

同时，还要躬行实践，探寻新知。善于在实践中去检验一些通知、决定、意见、计划、规划是否符合实际，以便再修正、再完善、再提高，做到"从群众中来，到群众中去"。因此，领导干部应做到脑勤、口勤、腿勤、手勤，不断改进作风，刻苦学习，深入实践，探寻真理，自我修炼。既要围绕"实事求是"学，又要围绕"实事求是"写，更要围绕"实事求是"干。

四、组织协调能力

领导干部日常工作，从一定意义上讲就是组织协调，"弹钢琴"，统筹兼顾。

组织协调能力是否发挥到位，直接关系领导干部履行职责的实际效果，直接关系广大人民群众对党和政府的满意度和信任度。如果某项工作任务组织协调不到位，就很难充分调动方方面面的积极性，凝聚上上下下的智慧，带领群众齐心协力贯彻落实。尤其是面对自然灾害、突发事件等，不谙要害，缺乏智谋，优柔寡断，没有很强的组织协调能力和高超的应对水平，就很难及时有效地保护广大人民群众的生命财产安全，很难把损失和危害减轻到最低限度。危难之时，必须智勇双全，当断即断，毫不迟疑。否则，就会贻误战机，导致失误。

近几年，不少领导干部就因组织协调能力弱，甚至渎职失职，酿成国计民生重大损失和危害。教训尤为深刻。"吃一堑长一智"。这就要求领导干部必须具备很强的探索精神、超乎寻常的魄力和独立解决重大问题的能力，面对自然灾害、突发事件，做到沉着冷静，镇定从容，泰山崩于前而色不变，处危难而不动摇，最后取得决定性胜利。

看一个领导者的组织协调能力，既要看他的全部工作和一贯表现，更要从主流和大节上看，看他在处理重大问题时的立场、智慧、能力和关键时刻的表现。还要始终坚持以人为本，善于最大限度地凝聚群贤群智，只有尊重群众的热情、创造和劳动，才能更好地组织群众、发动群众、唤起群众，群策群力、众志成城，实现我们的愿望和目标。

汶川大地震发生后，党中央、国务院第一时间作出部署，党和国家领导人迅速赶赴现场，以身作则，身先士卒，指挥若定，使抗震救灾取得了根本性胜利，充分体现了党中央、国务院面对特大自然灾害的卓越领导、周密组织和强势指挥能力，充分体现了中央领导坚持以人为本、生命至上，"居庙堂之高则忧其民"的崇高情怀，受到全国人民拥护爱戴和全世界高度赞誉。

五、妥善处理人际关系能力

这也可理解为有"人脉"，适应工作环境快。

领导干部常因工作需要调动，交流岗位。有的到了一个新环境很快处理好各方关系，迅速进入角色。有的则需长时间适应，甚至等到工作岗位要调整了仍是"一潭死水"，打不开局面。

妥善处理人际关系，首先，善于营造和谐共事氛围，尽快赢得信任。如何妥善处理人际关系，营造"人脉"，团结一切可以团结的力量，是从政做人、开拓事业的重要保证。领导干部应以极大的热忱、虚怀若谷的态度、灵活多样的方式，处理好上上下下、左左右右、方方面面的关系。每到一处，应尽快了解本地、本部门情况，如对方位四至、道里远近、生口多寡、风土民情、地理沿革、山川河流、部门情况，了然于胸，就多了一份融入当地民众的"资本"。应与邻为善，不搞以邻为壑，营造好外部环境。在社会交际中要"慎友""适度"。好朋友会互相勉励，共同进步；坏朋友只能是相互利用，一同堕落。诚如古人所说："与邪佞人交，如雪入墨池，虽融为水，其色愈污；与端方人处，如炭入熏炉，虽化为灰，其香不灭。"泛泛之交，庸俗之交，势利之交，有百害无一利。

其次，充分肯定一个地方一个单位的主流，不随意否定前任领导工作思路与政绩。对个别不良现象，循循善诱，因势利导，不吹毛求疵，苛责众人，动辄贬斥。也不能人云亦云，随声附和。无论到了什么单位，都应首先了解下情，调查研究，见所未见，闻所未闻。尤其真诚倾听群众呼声，真实反映群众愿望，真情关心群众疾苦，多为群众办好事、办实事。

再者，爱才、选才、用才，凝聚人心干事业。善识"千里马"、善用"千里马"，鼓励人才干事业，支持人才干成事业，帮助人才干好事业。只有领导者善于识别人才，选拔人才，调动各方积极性、创造性，才有"人脉"。所谓"强将手下无弱兵"，"世有伯乐，然后有千里马"。善于集思广益，见贤思齐，择善而从，从谏如流。

此外，力求为人师表，精诚团结。高度重视一级组织、一个班子的团结，有豁达大度、海纳百川的心胸，做团结的模范；凡事一诺千金，言而有信，言必行，行必果；襟怀坦荡，淡泊名利，笑对人生。既要防止在细枝末节、鸡毛蒜皮、无关轻重的小事上纠缠不休，又要防止纠缠历史旧账、听信谣言碎语、不干事业搞内耗的不良倾向，努力营造拼搏奉献、团结协作和诚实守信的良好氛围，不断增强班子的凝聚力、战斗力和号召力。

增强五种能力　提高领导水平 *

治国安邦，人才为本。当前，世界局势继续发生深刻变化，我国改革发展进入关键阶段，新的形势和任务对各级领导干部的能力素质提出了新的要求。面对时代发展的要求和实际工作的需要，领导干部应自觉主动地加强学习、勇于实践，努力增强能力，提高领导水平。

增强改革创新能力。改革创新是时代精神的核心，是推动事业发展的强大动力。党的十七大报告强调：要把改革创新精神贯彻到治国理政的各个环节。这就要求领导干部切实增强改革创新意识，不断提高改革创新能力。应坚持用中国特色社会主义理论体系武装头脑，进一步解放思想、实事求是、与时俱进，树立世界眼光，培育战略思维，全面提高科学判断形势、驾驭市场经济、应对复杂局面、依法执政、总揽全局的能力；坚持用全面的、发展的、联系的眼光看待客观事物，防止只顾局部不顾全局、只顾眼前不顾长远等错误做法，创新方式方法，提高工作效率；努力学习掌握经济、政治、文化、科技、管理、历史等各种知识，积极借鉴国内外的成功经验，为提高改革创新能力打下

＊　原文刊载于《人民日报》2009 年 8 月 3 日第 7 版。

坚实基础；始终保持奋发有为、开拓进取的精神状态，创造性地开展工作，在推动改革发展的实践中提高改革创新能力。

增强组织协调能力。组织协调是领导工作的重要内容。是否具有组织协调能力，直接关系领导干部履职的实际效果。许多重大决策部署和重要工作任务如果组织协调不到位，就很难及时有效地落实好、完成好。尤其是在面对严重自然灾害、重大突发事件时，领导干部组织协调能力不强，往往会贻误时机、应对不力，给党和人民的事业带来严重损害。组织协调的实质在于运用各种办法和手段，充分调动各方面的积极性、主动性和创造性，最大限度地凝聚各方面的智慧和力量，实现预期目标。提高组织协调能力，必须善于用马克思主义唯物辩证法指导领导工作实践，做到统筹兼顾、"弹好钢琴"；必须坚持以人为本，尊重人民群众的主体地位和首创精神，做到顺应民意、汇聚民力。

增强团结共事能力。领导干部的地位和作用决定了其必须能够团结人、凝聚人，善于合作共事。通俗地说，团结共事能力就是妥善处理人际关系的能力。这方面的能力强，就能迅速适应环境，有效开展工作。提高团结共事能力，应善于处理好方方面面的关系，团结一切可以团结的力量，努力营造有利于推动工作和事业发展的良好环境；高度重视领导班子的团结，认真贯彻执行民主集中制，遵守规则、抓好本职，顾全大局、不搞内耗，不断增强领导班子的凝聚力、战斗力和号召力。

增强文字综合能力。在很多情况下，领导活动的实施要靠文字来体现，这就要求领导干部具有较强的文字综合能力。领导干部如果缺乏文字综合能力，凡事都由别人代劳，只会画圈，没有见解，就很难说是称职，更谈不上优秀。提高文字综合能力，关键是在加强思想理论修养上下功夫，潜心钻研马克思主义经典著作，潜心钻研党的路线方针政策和重大决策部署，不断提高运用马克思主义的立场、观点、方法观察、分析、解决问题的能力。同时，做到脑勤、腿勤、手勤，注重积累，厚积薄发。

　　增强语言表达能力。这是领导干部的基本功。应注意提高语言表达的清晰度、流畅度、准确度，特别是注意抓住三个关键环节：一是脱稿讲演。在经贸洽谈、重大礼仪、中外交流等场合，往往需要领导干部具备脱稿讲演能力。随机应变，恰到好处，可以营造良好气氛，提升单位或地方的形象。二是半脱稿讲演。在召开会议、部署任务、进行动员等场合，如果一味照本宣科，就显得呆板与教条，缺乏号召力、鼓动性；如果善于即兴发挥，就可以激发共鸣、调动情绪，收到事半功倍的效果。三是不脱稿讲话。在正式讲话、传达文件、发布命令等场合，必须严肃规范，不能出现重大错误。提高语言表达能力，同样要靠加强学习和实践，特别要注意学习文学、历史、语法修辞等方面的知识，塑造激情、亲切、风趣幽默等风格。

"从政"四悟 [*]

习近平总书记在党的二十大报告中指出，全面建设社会主义现代化国家，必须有一支政治过硬、适应新时代要求、具备领导现代化建设能力的干部队伍。对于个人而言，"出仕从政"是个人报效国家、实现人生价值的一个重要途径。在工作过程中，要想在自己的工作领域有所作为、有所成绩，要对标新时代好干部标准，从严要求自己，重点抓好四个方面。

厚基础，筑牢工作基石。所谓"基础"，首先是要有坚定的理想信念。理想信念是立党兴党之基，也是党员干部安身立命之本。习近平总书记强调，要修炼共产党人的"心学"，坚持学思用贯通、知信行统一，其中一个重要目的就是要求党员干部坚定理想信念、增强党性。我国传统文化中，修身、齐家、治国、平天下，将提高自身的思想道德修养放在首要位置。对于一名领导干部，"严以修身"最重要的是对党忠诚，树立坚定的理想信念，时刻牢记党的宗旨，解决好世界观、人生观、价值观这个总开关问题，自觉做共产主义远大理想和中国特色社会主义共同理想的坚定信仰者和忠实实践者。其次，"基础"

* 原文刊载于《学习时报》2022年11月7日。

还在于要有深厚的理论功底。作为党员干部，应该用科学理论武装头脑、指导实践、推动工作，把系统掌握、深刻理解、灵活运用马克思主义基本原理特别是习近平新时代中国特色社会主义思想作为看家本领。理论的生命力在于指导实践，要善于联系实际，带着问题学，并在实践中灵活运用。一个领导干部工作水平的高低，往往就体现在科学运用理论思考、分析问题的深度和广度上。思考越深入，分析越透彻，研究越细致，总结越全面，我们的思路就会越开阔，决策就会越科学。

善思考，引领事业发展。领导干部是事业发展的引领者，是团队的领头羊，如果缺乏思考，站不高、看不远、想不深、走不动，工作中只做"传菜工""传话筒"，我们的事业发展就会受阻、停滞不前。今天我们所面临问题的复杂程度、解决问题的艰巨程度明显加大。因此，党员干部需要善于思考，学会跳出自己的一亩三分地，站在更高的位置、更大的格局来思考工作。要养成独立思考的习惯，"众里寻他千百度"，最终就会"蓦然回首"，在"灯火阑珊处"找到豁然开朗的感觉。要坚持问题导向，增强问题意识，聚焦实践遇到的新问题、改革发展稳定存在的深层次问题、人民群众急难愁盼问题、党的建设面临的突出问题，不断提出真正解决问题的新思路新办法。

讲策略，寻求工作突破。领导干部每天面对的问题很多，如何分出工作中的轻重缓急，并进行有效推进？这就需要讲策略。一是合理安排，干有效的事。领导干部在安排工作时，首先应弄清哪些工作真正有意义，把有限的时间和精力投入到有效的工作中去。二是顺应规律，干科学的事。工作中没有一成不变的工作任务，处理不同的情况，更需要因时因地制宜，作出不同的决策。民谚中有所谓"卤水点豆腐，一物降一物"的说法。武侠小说《射雕英雄传》里面也有一个情节：黄蓉被一个巨大的海蚌夹住了脚，费了老大的劲也掰不开，结果抓了一把细沙放到蚌壳里面，蚌就自己打开了，因为蚌最怕的就是细沙。领导干部做事时，需要一种科学的精神，在任何情况下都要按科学规律办事，善于运用辩证法，用巧干代替蛮干。三是管好本行，干分内的事。领导干部对于岗位职责内的事情要分清主次轻重缓急，把工作着力点放在出思路、用干部、抓落实上，腾出精力抓班子、带队伍，调动各方面的积极性，做到忙而有责、忙而有序、忙而有法。

求实效，注重为民务实。习近平总书记强调，"江山就是人民，人民就是江山。中国共产党领导人民打江山、守江山，守的是人民的心""党的一切工作必须以最广大人民根本利益为最高标准""共产党人必须牢记，为民造福是最大政绩"。这些重要论述，道出了从政之本。领导干部要用实绩检验工作成效，将党和人民赋予的神圣使命扛在肩上，以群众利益为出发点和落脚点，把好事实事做到群众心坎上，向实发力、以实立信、凭实立业。一是观念唯实。牢固树立以实为先，唯有务实才能发展、唯有务实才能兴业、唯有务实最为有效的观念。二是作风务实。言之非难，行之为难。要牢固树立群众观点，加强作风建设，在务实上下功夫，自觉做到深入基层察实情、不图虚名说实话、心系群众办实事。三是业绩重实。深入一线、深入基层，聚焦群众反映的突出问题，以"时时放心不下"的责任感，一条一条研究、一项一项推进、一件一件落实。

稳步扩大制度型开放 *

　　党的十八大以来，面对严峻复杂的国际形势和艰巨繁重的国内改革发展稳定任务，以习近平同志为核心的党中央高瞻远瞩、统揽全局，针对新时代中国经济发展的伟大实践，创造性地提出一系列新理念新思想新战略，形成和发展了习近平经济思想，指导和推动中国经济发展取得历史性成就、发生历史性变革。

　　进入新时代，面对世界百年未有之大变局，习近平总书记高度重视对外开放工作，明确指出"必须坚定不移深化改革开放""深入推进重点领域改革，统筹推进现代化基础设施体系和高标准市场体系建设，稳步扩大制度型开放"。制度型开放是未来实现更高水平对外开放的核心所在，是持续发挥以开放促改革重要作用的必然选择，也是中国参与全球治理、构建人类命运共同体的重要体现。2018 年中央经济工作会议提出推动由商品和要素流动型开放向规则等制度型开放转变；2019 年党的十九届四中和五中全会对此做了进一步阐述；"十四五"规划和 2035 年远景目标纲要再次明确要稳步拓展制度型开放；2022

---

* 原文刊载于《经济日报》2023 年 3 月 20 日理论版。

年"制度型开放"写入党的二十大报告。2022 年 11 月，习近平主席在第五届中国国际进口博览会开幕式上指出，中国将推动各国各方共享制度型开放机遇，稳步扩大规则、规制、管理、标准等制度型开放。2023 年 1 月，习近平总书记在中共中央政治局第二次集体学习时强调，推进高水平对外开放，稳步推动规则、规制、管理、标准等制度型开放，增强在国际大循环中的话语权。这些关于高水平对外开放的重要论述，是习近平经济思想的重要组成部分，为推动形成全面开放新格局、实现更高水平对外开放提供了科学指引。

随着全球价值链深度分工，国家间的经贸关系日益紧密，全球开放的政策措施逐渐由传统的削减关税及非关税壁垒等贸易投资自由化便利化的"边境"措施，拓展延伸至以国内规制融合为主的"边境内"措施。制度型开放是一国从"边境开放"向"边境内开放"的拓展、延伸和深化，是各国规则、规制、管理、标准的对接和协调，主要强调各国制度体系的融合性和兼容性。制度型开放主要包含两方面内容：一是要加快构建与高标准国际经贸规则相衔接、相协调的国内规则和制度体系；二是通过在国内实施一系列系统性制度创新，逐渐引领全球规则、规制、管理、标准的制定，深度融入并重塑全球经贸规则。

制度型开放对于深化国内市场化改革、加快构建新发展格局以及提升中国在新一轮全球经贸规则制定中的话语权具有重要意义。下一步，扩大规则、规制、管理、标准等制度型开放应在以下方面着力。

第一，积极参与高标准的自由贸易协定。积极申请并签署更高标准的双边及多边自由贸易协定，通过对标自由贸易协定中的高标准规则倒逼国内市场化改革，加快推进制度型开放进程。目前，中国已成功签署《区域全面经济伙伴关系协定》（RCEP），通过对标有关知识产权、电子商务、竞争政策、政府采购等高标准规则，有助于加快制度型开放。此外，加快推进《全面与进步跨太平洋伙伴关系协定》（CPTPP）、《数字经济伙伴关系协定》（DEPA）等自由贸易协定谈判进程。

第二，全力打造制度型开放新高地。自由贸易试验区和自由贸易港是中国对标高标准国际经贸规则、探索制度型开放的重要载体和建设高地。应充分发挥好自由贸易试验区和自由贸易港制度改革和创新的"先行先试"作用，进一步缩减负面清单，实施自由贸易区和自由贸易港提升战略，形成更多有国际竞争力的制度创新成果，为中国加入CPTPP等高标准自由贸易协定和更好参与国际经贸规则制定创造条件。

第三，主动参与国际经贸规则制定。在对标高标准国际经贸规则、推进国内制度改革的同时，还应探索新的制度创新，持续打造一流的营商环境，以更加主动与积极的姿态参与国际经贸规则制定。一方面，可通过深入实施RCEP和高质量共建"一带一路"，为国际社会提供新的制度型公共产品；另一方面，充分发掘中国在数字技术领域的优势，重点推动数字经济、数字货币、金融科技、新型基础设施等领域的制度型开放，为数字经贸新规则制定提出中国方案、贡献中国智慧。

责任编辑：刘松弢

封面设计：汪　阳

图书在版编目（CIP）数据

教育践悟录 / 何秀超　著 . — 北京：人民出版社，2023.8

ISBN 978 - 7 - 01 - 025901 - 7

I. ①教… 　 II. ①何… 　 III. ①教育工作 - 研究 　 IV. ① G4

中国国家版本馆 CIP 数据核字（2023）第 157160 号

教育践悟录

JIAOYU JIANWULU

何秀超　著

人民出版社 出版发行

（100706　北京市东城区隆福寺街 99 号）

中煤（北京）印务有限公司印刷　新华书店经销

2023 年 8 月第 1 版　2023 年 8 月北京第 1 次印刷

开本：710 毫米 × 1000 毫米 1/16　印张：20.75

字数：283 千字

ISBN 978 - 7 - 01 - 025901 - 7　定价：70.00 元

邮购地址 100706　北京市东城区隆福寺街 99 号

人民东方图书销售中心　电话（010）65250042　65289539